ナツメ社の
Garden Books

よくわかる盆栽

基礎から手入れまで

盆栽家 山田香織 著

BONSAI

ナツメ社

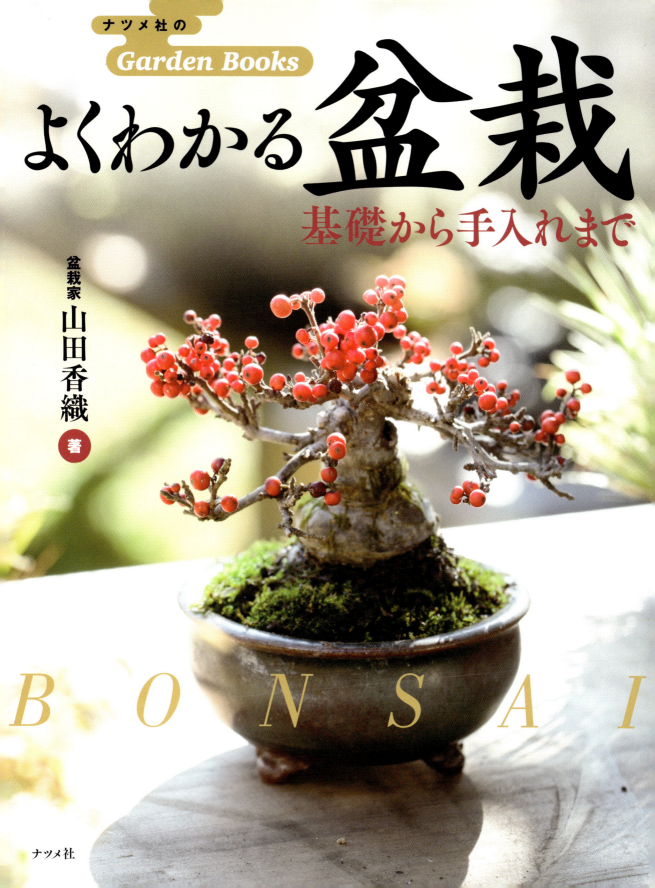

よくわかる盆栽《ぼんさい》 基礎《きそ》から手入《てい》れまで

目次

第三章

盆栽の基本作業

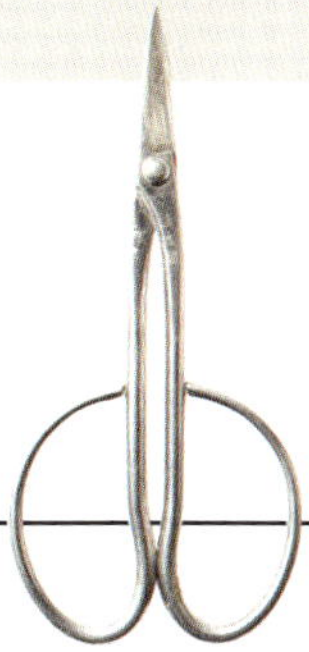

第四章

人気樹種の管理と作業

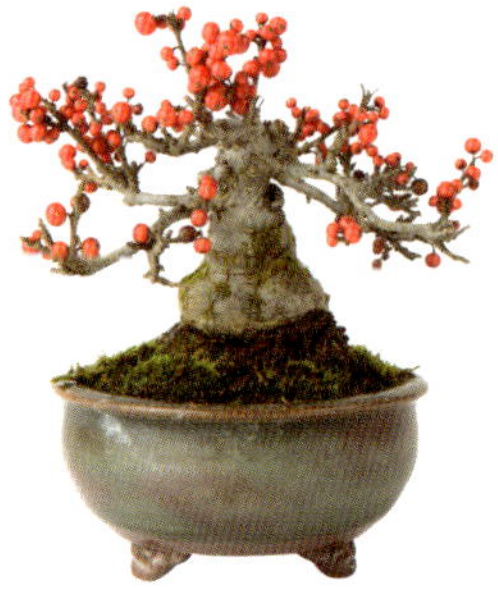

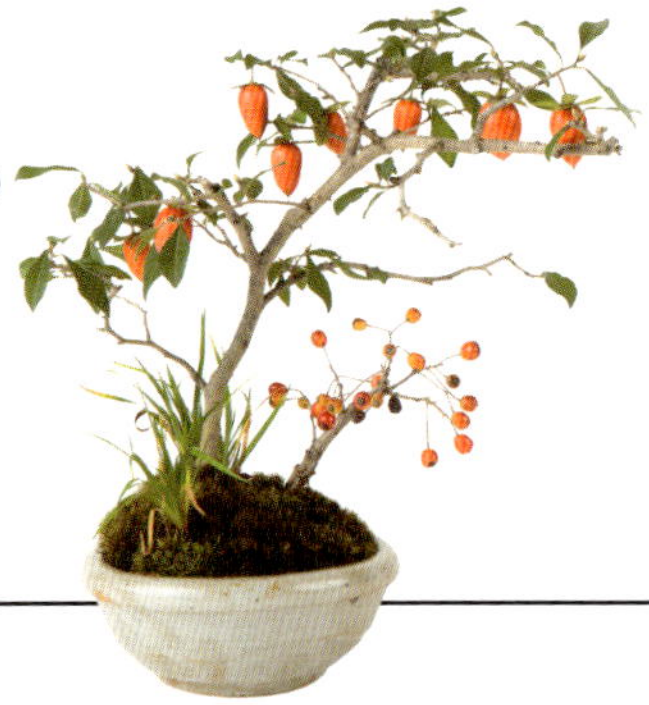

第五章 盆栽を高める

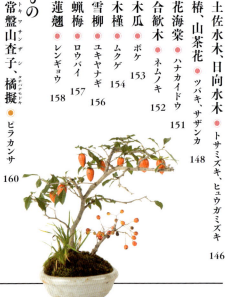

第一章
盆栽を味わう

マツをはじめとした伝統的な盆栽から
愛らしい花もの、実もののミニ盆栽まで
盆栽にもさまざまな種類や楽しみ方があります。
鉢の中に広がる景色を味わいながら
育ててみたい好みの盆栽を見つけましょう。

シンパク

松《しょう》柏《はく》類

マツの仲間やシンパク、スギなどの常緑の針葉樹を総称して松柏類と呼びます。威風堂々とした姿から上級者向けに思われますが、実際は強健で育てやすく、初心者でも盆栽ならではの醍醐味が味わえます。

黒松

◉クロマツ

峠のマツを思わせる文人のクロマツ。幹肌の味も時代を感じさせ、落ち着いた老木の風情。(⇒P82)

真柏

◉シンパク

捻転《ねんてん》する幹模様、ジン、シャリの白と青々した葉の対照の妙を愛でる。(⇒P98)

杜松

◉トショウ

鋭い針葉《しんよう》が荒々しい山の景色を、捻転する幹模様が強風の中に立つ雄々しい姿を彷彿させる。(⇒P102)

雑《ぞう》木《き》類

ケヤキやカエデ、ブナなどの落葉樹が中心。春の芽出しから初夏の新緑、夏の緑陰、秋の紅葉、冬の寒樹姿《かんじゅ》と、四季折々の見どころがあります。造形美を楽しむ松柏類に対して、自然味のある美しさを表現します。

唐楓

◉トウカエデ

みずみずしい新緑の雑木林。春に気温や湿度の上昇とともに芽吹く姿は活力を与えてくれる。(⇒p114)

欅

●ケヤキ

紅葉から落葉へと移り変わる鮮やかな葉の色は、一年の丹精を労ってくれているかのよう。(⇒P104)

唐楓

●トウカエデ

寒樹と呼ばれる冬の姿。細やかな枝ぶりを楽しみながら、静かな冬の佇《たたず》まいを愛でる。(⇒P114)

花もの実もの

花を楽しむ盆栽を花もの、実を楽しむ盆栽を実ものと呼びます。花も実もどちらも観賞できる樹種もあります。盆栽らしい整った樹を彩る美しい花や愛らしい実は、日頃の丹精の賜物です。

桜（枝《し》垂《だ》れ桜）

●サクラ

春の喜びを全身で伝えるシダレザクラ。ひとときの花に無常の美を感じる日本の心。（⇒P136）

黄梅

◉オウバイ

片手に乗るほどの小品《しょうひん》盆栽に咲く数輪の花に気品を感じる。小さな根卓《ねじょく》に飾って。(⇒P134)

姫柑子

◉ヒメコウジ

常緑の葉と赤い実、白い器のクリスマスカラーが洋の雰囲気を醸《かも》し出す。セキショウと寄せ植えに。(⇒P175)

蔓梅擬

◉ツルウメモドキ

黄色い果肉から朱赤のタネがのぞく。黄色い鉢で存在感のある一鉢に。(⇒P172)

小性梅

◉コショウバイ

小品盆栽にびっしりと赤い実がつき、大木の風情を感じさせる。(⇒P164)

紅紫檀

◉ベニシタン

春の花、秋の実、紅葉が楽しめる初心者向けの樹種。実ものの初挑戦に。(⇒P177)

第二章
盆栽の基礎知識

盆栽とは何か。決まりごとはあるのか。お手本になる基本的な樹形とその仕立て方、多種多様な盆栽の鉢の種類など盆栽を始める前に知っておきたい基礎知識を紹介します。

トウカエデ

WHAT IS BONSAI?

盆栽とは何か

鉢と植物が織りなす緑の芸術

鉢植えも盆栽も、鉢で植物を育てることに変わりはありませんが、盆栽は「盆(鉢)」で「栽(植物)」を栽培するだけでなく、①鉢と植物が美術的に調和がとれていること、②盆上に自然の景色が描かれていること、③鉢の中で自然の摂理が繰り返されていること、この三つの条件が求められます。盆栽が緑の芸術といわれる所以です。

難しく感じるかもしれませんが、盆栽を眺めたときに鉢と植物の合わせの妙に心が動いたり、鉢の中に森や林などの景色が広がるのを感じたり、堂々とした樹の佇《たたず》まいに、ずっとそこに立ち続けているかのような時代を感じたりしたら、それこそが盆栽です。

本書では、そうした盆栽を作って楽しむためのテクニックを紹介します。

丘の上に立つ欅《ケヤキ》の大樹《たいじゅ》

自然樹形に近い「ほうき作り」というケヤキならではの仕立て方。樹高20cmほどだが、芽摘みや葉刈りで細かな枝葉をふやし、薄い鉢に植えつけることで、丘の上に立つ大樹を思わせる。
⇒p104

旅人を見守る峠の二本松

「あのマツの下で一休みしよう」。旅人たちの会話が聞こえてきそうな双幹のアカマツ。盆栽のマツは短葉法という独特の手入れを行うことで、本来長い葉を短く仕立てる。
⇒p68、88

盆栽を始めるには

HOW DO YOU START ?

予算や好みに応じて素材を入手する

盆栽園や園芸店の盆栽コーナーには、さまざまな樹種、樹齢、樹形、価格、大きさの素材や盆栽が並んでいます。どの素材を選んでどこから盆栽を始めたらよいか、戸惑うかもしれません。

例えばペットの犬を迎える場合、子犬から飼えば自分の手で育て上げる喜びがある反面、飼い主が躾《しつけ》の全責任を持たねばならず、性格など成犬にならないと分からない部分もあります。一方、成犬から飼えば躾の手間が省け、体格や性格もできているので相性の良し悪しが判断しやすく、すぐに気の合う相棒としてつき合うことができます。

盆栽の素材も幼木や若木を入手すれば一から自分で樹作りをして、時間をかけて好みの盆栽に仕立てる楽しみがあります。樹作りの手間や時間を短縮

素材の種類（例：アカマツ）

実生３年生のポット苗

入手後すぐ仕立て鉢に植え替える。将来寄せ植えにするならそのまま、樹を太らせたい場合は１本ずつに分けて植える。

実生４～５年生のポット苗

針金成形で幹に模様をつけてある。入手後すぐに仕立て鉢に植え替え、文人、斜幹などに仕立てていく。

して本格的な盆栽を楽しみたい人は、樹形のある程度できた半完成樹や完成樹から始めるとよいでしょう。

盆栽は上手に管理すれば人間より長生きするので、どこから始めても一生の相棒としてつき合うことができます。一般には若い素材ほど価格が安く、予算に応じて自分に合った素材から盆栽を始めましょう。

盆栽園に行こう

盆栽を始めたいと思ったら、ぜひ盆栽園にも足を運んでみましょう。多くの樹種や樹齢、樹形の中から好みの盆栽を見つけて目標にすれば、素材選びや盆栽とのつき合い方がより具体的になります。

さまざまな盆栽が並ぶ盆栽園。お手本にしたい盆栽を見つけよう。

実生7～8年生の半完成樹
枝葉もふえ、文人樹形の骨格ができつつある。入手後に観賞鉢に植えつけ、観賞しながら短葉法（⇒p68）と針金成形を繰り返して樹格を高めていく。

樹齢約30年の完成樹
文人の変形ともいえる個性的な樹形に仕立てたアカマツ。2～3年に1回植え替え、短葉法と針金成形で枝棚（⇒p202）を作っていく。

盆栽のルール

基本的なルールを押えて観賞価値のある盆栽を作る

14ページでも紹介したように、盆栽は単なる小さな鉢植えではなく、鉢と植物の美術的な調和、盆上に描かれた自然の景色、鉢の中で繰り返される自然の摂理、この三つの要素を兼ね備えている必要があります。

盆栽には、先人の盆栽家たちが経験や技法を積み重ね、長い時間をかけて培われてきたルールがあります。そこから逸脱したら盆栽ではない、というわけではありませんが、それぞれの樹が持つ個性を生かしつつ、できるだけルールに沿って仕立てていけば、観賞価値のある盆栽に遠回りをせずに近づけることができます。

ここでは初心者でも押えておきたい、基本的な四つの盆栽のルールを紹介します。

盆栽のつくり（例：モミジ）

樹冠
頭を含む頂部の枝や葉のひとかたまり
頭
盆栽の頂部。樹形の輪郭線の頂点になる
三の枝（裏枝）
下から三番目の枝。この盆栽では幹の裏から出る裏枝となっている。裏枝の位置に決まりはない。以降四の枝、五の枝と続く
フトコロ
幹に近い枝元の部分
樹高
根張りから頭までの高さ
一の枝
立ち上がりに最も近い一番下の枝。枝の中で最も重要。左右どちらに配ってもよい
二の枝
下から二番目の枝。一の枝の反対側に作る
枝棚
枝先の枝葉のひとかたまり。枝棚ごとに不等辺三角形の輪郭線を描くように仕立てる
立ち上がり
根張りから一の枝までの幹の部分。太くてどっしりとした安定感が求められる
根張り
土の上の根の張り具合。四方八方に広がり、大地をしっかりつかんだ姿が好まれる
幹
樹皮を「幹肌」、幹の流れを「幹筋」、幹の曲がりを「幹模様」と呼ぶ。

ルール① 表と裏がある

盆栽には表（正面）と裏があります。横から見たときに軽くおじぎをしているように前傾姿勢になる側を正面とし、正面から観賞することを前提に樹作りをします。樹形のバランスが変わったら、正面を途中で変更することも可能です。

表（正面）
正面から幹が見えるように、枝葉が幹を横切らないようにする。写真は模様木のゴヨウマツ。

裏
裏枝を作り、背中が丸く奥行きがあるようにする。

横
横から見たときに、おじぎをしたように前傾姿勢になる側を表にする。

ルール② 流れをつける

直幹（⇒p22）以外は左右どちらかに流れをつけます。樹の流れを見極めて、針金成形で流れを強調したり、流れ側にやや傾けて植えつけたりします。流れ側の最も強い枝を効き枝と呼び、効き枝の反対に受け枝を置いてバランスを取ります。

素直な左流れ。受け枝も下げるとよりバランスがよい。写真は斜幹のサンザシ。

右へ向かう樹冠と、右の効き枝が流れを決めている。写真は模様木のシロシタン。

ルール③

頭にボリュームを持たせる

さほど樹齢のいかない樹でも、芽摘みや葉刈りを繰り返して頭の枝葉を密に茂らせることで、老木らしいどっしりと落ち着いた姿に仕立てることができます。

若い樹は頭の芽摘みと葉刈り（⇒p63）を積極的に行って枝葉をふやす。

頭にボリュームを持たせると古木感、老木感が出る。頭のボリュームが少ないと未熟で弱々しい印象になる。写真は模様木のトショウ。

ルール④

輪郭を不等辺三角形に整える

二等辺三角形の直幹（⇒p22）や模様木（⇒p25）を除き、輪郭線が不等辺三角形になるように樹形を整えたり、左右どちらかへの流れを強調したり、動きを出したりすることができます。

株立ちのヒメシャラ。頭を頂点にして、輪郭線が不等辺三角形を描くように樹形を維持する。

盆栽のルール ステップアップ編

盆栽には19～20ページで紹介した以外にも、さまざまなルールがあります。これらのルールを知っていると、盆栽展や盆栽園で観賞する際にも、より深く盆栽の妙技を味わうことができます。

葉性《はしょう》

盆栽では大木感への効果のため、葉が小ぶりの個体のほうが価値が高い。雑木類では葉刈り（⇒P63）を行って葉を小さく仕立てる。

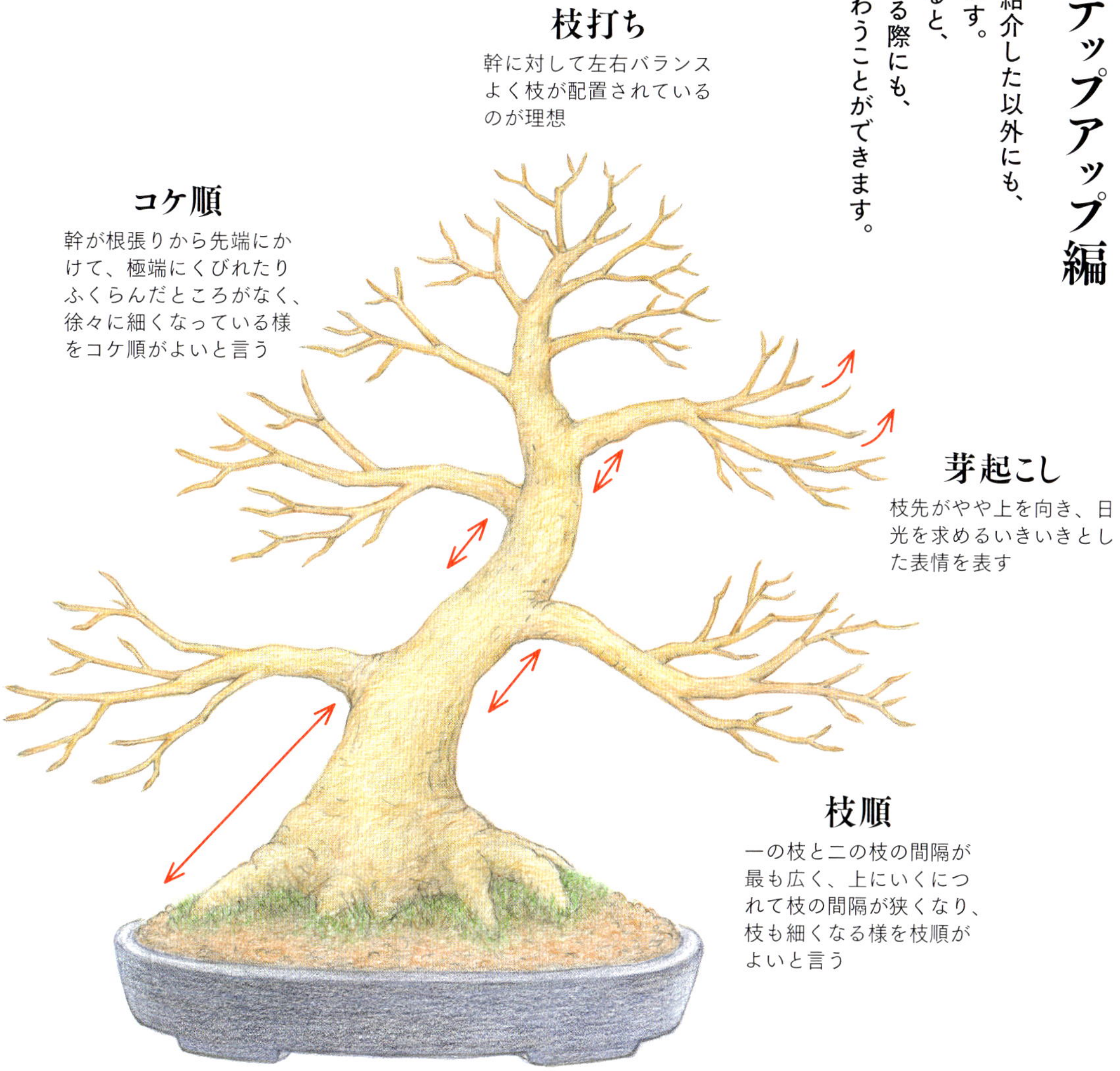
枝打ち
幹に対して左右バランスよく枝が配置されているのが理想
コケ順
幹が根張りから先端にかけて、極端にくびれたりふくらんだところがなく、徐々に細くなっている様をコケ順がよいと言う
芽起こし
枝先がやや上を向き、日光を求めるいきいきとした表情を表す
枝順
一の枝と二の枝の間隔が最も広く、上にいくにつれて枝の間隔が狭くなり、枝も細くなる様を枝順がよいと言う

盆栽の基本樹形

BASIC STYLES

基本樹形をお手本に盆栽の腕を磨く

能や書道など日本の伝統的な芸に型があるように、盆栽にも基本の樹形があります。盆栽は、盆上に植物を使って自然の景色を描くため、基本樹形も自然の景色をモチーフにした写実的なものが多く、双幹や模様木、文人のような芸術的な樹形もあります。

型にとらわれず、自由に創作するのも楽しみ方の一つですが、盆栽の技術を習得するなら、好きな基本樹形をお手本に樹の形をイメージしていくとよいでしょう。基本樹形を知ると、盆栽園や盆栽展で樹齢数百年の大型盆栽に対面したときも臆することなく観賞したり、景色を堪能したりすることができます。

ここでは、初心者でも作りやすい9つの基本樹形を紹介します。

直《ちょっ》幹《かん》

天に向かってまっすぐに伸びる針葉樹の原生林を思わせます。樹形の輪郭線は二等辺三角形に整えます。シンプルな樹形ゆえに幹筋(⇒p18)、枝配り(⇒p202)、根張り(⇒p18)のよさが求められます。針葉樹に向く樹形です。

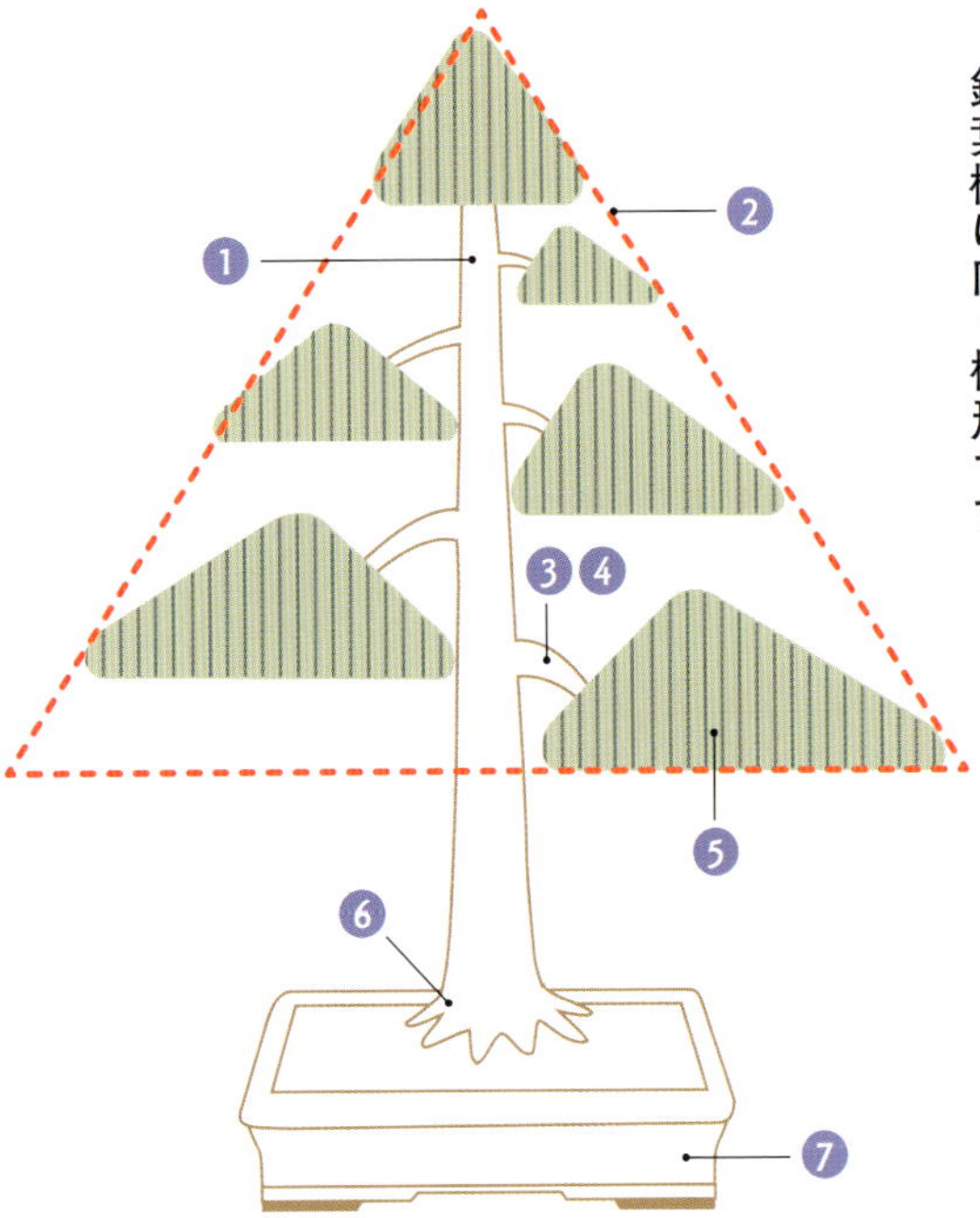

樹形作りのコツ

❶垂直に伸びる幹が上に向かって細くなる(コケ順がよい)
❷樹形の輪郭線を二等辺三角形に整える
❸上にいくほど枝が細くなり、枝と枝の間隔も狭くする(枝順がよい)
❹針金成形で主要な枝を下げ、枝先を起こす
❺各枝の小枝をふやして枝棚を作る
❻根張りを八方張りにする
❼浅鉢に植えつける

樹高15cmほどのスギ。根張り、コケ順(⇒p21)がよく、枝配りも完了し、今後は枝棚に厚みをつけていく段階。直幹らしい大木感が見どころ。

斜幹《しゃかん》

雑木林や滝の周辺、川や道沿いで、光を求めて斜めに伸びる樹の姿を表した樹形。直幹や模様木にはない動きがあります。剪定や針金成形で左右どちらに流れを作り、幹が鉢から斜めに伸び出すように植えつけます。

実例

右流れの樹形が、右から光がさす光景を連想させる。やや鉢の左に寄せて植えつけ、右側に余白を持たせた構図。写真はサンザシ。

樹形作りのコツ

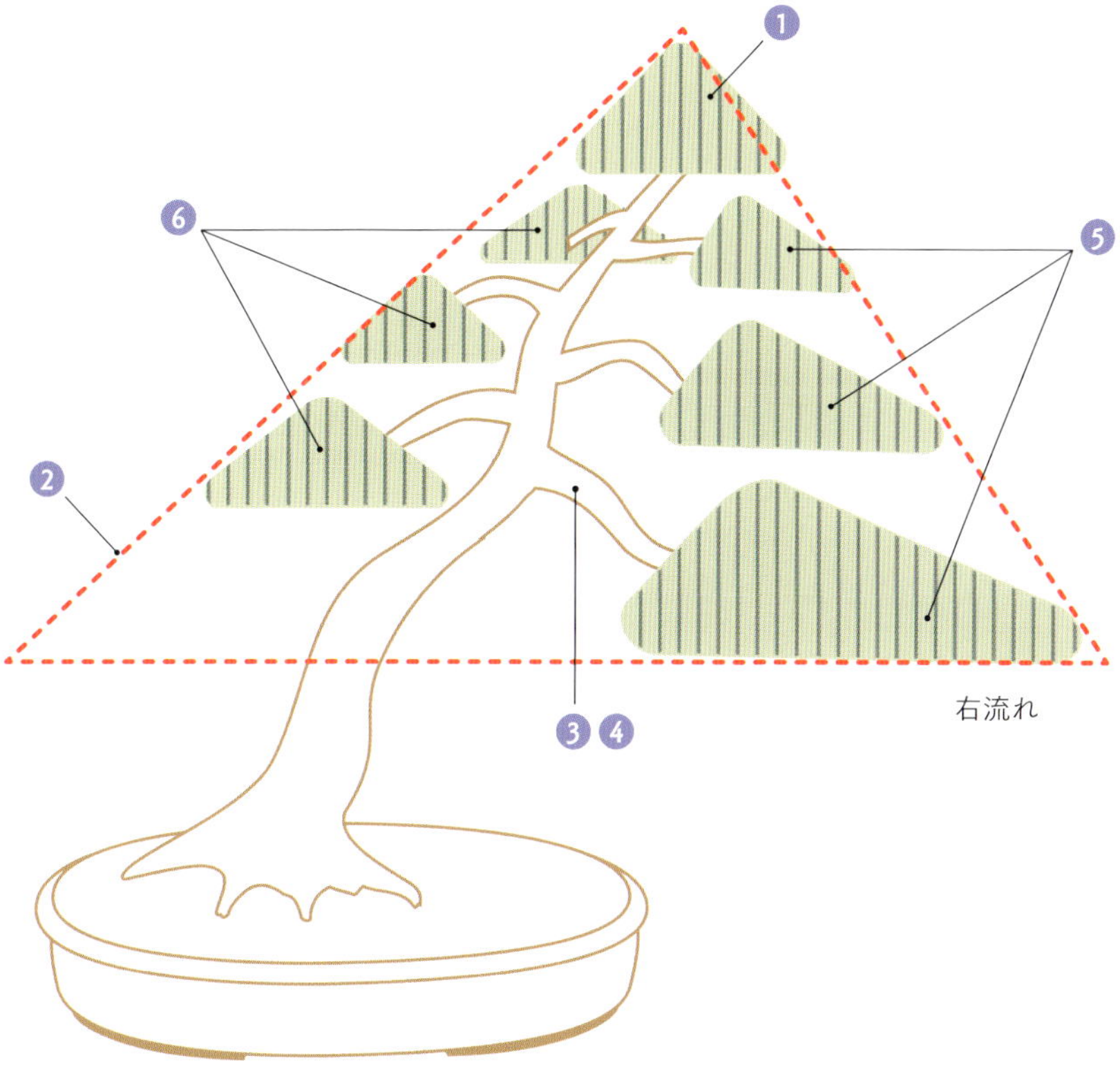

❶頭が株元より斜め上方向にあり、左右どちらかに傾ける
❷樹形の輪郭線を不等辺三角形に整える
❸流れ側の枝を長く作る
❹一の枝を落とし気味にし、枝先を起こす
❺流れ側の枝棚を大きくする
❻流れと逆にも枝を配してバランスをとる

双《そう》幹《かん》

株元から大小２本の幹が立ち上がる多幹樹形（⇒p203）。大きい幹を親（主幹）、小さい幹を子（副幹）と呼び、寄り添う親子や夫婦の姿にたとえられます。幹の分かれる位置で、株元から分かれたものを子持ち双幹、株元から少し上で分かれたものを立ち上がり双幹と呼びます。

実例

子持ち双幹のアカマツ。１本であれば文人だが、双幹にすることで風景の広がりが生まれている。まさに親子のように見える。

立ち上がり双幹

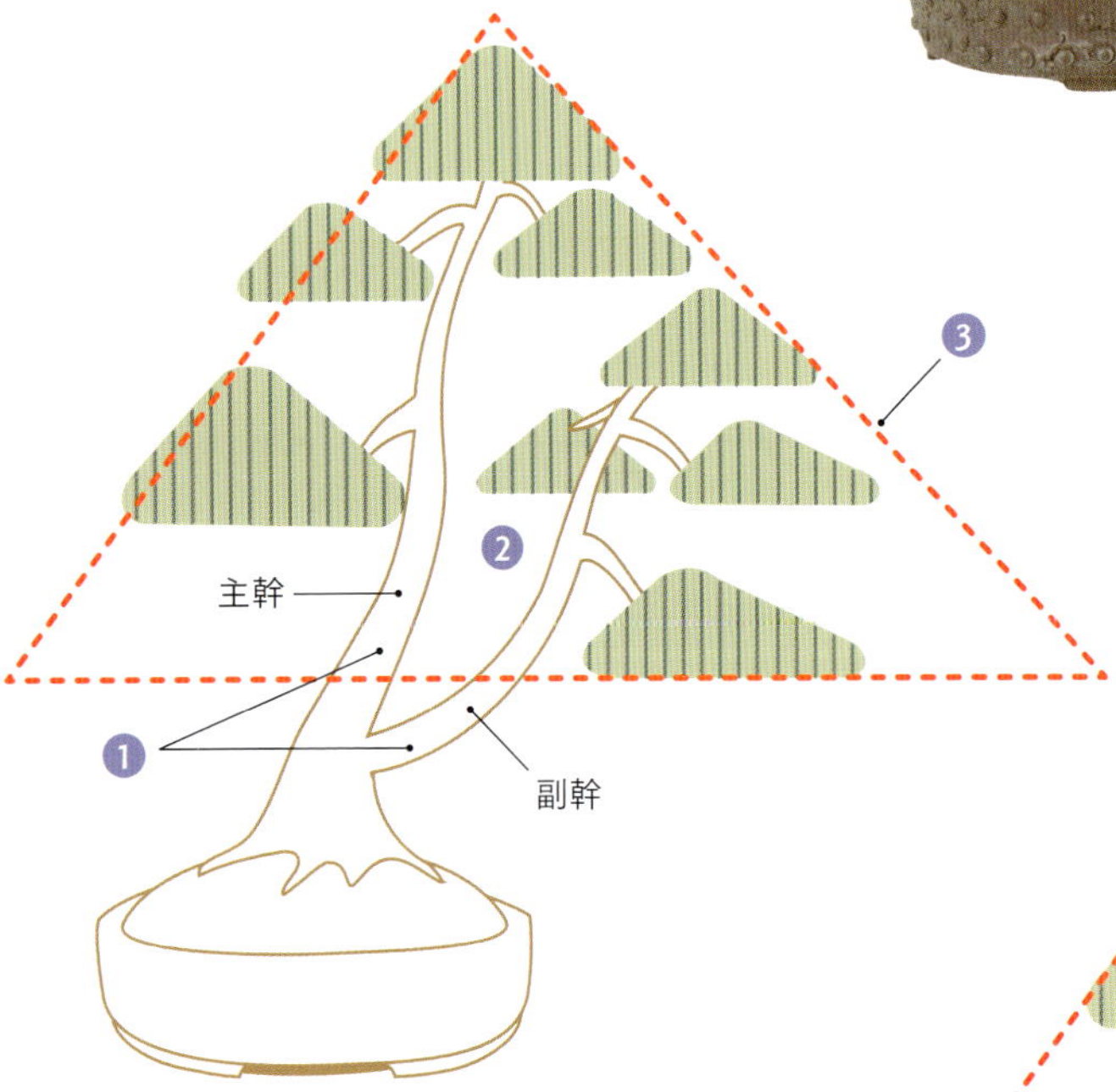

子持ち双幹

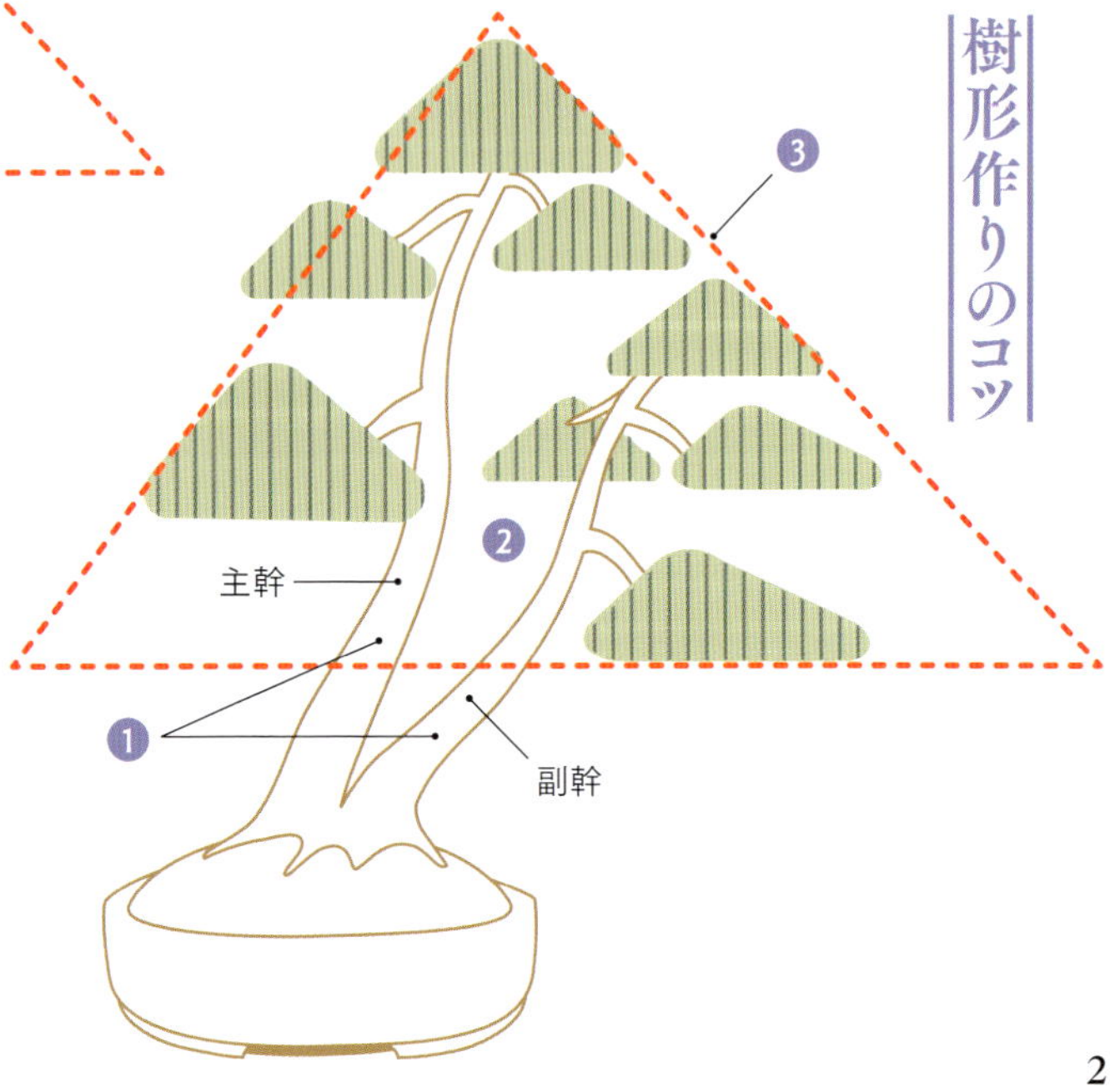

樹形作りのコツ

❶幹の高さ、枝や葉の量とも主幹に比重を持たせ、主幹と副幹はともに直立させるか同じ方向に流す

❷主幹と副幹の間にさし違えるような大きな枝を作らない

❸樹形の輪郭線を不等辺三角形に整える

模様木《もようぎ》

緑の芸術と呼ばれる盆栽らしい造形美が楽しめます。
太い幹が左右にうねりながら上に向かって徐々に細くなるコケ順のよさ、
上にいくほど枝が細くなる枝順のよさ、
大地をしっかりつかんだ根張りのよさが求められる、
盆栽の真骨頂ともいえる樹形です。

実例

立ち上がりから樹冠にかけて大きなうねりが見られるハナカイドウ。左右に伸び伸びと枝葉を広げる様や大木感が見どころ。

樹形作りのコツ

❶頭が根元の直線上にある
❷幹に前後左右の模様をつけ、上にいくほど細くなる(コケ順がよい)
❸左右交互に枝を配り、上にいくほど細くなる。枝と枝の間隔も狭くする(枝順がよい)
❹各枝の小枝をふやして枝棚を作り、各枝棚を不等辺三角形に整える
❺樹形の輪郭線を二等辺三角形に整える
❻根張りを八方張りにする

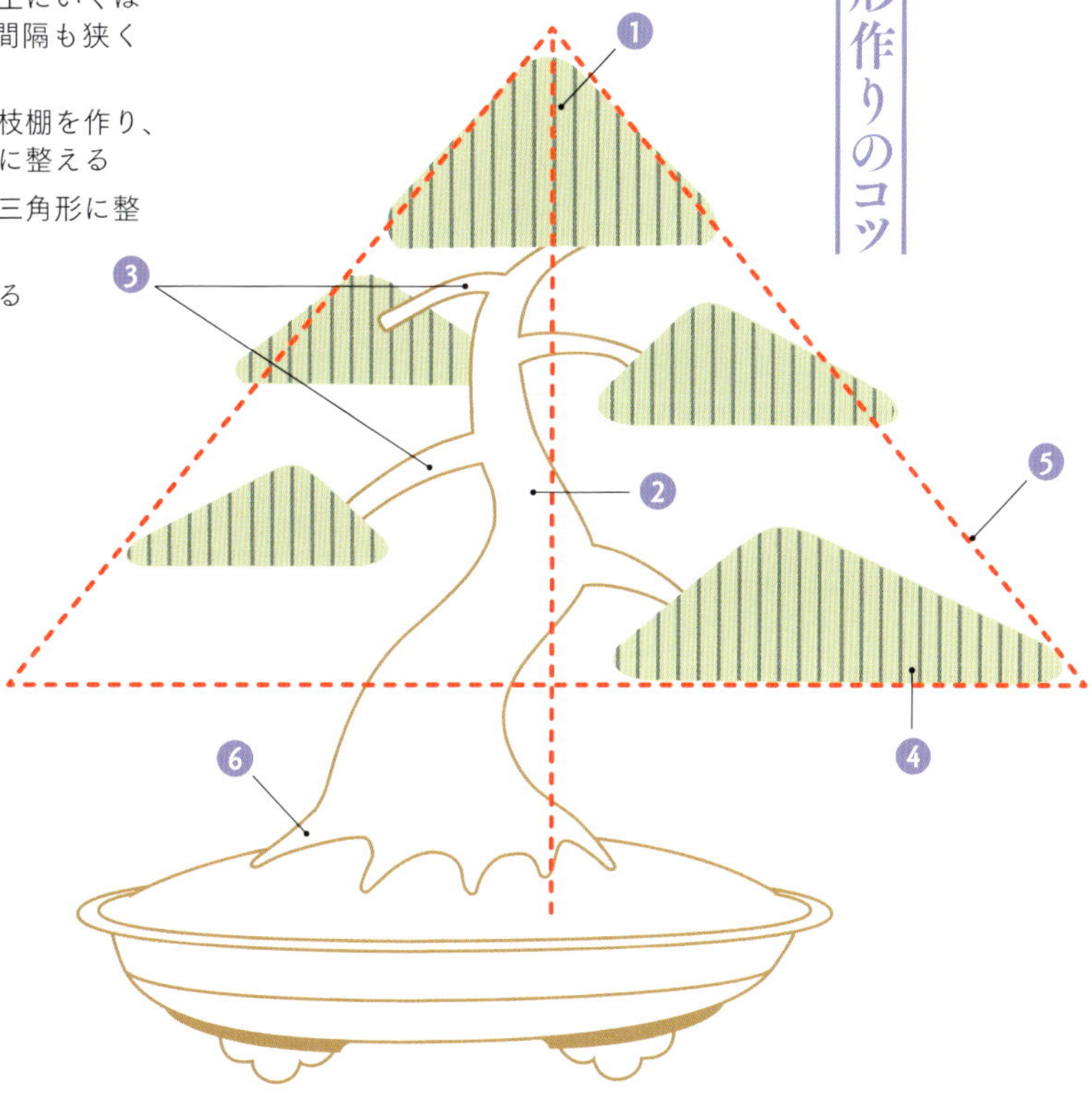

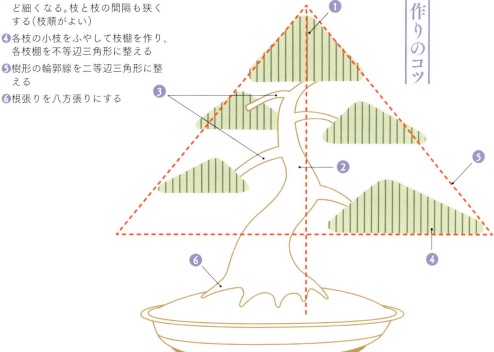

吹き流し

海沿いや山の斜面で強風になびく樹の姿を描いた樹形で、松柏類に向きます。幹の細い実生苗（⇒p205）を1本または複数本用意し、針金成形で同方向に横に流して、風にしなる様子を表現します。樹の躍動感を消さないように、できるだけ浅い鉢に植えつけます。

実例

左へ吹き流れるクロマツ。躍動感を引き立てるために細い幹の素材を選ぶ。単幹（⇒p203）、多幹（⇒p203）ともある。

樹形作りのコツ

❶針金成形で幹や枝を同方向になびかせる
❷逆方向に小枝を流してバランスをとる
❸樹高よりも樹長を大きくする
❹浅い鉢に植えつける

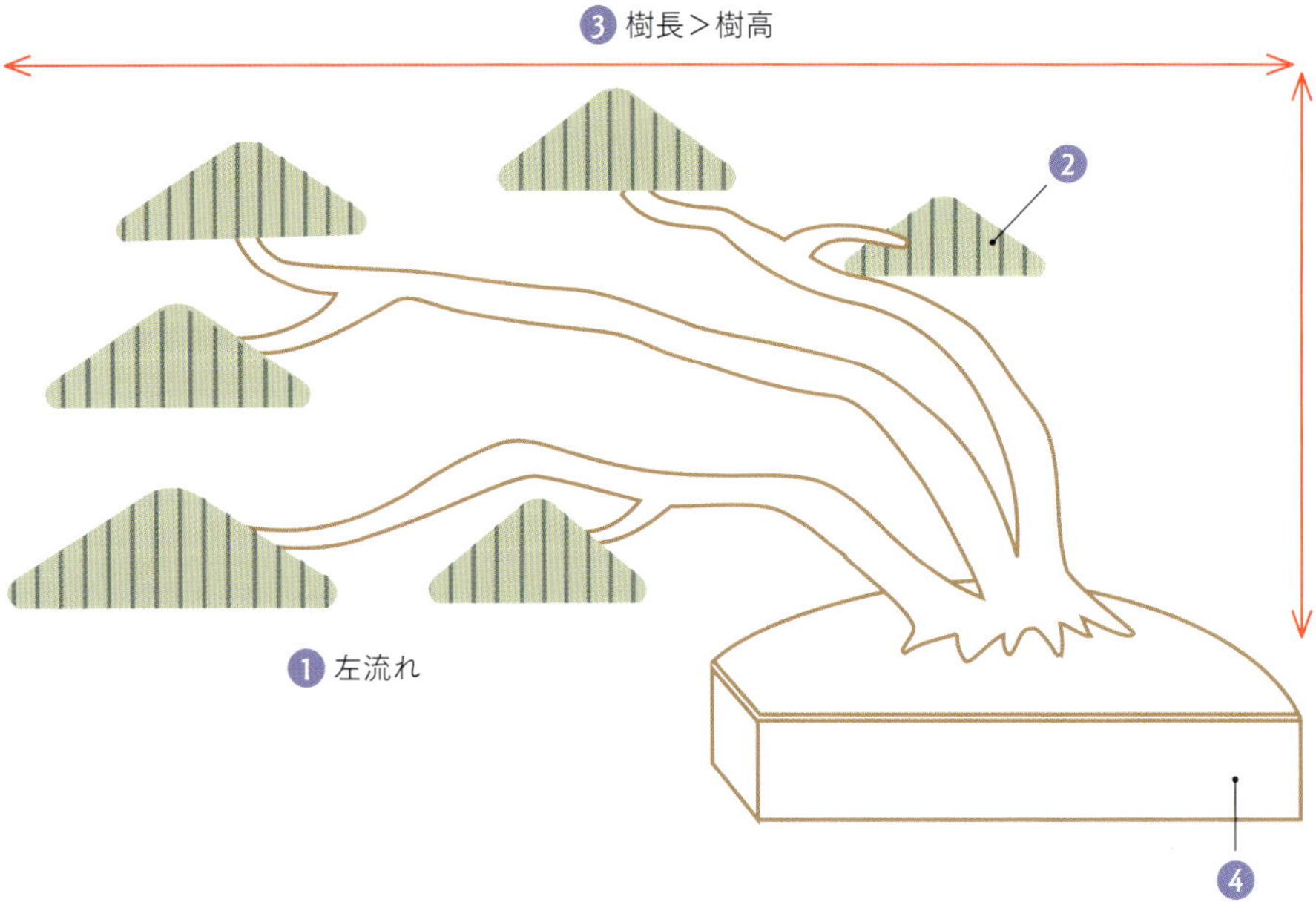

文人《ぶんじん》

細長い幹がひょろりと伸びた軽妙洒脱《けいみょうしゃだつ》な姿を、江戸時代の文人墨客《ぼっかく》が好んだことに由来します。枝を上部⅓にとどめて針金成形で大胆に枝を下げて樹形を作ります。鉢も軽やかな浅鉢を選びましょう。

実例

細幹で踊り出すような樹の姿が見どころ。軽妙さを引き立てるために、樹高に対して幹の細い素材を選ぶ。写真はクロマツ。

樹形作りのコツ

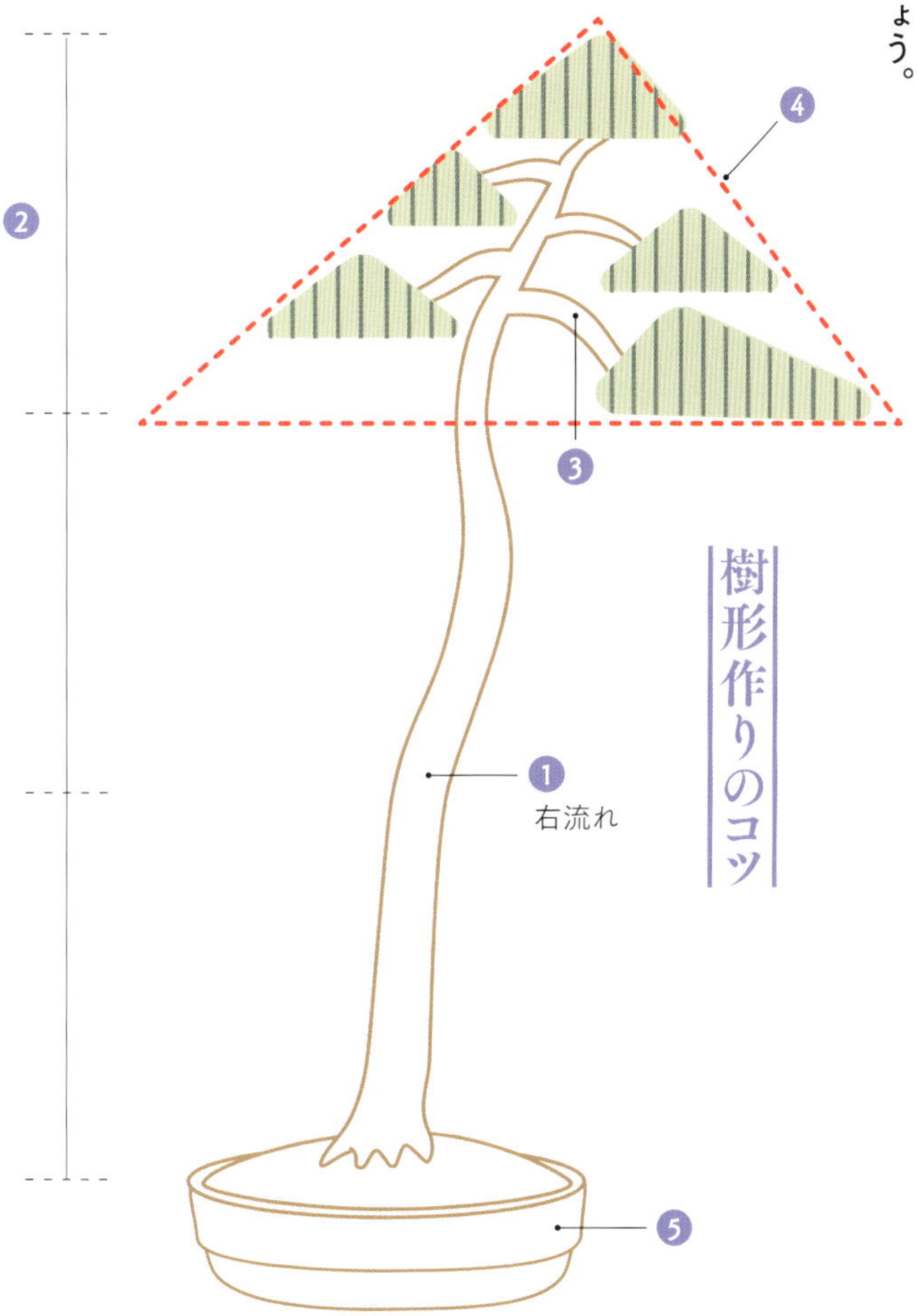

1. 左右どちらかに傾けて植えつける
2. 下枝を取り除き、枝葉を上部⅓にとどめる
3. 針金成形で大胆に枝を下げる
4. 樹形の輪郭線を不等辺三角形に整える
5. 浅い丸鉢などに植えつける

懸崖《けんがい》（半懸崖《はんけんがい》）

幹や枝を鉢底より下げたものを懸崖、鉢縁より下がる程度のものを半懸崖と呼びます。どちらも海沿いや深山の断崖で生きる樹の姿を表わしています。深めの鉢に植えつけて、主幹に針金をかけて下ろします。

実例

樹高（落差）40cmほどのウメ（野梅《やばい》）。光を求めて上方へ向かったあと、下方へ幹を下ろす。再び光を求めて枝先を上げる樹形の強さと美しさが見どころ。卓（⇒p203）に置いて観賞する。

樹形作りのコツ

半懸崖

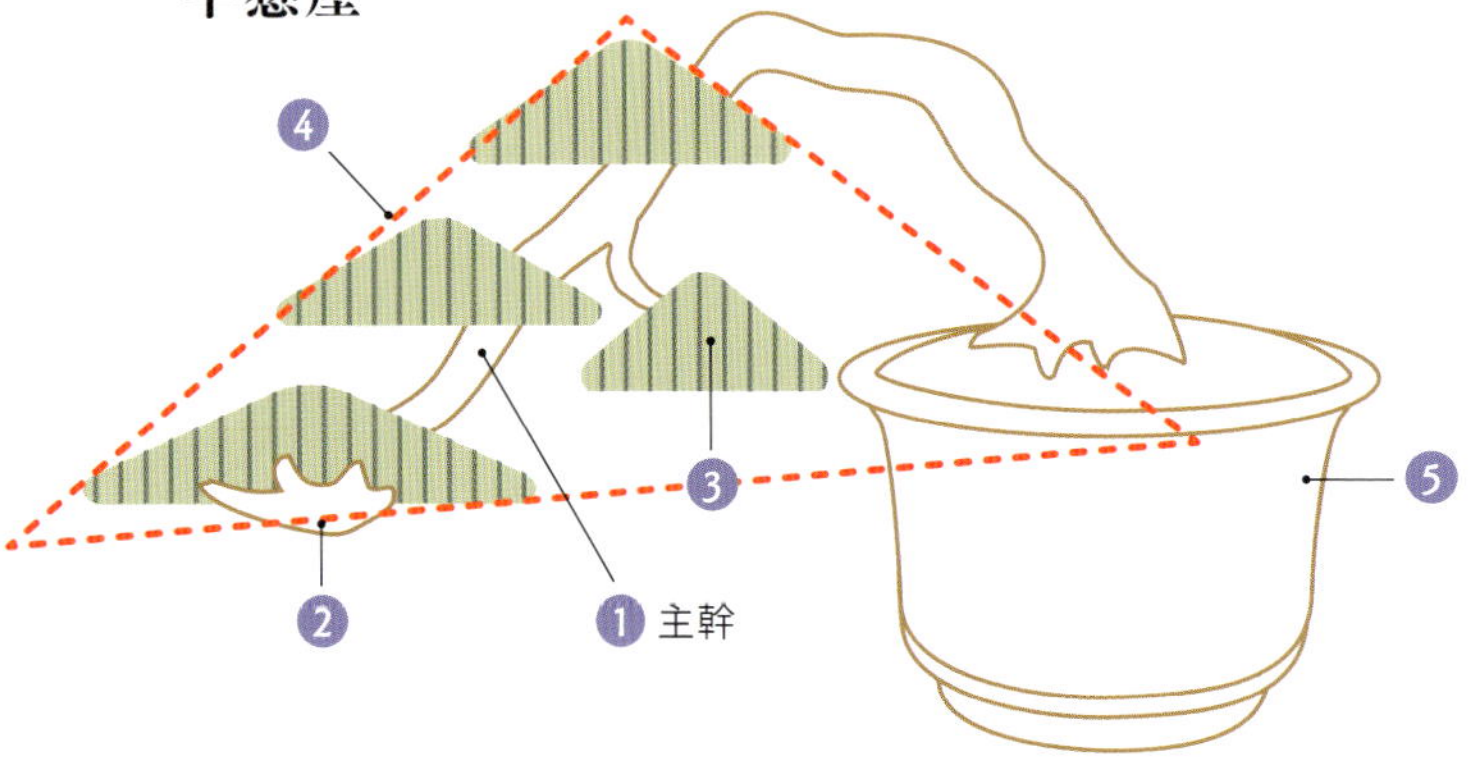

懸崖

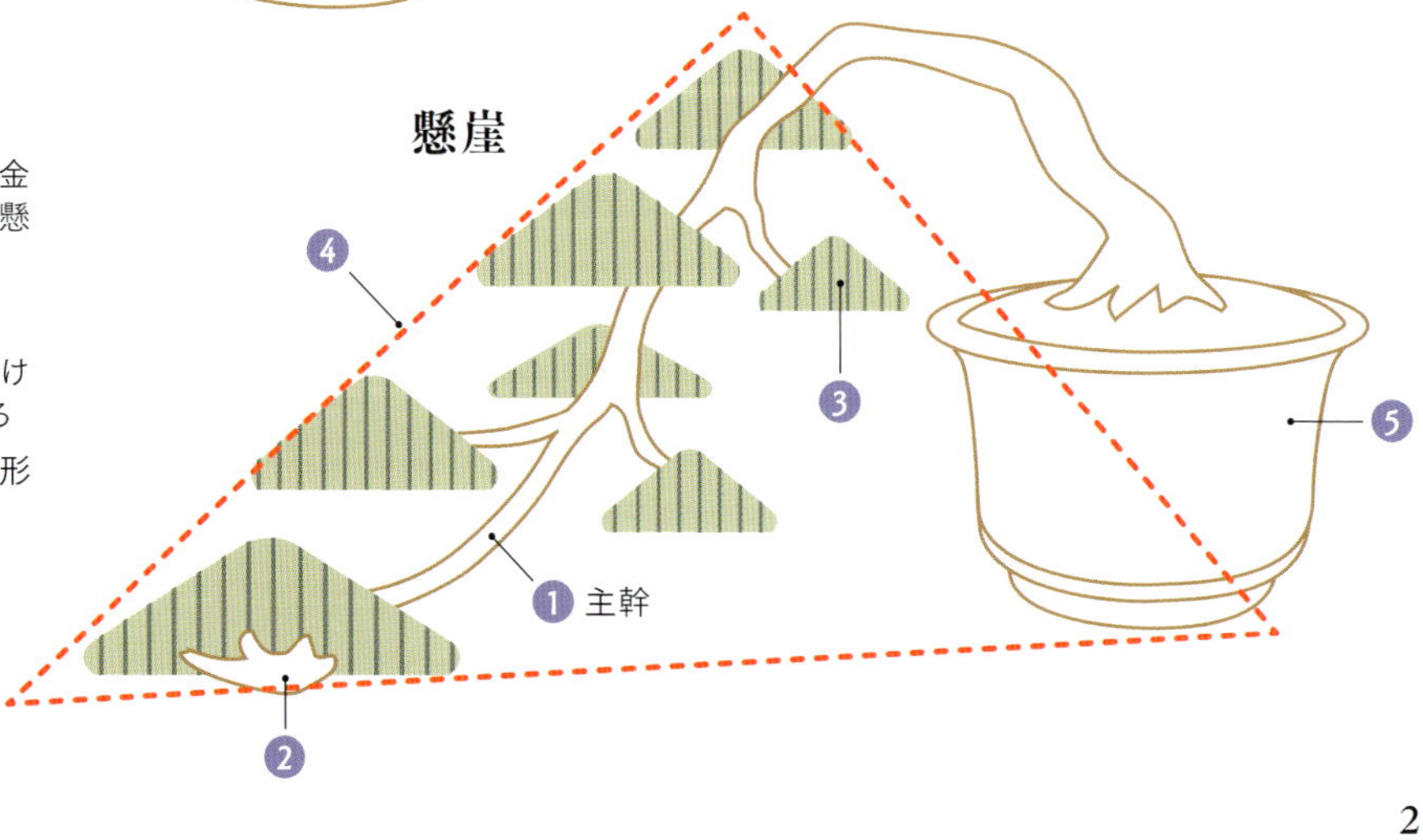

❶懸崖は主幹（落とし枝）に針金をかけて鉢底より下げ、半懸崖は鉢縁より下げる

❷枝先を上げる

❸落とし枝と逆方向に枝（受け枝）を作ってバランスをとる

❹樹形の輪郭線を不等辺三角形に整える

❺中深鉢か深鉢に植えつける

株立ち

一つの株元から3本以上の奇数本の幹が立つ多幹樹形を株立ちと呼びます。幹に太細長短があり、全体で林のような景色を描きます。複数の幹が立つ素材を入手するか、ひこばえ(⇒p59)が出やすい樹種を選びます。

実例

樹高20cmほどのウメモドキ。多幹でありながら株元が一つの家族的な印象が見どころ。中心に主木、外側に細い幹を配して遠近感を作る。

樹形作りのコツ

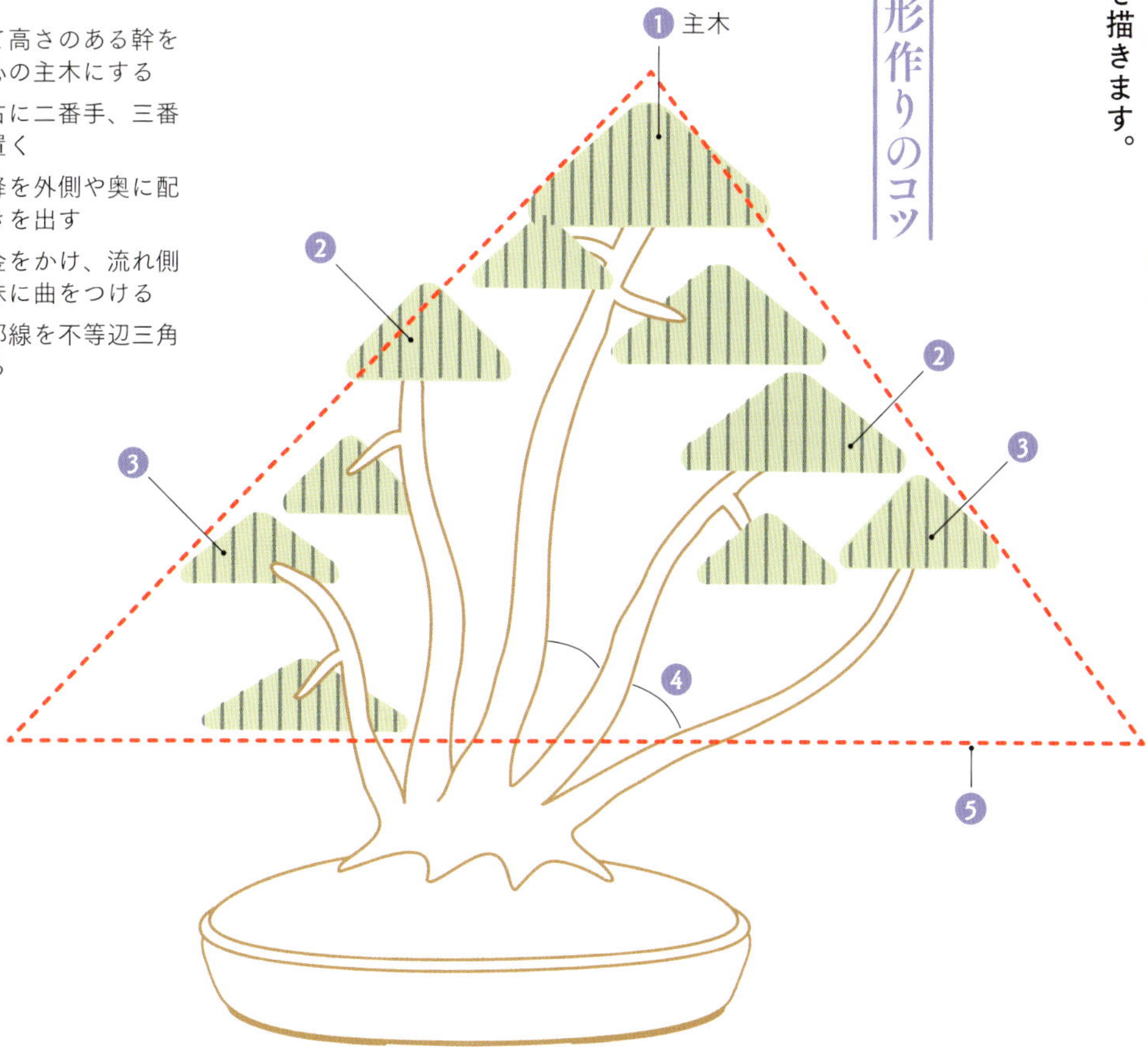

❶最も太くて高さのある幹を盆栽の中心の主木にする
❷主木の左右に二番手、三番手の幹を置く
❸四番手以降を外側や奥に配して奥行きを出す
❹各幹に針金をかけ、流れ側に開き気味に曲をつける
❺樹形の輪郭線を不等辺三角形に整える

寄せ植え

同一の樹種を一鉢に複数株植えつけます。株数は3本以上の奇数本とし、上限はありませんが、初心者は3～7本あたりから挑戦してみましょう。一番太くて長い株を主木、二番手を副木とし、三番手以降をバランスよく配して奥行きのある雑木林や森の景色を作ります。

実例

樹高20cmほどのトウカエデ。中心に太くて大きい主木、外側に細くて小さい株を配して、遠景の林を思わせる奥行きを生み出している。

樹形作りのコツ

1. 一番太くて高さのある株を盆栽の中心の主木にする
2. 背が低い株は奥や縁に配して奥行きや広がりを出す
3. 主木を頂点に全体で不等辺三角形の輪郭を描く
4. 奇数本で仕立てる
5. 主木を中心に横並びにならないよう前後に間隔をとりながら配置する

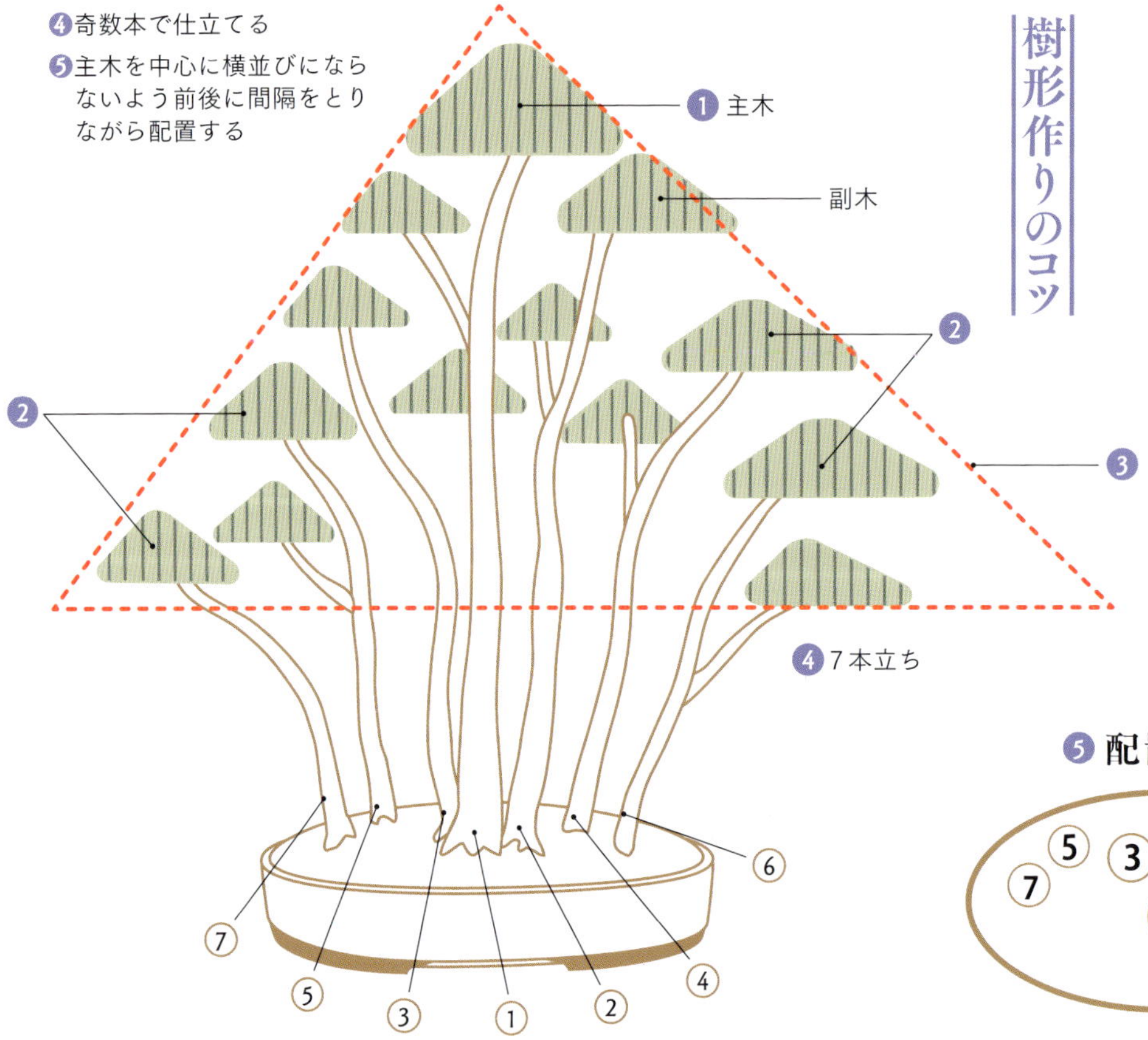

5 配置の例

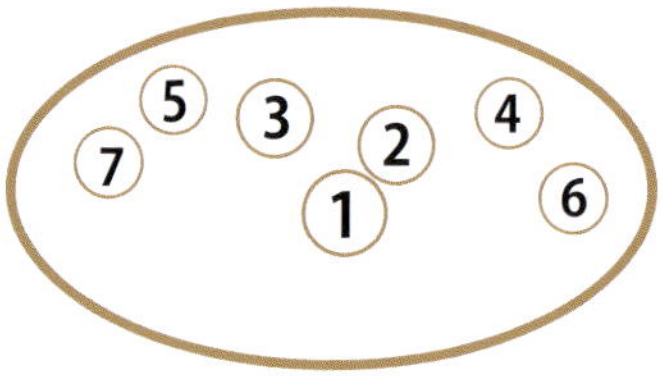

創作盆栽

アカマツを主木とし、チョウジュバイと寄せ植えにした石付盆栽。樹々の流れや石の存在が立体的な景色を生み出している。

基本樹形に当てはめて作り込む本道の盆栽に対して、基本を踏まえつつ型にはまらない盆栽を総称して創作盆栽と呼びます。

寄せ植えの創作盆栽では、一盆一樹(一鉢に1本の樹)の本道の盆栽に対して、樹と草を寄せ植えにしたり、数種類の樹種を用いるなどして鉢の中の要素をふやします。こうすることで、より短期間で自然の風景に近い写実的な盆栽を作ることができます。

また、一盆一樹の盆栽であっても、どの基本樹形にも当てはまらない樹形を楽しんだり、創作的な石付《いしづき》盆栽を作って楽しむこともできます。

はじめは基本の技術や盆栽のルールを習得し、その後に自分なりの自由な表現も楽しみましょう。

SELECTING MATERIALS

素材選び

素材の種類

繁殖方法による素材の種類とそれぞれのチェックポイントを紹介します。特徴については33ページの表を参照してください。

例 モミジ

将来的な価値は実生《みしょう》素材が最も高い

盆栽の素材の繁殖には実生（⇒p197）、挿《さ》し木（⇒p196）、接《つ》ぎ木、取り木などさまざまな方法があります。それぞれメリット、デメリットがあり、楽しみ方や目的、予算に応じてつき合いやすい素材を選びましょう。

素材選びの際に重視したいのが立ち上がり（⇒p18）のよさです。立ち上がりが柔らかく素直な実生素材は自然樹形を再現しやすく、針金成形で理想的な立ち上がりに仕立てることもできます。そのため、樹作りに時間はかかりますが、将来的な盆栽の価値は最も高くなります。

一方、挿し木素材や接ぎ木素材は、太くて固い立ち上がりに針金をかけても矯正しにくいので、できるだけ形のよいものを選びましょう。

太い2本の根は、短く切りつつ将来的に根張りに利用する。

実生素材

立ち上がりが柔らかく針金で矯正もできる。自然樹形が楽しめる。

挿し木素材

立ち上がりが直線的なものは避け、できるだけ柔らかいものを選ぶ。

この素材の場合は、立ち上がって右側の太い枝を利用して右流れの樹形に仕立てていく。

接ぎ木素材

短時間で樹形を作ることができるが、立ち上がりのよさは犠牲になる。取り木（⇒p192）の素材として利用してもよい。

接ぎ木部分が気になる場合はナイフで削って癒合剤を塗る。

素材の見極め

素材が生まれ持った素質の見極めも大切ですが、ポット苗のような幼木ではまだ個性や特徴が現れていません。素質を見極めるなら、樹齢7～8年以上の仕立て鉢素材がよいでしょう。

例 チョウジュバイの挿し木苗

○
- 立ち上がりが低い位置から動き出している
- 蕾がついている（すぐに花が楽しめる）

×
- 立ち上がりが間伸びして直線的
- 枯れ枝がある（根が弱いか根の病気に感染している可能性がある）

上から見たところ
- 細い枝が均等に広がっている（短時間で樹形作りができる）
- 前傾姿勢で正面が作りやすい

上から見たところ
- 枝の広がりが均等でない（樹形を作るのに時間がかかる）

繁殖方法による素材の特徴

素材の種類	立ち上がり	根張り	枝数	育てやすさ	時間	価格
実生	◎	◎	○	○	×	○
挿し木	△	×	○	○	△	◎
接ぎ木	×	×	○	○	○	◎

BONSAI POTS

盆栽の鉢

観賞鉢の種類

観賞鉢を大きく分けると、釉薬をかけずに焼いた泥《でい》ものと、釉薬をかけて焼いた色鉢《いろばち》の二種類があります。それぞれさまざまな形の鉢があります。

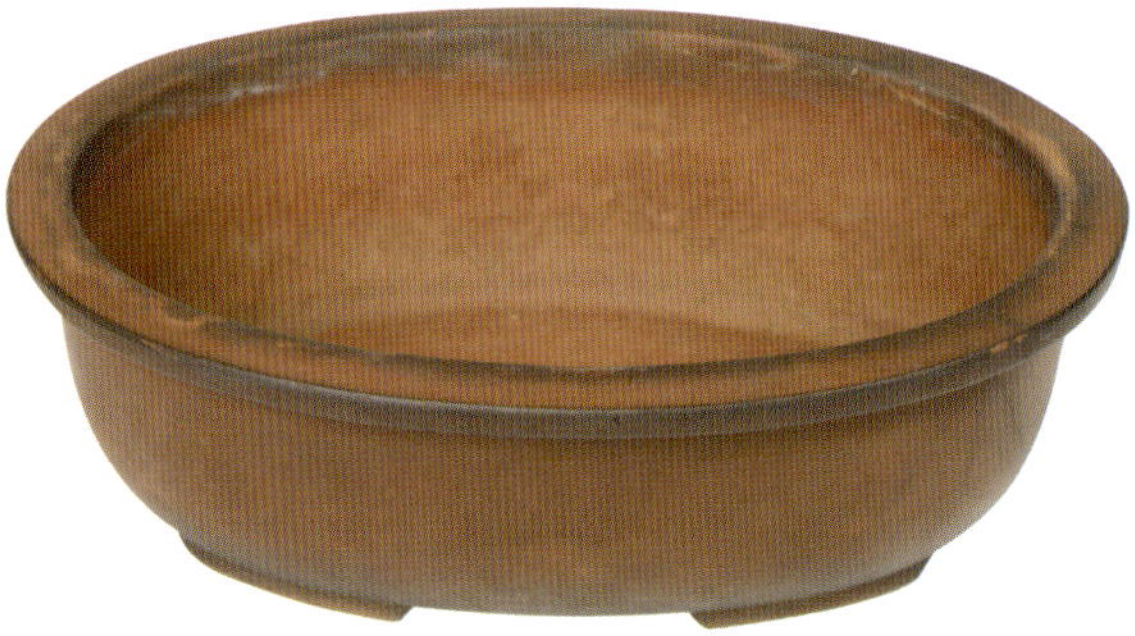

泥もの

素焼き鉢より高温で焼いた硬質の焼き締め鉢。使い込むごとに味わいがましていく。松柏類に向く。

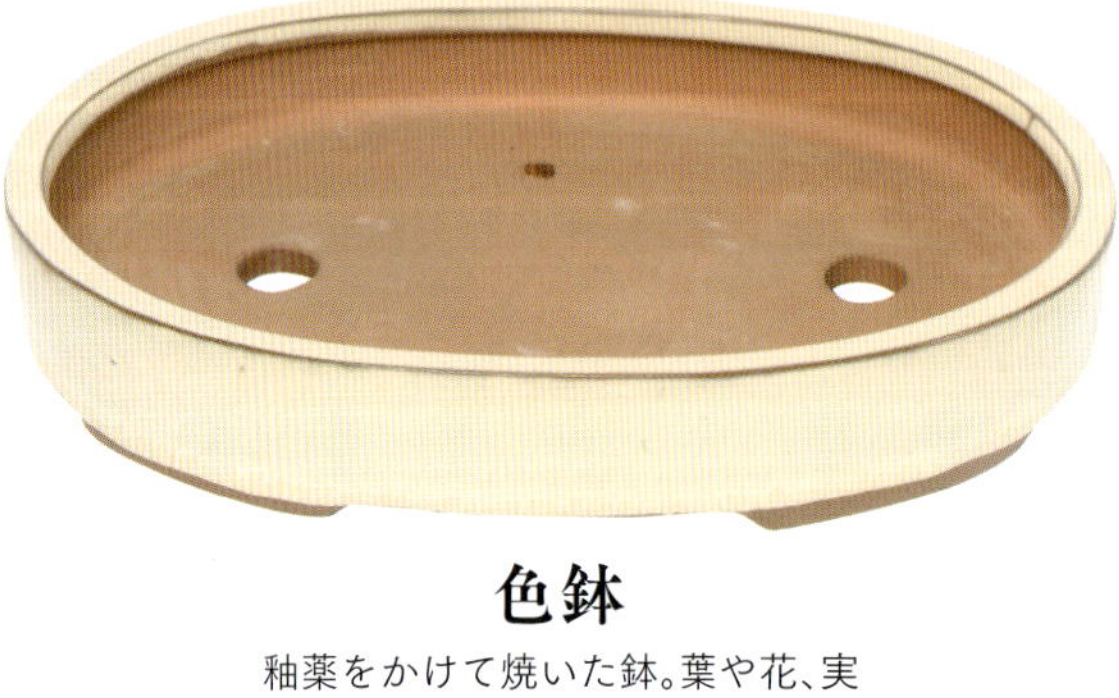

色鉢

釉薬をかけて焼いた鉢。葉や花、実との色合わせが楽しめる。通気性は泥ものより劣る。

「鉢映《うつ》り」を意識して鉢を選ぶ

盆栽は盆（鉢）と栽（植物）が一体になった緑の芸術です。観賞鉢に鉢上げする際には、質感、大きさ、形、深さなど、鉢と樹の調和（鉢映り）を第一に意識して鉢選びをしましょう。慣れるまでは難しいかもしれませんが、一般の鉢植えにはない盆栽ならではの醍醐味です。

盆栽の鉢にはさまざまな種類があり、釉薬《ゆうやく》の有無、形、深さのほかに、鉢の縁（外縁《そとえん》、内縁《うちえん》、切立《きったて》、隅入《すみいり》）や脚の有無、胴の形など無数の組み合わせがあります。

基本的な鉢合わせのコツは、幹が太くどっしりした樹には正方鉢、長方鉢、六角鉢、幹が細く繊細な樹には丸鉢か楕円鉢を合わせます。また、間口が広い長方鉢や楕円鉢は、樹の輪郭線より間口が一回り小さな鉢を合わせると引き締まります。

鉢の形

盆栽の鉢の形は無数にあります。どの樹にどの形を合わせなければならないという決まりはありませんが、定番の組み合わせを知っておくと、鉢選びの際の助けになります。

正方鉢

鉢の印象が強いので太い幹の樹に合わせる。細い幹や若木、文人、吹き流しには向かない。若木のうちは丸鉢に合わせ、樹が古くなったら正方鉢に植え替えてもよい。

丸鉢

最も汎用性があり、どの樹種にも合わせやすい。写真のような色鉢なら雑木類、花もの、実もの、泥ものなら松柏類がよく合う。

長方鉢

正方鉢と同様に太い幹の模様木、直幹などに合わせる。細い幹や若木、文人、吹き流しには向かない。

楕円鉢

丸鉢同様に汎用性がある。間口が狭い鉢は模様木や斜幹、間口が広い鉢は直幹や寄せ植えに向く。

六角鉢

角の印象が強いので、幹がある程度太い樹を合わせる。色鉢なら花もの、実ものが合う。写真の鉢は深さがあるので半懸崖もできる。

木瓜《もっこう》鉢

ボケの花を模した鉢。主張が強いので模様木や花もの、実ものに向く。松柏類、雑木類や、直幹、文人、吹き流しなどの樹形には向かない。

松柏類の鉢合わせ

常緑の松柏類は季節による変化があまりないので、落ち着いた泥ものを合わせます。色によって烏泥《うでい》、紅泥《こうでい》、朱泥《しゅでい》、紫泥《しでい》、白泥《はくでい》などと呼び分けます。

紫泥丸鉢

胴が丸く柔らかい印象の鉢には細い幹の文人などが合う。ただし、細い幹でも寄せ植えは楕円鉢がよい。

朱泥丸鉢

深さのある丸鉢には半懸崖、模様木、斜幹などが向く。

紫泥長方鉢

太い幹の模様木や直幹などに向く。細幹や若木は調和しない。

和丸鉢

文人のクロマツ。薄鉢が樹の躍動感を引き立てている。不均衡な美の世界。

紫泥正方鉢

鉢が強いので太い幹の模様木などが合う。細い幹や若木はつり合わない。写真の鉢は深さがあるので半懸崖にも向く。

雑木類の鉢合わせ

春の芽出し、初夏の新緑、夏の緑葉、秋の紅葉、冬の寒樹と、季節ごとに姿や色彩を変える雑木類は、新芽や葉、幹の色が映える色鉢を合わせます。

均窯《きんよう》釉丸鉢

丸鉢は汎用性が高く若木にも合う。水色の釉薬が新緑や紅葉の明るい葉色を引き立てる。

瑠《る》璃《り》釉《ゆう》楕円鉢

存在感のあるつやのある釉薬に若木はつり合わない。樹齢の乗った樹を合わせる。幹肌の白い樹種を合わせればモダンな印象に。

白釉《はくゆう》長方鉢

黄味がかった白い釉薬が新緑や紅葉を引き立てる。鉢に重厚感があり、太さのある模様木などが合う。

瑠璃釉楕円鉢

濃い青の釉薬がブナの白い幹と明るい葉を引き立てる。樹形の輪郭線より間口が一回り小さな鉢を選ぶと大木感が出る。

花もの、実ものの鉢合わせ

花ものと実ものは、花色や実色と釉薬の色合わせの妙を楽しみます。同系色でまとめれば落ち着いた印象に、反対色を合わせれば花色や実色をいっそう引き立てて華やかな印象になります。

金彩釉《きんさいゆう》筒鉢

金彩釉と呼ばれる金属的な釉薬はどの樹種にも合う。サクラとも相性がよい。

黄釉《おうゆう》六角鉢

小品用の鉢。赤い実ものなどを合わせるとカラフル。株立ち、半懸崖などに合う。

生子釉下方鉢《なまこゆうげほう》

間口より高さのある鉢は懸崖に向く。落ち着いた釉薬の色がどの樹種にも合う。

黄釉丸鉢

黄色同士で合わせた同色の組み合わせ。ツルウメモドキは実がはぜると中から赤いタネが見えてアクセントになる。

鉢の裏も確認しよう

盆栽鉢の購入時は鉢の裏も確認しましょう。鉢底に排水用の穴があることが大前提です。さらに、高台《こうだい》や脚のない鉢は水が抜けにくいので避けます。水切りや根留め用の穴、作家名の落款《らっかん》、窯印《かまじるし》のある鉢もあります。

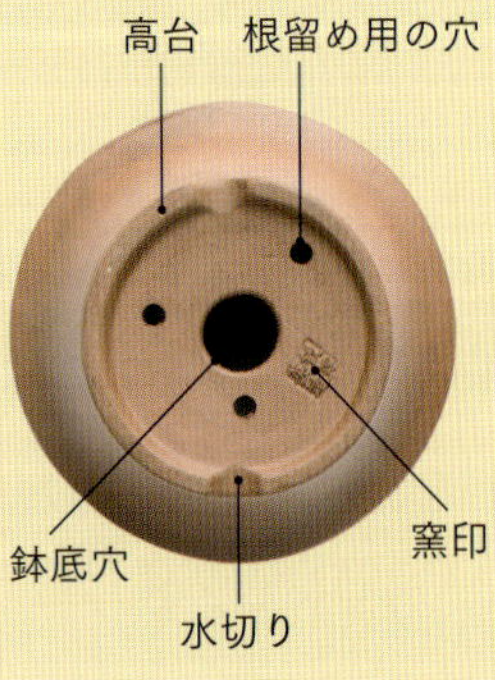

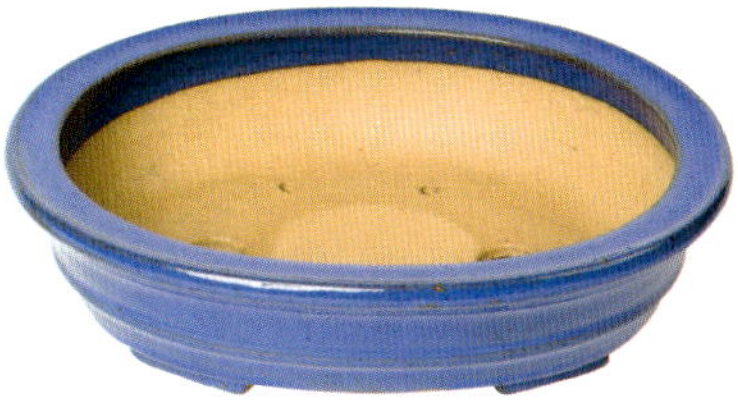

青釉《あおぐすり》楕円鉢

間口の広い楕円鉢は直幹や寄せ植えに向く。青と反対色の黄色の花や実を合わせると華やか。

白釉丸鉢

白の丸鉢はどの樹種にも合う。釉薬につやがあるので白い鉢でも華やな印象になる。

和丸鉢

鉢から飛び出すサルスベリの鮮やかな花を、濃い青の釉薬が引き立てながら全体を引き締めている。

緑釉《りょくゆう》下方鉢

レンギョウ、キブシなどの黄色い花や、赤い実の懸崖に向く。

鉢の深さの種類

盆栽鉢には深さによる呼び方もあります。大きさや形、色や質感だけでなく、樹と鉢の深さの鉢映りも重要な要素です。

下方鉢
間口より深さのある下方鉢は懸崖に向く。

深鉢
太幹や半懸崖に向く。

中深鉢
汎用タイプ。

浅鉢
樹を大きく見せる。ケヤキのほうき作りや雑木類の寄せ植えに。

薄鉢
平たい薄鉢は文人や寄せ植えに。

盆栽の道具

園芸や日曜大工の道具、日用品でも代用できますが、盆栽専用の道具のほうが使い勝手がよく、日頃の作業の楽しみや、やる気も高まります。盆栽園や通信販売で購入できるので、少しずつそろえましょう。

※剪定道具は56ページ参照。

ナイフ

太い枝を剪定したときに切り口を切り直したり、取り木（⇒p192）などの繁殖に使用する。

針金切りバサミ

根留めのワイヤーや針金を切る。刃先が丸く幹や枝を傷つけにくい。

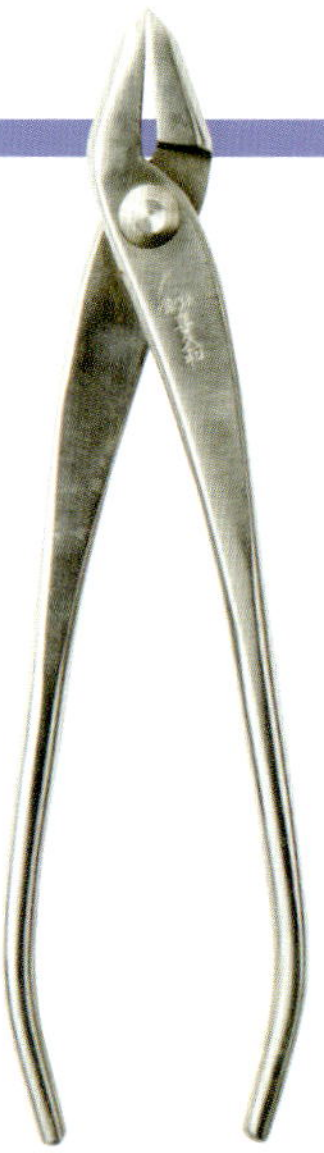

やっとこ

植えつけ、植え替え時に根留めのワイヤーをねじったり、針金成形で使用する。ペンチでも代用できる。

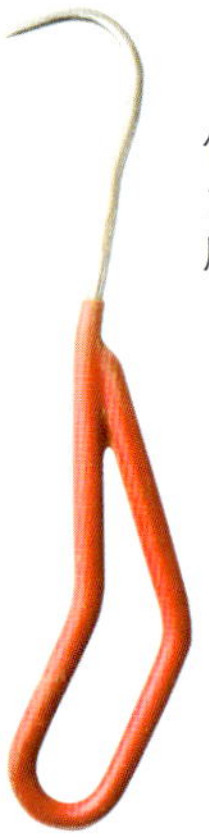

根かき

竹箸でほぐしきれない固まった根鉢をかくのに使用する。

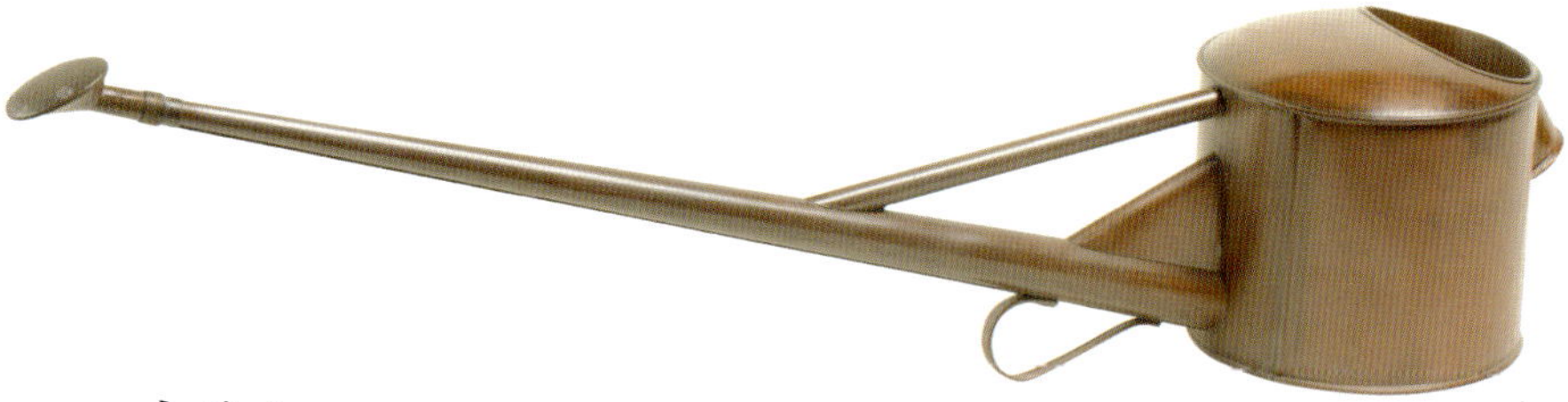

ジョウロ

ハスロ（⇒p204）の目が細かく水流の柔らかなものがよい。銅製は雑菌の発生を抑えて水をきれいにすると言われる。

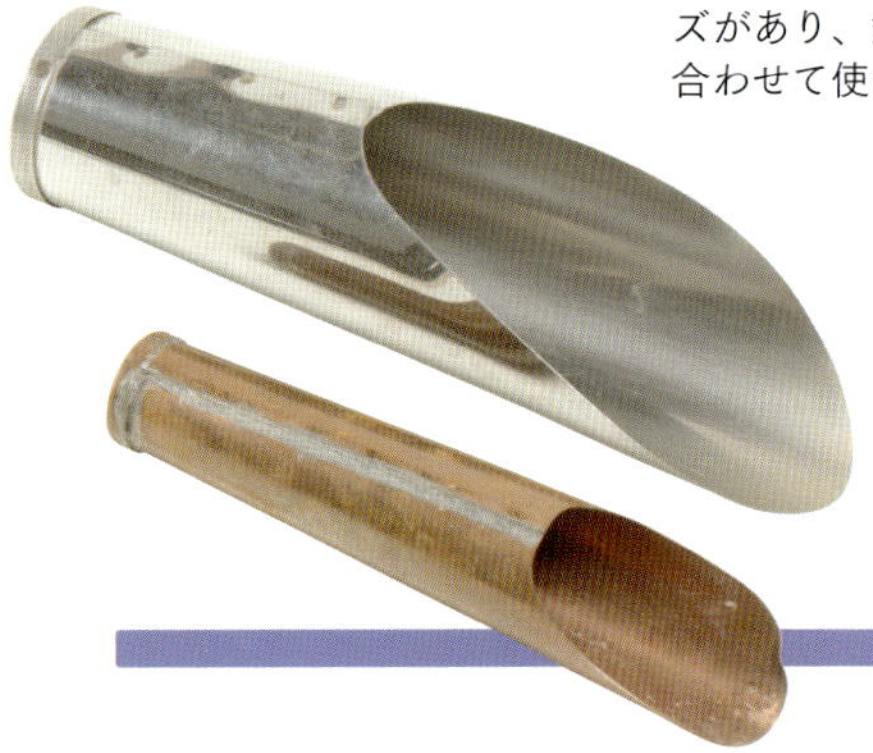

土入れ

植えつけ、植え替え時に根と鉢のすき間に用土を入れる。さまざまなサイズがあり、鉢の大きさに合わせて使い分ける。

竹箸《たけばし》

根鉢をほぐしたり、用土をついてすき間をなくす。固くて折れにくい。

第三章

盆栽の基本作業

入手した素材の鉢への植えつけ方や植え替え、樹形作りに欠かせない剪定と針金成形のコツ、短葉法《たんようほう》と呼ばれるマツ独特の手入れ、日頃の管理のコツなど、盆栽独自の基本的な作業を覚えましょう。

ユキヤナギ

植えつけ、植え替え

PLANTING & REPOTTING

素材を鉢に植えつけて定期的に植え替える

盆栽の素材を入手したら、樹齢や樹形の完成度に合わせて仕立て鉢か観賞鉢に植えつけましょう。樹作り中の若木なら生育に適した仕立て鉢に、樹形がある程度できた成木の半完成樹、樹形が仕上がっている完成樹は観賞に適した観賞鉢に植えつけます。

　盆栽は長年小さな鉢で植物を栽培するので、定期的な植え替えも必要です。植え替えは、古い根を切って新しい根に更新し、古い用土を新しい用土に入れ替えて通気性や排水性を改善するための作業です。また、鉢を徐々に小さくしていくことで樹を引き締め、大木感や古木感を創出する盆栽ならではの芸術的な目的もあります。植え替えの頻度や作業適期は樹種ごとに異なります（四章参照）。

鉢の種類

仕立て鉢で樹作りをしてある程度樹形ができたら、観賞鉢に植え替えましょう。段階的な鉢替えで樹格を高めていきます。

仕立て鉢

樹作りや養生を目的とした素焼き鉢。通気性や排水性がよく植物の生育に適している。

観賞鉢

観賞用の鉢。生育面では仕立て鉢より劣る。鉢映り（⇒p34）のよいものを選ぶ。

用土

小さな鉢で植物を育てるために用土は通気性、排水性のよい粒状のものを使います。植えつけ前にふるいでふるって微塵《みじん》（⇒p205）を取り除きましょう。

赤玉土《あかだま》

水はけをよくするために鉢底に敷くゴロ土には小粒、植えつけ用土には極小粒を使う。

桐生砂《きりゅう》

過湿を嫌う松柏類では、水はけをさらによくするために赤玉土に混ぜて使用する。

1 ポット苗を仕立て鉢に植えつける

適期 3月

ポット苗の素材を入手したら、根の整理をして、新しい用土で仕立て鉢に植えつけましょう。ポットのまま管理すると生育が悪くなります。

ポット苗

実生2～3年生のアカマツのポット苗。針金成形して幹に模様がつけてある。

仕立て鉢

間口が一回り小さな仕立て鉢に植え替えた。樹形がある程度できるまでは仕立て鉢で育てる。

鉢の準備

苗木を鉢に植えつける前に、あらかじめ鉢に鉢底網と根留めのアルミワイヤーをセットしておきましょう。

❶ 直径1.5mmのワイヤーを曲げてピン状にし、鉢底穴より一回り大きく切った鉢底網にさす。

❷ 仕立て鉢の鉢底穴を❶のピンとネットでふさぐ。

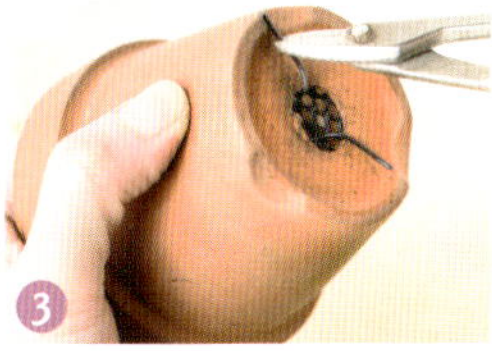

❸ 鉢を裏返し、ピンを折って網を鉢に固定する。鉢底からはみ出したピンは針金切りバサミで切る。

❹ 直径2.0mmのワイヤー（鉢底穴の1.5倍の長さ）に、直径1.5mmのワイヤー（口径の2～3倍の長さ）を巻つけて根留めを作る。

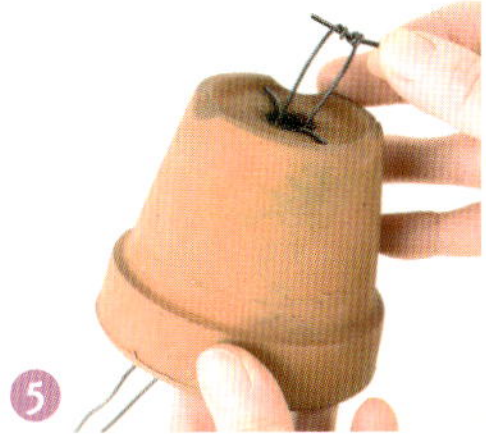

❺ 鉢を裏返し、鉢底穴から❹の根留めをさしこむ。

❻ 鉢を表に返し、根留めを鉢縁にかけて準備終了。

作業のコツ

- 根鉢についた古い土をていねいに落とす
- 根を1/3程度残して切り詰める
- 根張りが土の上に出るように植えつける

鉢に土を入れる

植えつけ用土は、松柏類以外は赤玉土を単用します。松柏類は桐生砂との配合土を使用します。

1 鉢の深さの1/5程度までゴロ土（赤玉土小粒）を敷く。

2 ゴロ土と同じ厚みに植えつけ用土（赤玉土極小粒）を入れる。中央をやや盛り上げておく。

根を整理する

根鉢（⇒p204）の古い土を落とし、根を切って新しい用土で植えつけます。春の植え替えでは根鉢の土を全部落としますが、秋は1/3程度残します。

1 ポットから苗を取り出し、根鉢の底、側面、表面の順に竹箸で根をほぐしながら土を落とす。

2 古い根を1/3程度残して根を切る。根の量が少ない場合は1/2程度残す。

3 株元の根張り（⇒p18）より上から出ている根（上根）を元から切り取る。

4 根の整理が終わった状態。根の量が多ければここまで整理してよい。

鉢に植えつける

仕立て鉢には表裏がないので、盆栽の正面は気にせず植えつけます。根張りを土の上に出すことがポイントです。

1 鉢の中央に苗木を置き、根張りが埋もれないように高さを調節しながら用土を足す。

2 苗木と鉢の間に用土を足し、竹箸でついてすき間なく用土を入れる。

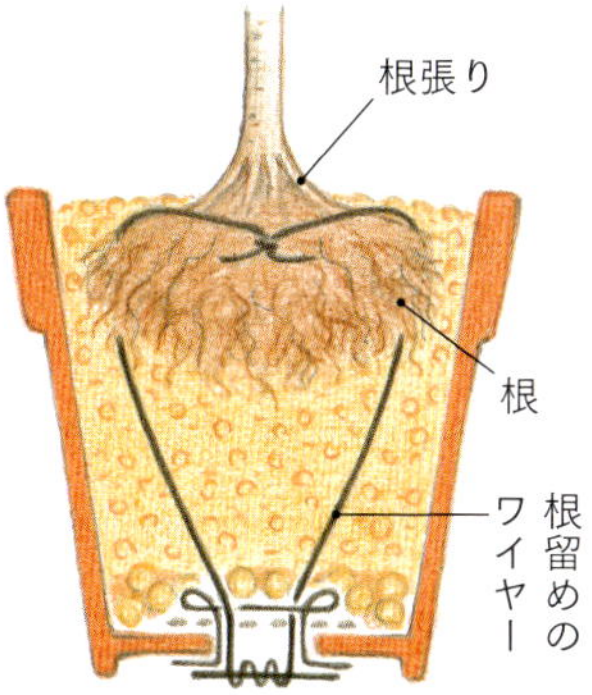

3 鉢縁まで用土が入ったら根留めのワイヤーで根を固定する。ワイヤーをやっとこでねじり、余ったワイヤーは切る。

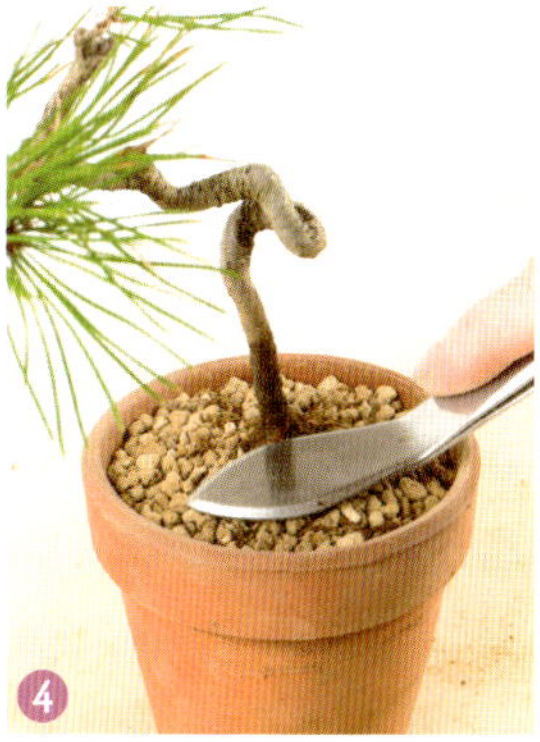

4 ピンセットのコテの部分で粒を壊さないように押えて用土をならす。

5 鉢底から流れ出る水が透明になるまでたっぷり水やりをして微塵を洗い流す。

6 保湿のため、刻んだ乾燥水ゴケ(水に浸して戻しておく)を軽く絞って土の表面に敷き、コテで押えて土に密着させて終了。

Q 根が土の上に出てしまったら?

鉢に植えつけたあとに細かい根が土の上に出ていたら切り取ります。切り取らずに上からコケをかぶせても構いません(⇒P199)。

土の上に浮き上がった細かい根はハサミで切り取ってよい。

2 仕立て鉢から観賞鉢に植え替える

適期 3月

仕立て鉢で数年樹作りをして形がついてきたら、観賞鉢に植え替えましょう。鉢に表裏ある場合は、盆栽と鉢の表（正面）を合わせます。

仕立て鉢

仕立て鉢で2年程度培養した実生7～8年生のアカマツ。枝葉に厚みがついて盆栽らしくなってきた。

観賞鉢

仕立て鉢と間口や深さが同じ観賞鉢に植え替えた。30°程度右に傾けて植え、右への流れを出した。

作業のコツ

- 仕立て鉢と間口や深さが同じくらいの観賞鉢に植えつける
- 鉢と盆栽の正面を合わせる
- 根張りが太い場合は、根の下に根留めを通す

根を整理する

観賞鉢にはじめて鉢上げするときは、間口や深さがほぼ同じ大きさの鉢に植え替えます。古い根を1/3程度残して整理してから植えつけましょう。

① 鉢と根鉢の間に竹箸をさし、根鉢を持ち上げて鉢から取り出す。

② 根鉢の底、側面、表面の順に竹箸で根をほぐしながら、古い土をていねいに落とす。

③ 根張りが埋もれていたら、周辺の土をかき落として高さを確認する。

④ 古い根を1/3程度残して根を切る。

鉢に植えつける

43ページを参照して、あらかじめ観賞鉢に鉢底網と根留めのワイヤーをセットしておきましょう。

ゴロ土と用土を薄く入れた鉢に正面を合わせて樹を入れ、植えつけの高さと角度を確認する。写真の樹は30°右に傾けて植えつける。

鉢と根の間に用土を入れ、竹箸でついてすき間なく用土を入れる。

用土が鉢縁まで入ったら根を留める。根張りが太い場合は、竹箸を通してすき間をあけ、根張りの下にワイヤーを通す。

根張りの下にワイヤーを通し、やっとこでねじって留める。余ったワイヤーは切る。

コケを張る

植え替えてすぐに観賞したい場合は、土の表面にコケを張って仕上げましょう。乾燥防止が目的なら水ゴケでも構いません（⇒P45）。

鉢底から流れ出る水が透明になるまでたっぷり水やりをし、用土の表面をコテでならす。

コケの裏側についた土が厚ければ、ハサミで切って薄くする。

❷のコケを小さくちぎりながら、ピンセットの先端で用土の表面に押しつけて張る。

Q

正面の見つけ方は？

正面がはっきりしない若い盆栽では、幹が前傾姿勢になる向きを探して正面にします。

軽くおじぎをしたような前傾姿勢になるところを正面にする。

3 一〜二回り小さな鉢に締める（鉢締め）

樹形の骨格ができたら、一〜二回り小さな鉢に植え替えましょう。鉢を小さくすることで樹が大きく見え、大木感、古木感が生まれます。

適期 3月

植え替え前 樹齢約15〜16年のアカマツ。樹に対して鉢が深い。浅鉢に植え替えて半懸崖に改作したい。

植え替え後 間口はほぼ同じで深さが半分程度の鉢に植え替えた。鉢を浅くしたことで締まった印象になった。

根を整理する

現状より浅い鉢に植え替えるために、太い根を整理して根を⅕まで剪定します。

①

鉢から樹を取り出し、根かきで根鉢の底、側面、表面の順にほぐしながらていねいに土を落とす。

②

ゴボウのような太い走り根（⇒p204）は、出どころをたどって元から切り取る。

③

不要な太い根を整理したら、長い根を⅓程度まで切り詰める。

④

さらに根を整理してから⅕程度に切り、新しい鉢に入る大きさにする。

作業のコツ

- 根を⅕程度まで整理する
- 根留めのワイヤーを根張りの下に通す
- 樹勢の落ちている年には鉢締めは行わない

鉢に植えつける

元の鉢の半分程度の深さの鉢に植えつけるには、しっかり根留めをして樹が浮かないようにします。特に懸崖は不安定な印象を与えないようにします。

❶ 鉢底にゴロ土を薄く敷き、用土を入れる。左流れの枝に角度がつける場合は、右奥に用土を盛り上げる。

❷ 根を整理した樹を鉢に入れ、植えつける位置や角度、根張りの高さを確認する。

❸ 樹が動かないように株元を片手で押さえ、用土を足しながら竹箸でついて植えつける。

❹ 根張りと土の間に竹箸をさし、根留めのワイヤーを通すすき間を広げる。

根張りの上に根留めのワイヤーを渡さない！

❺ ❹であけたすき間にワイヤーを通し、やっとこでねじって留める。余ったワイヤーは切る。

❻ 地上部に浮いた細かい根をハサミで切り取る。水やりとコケ張りをして終了。

Q コケは再利用できるの？

コケが元気な緑色なら、元の鉢からはがしたコケも再利用できます。ただし、黒ずんだコケは傷んでいるので、新しいコケに取り替えます。

ピンセットのコテの部分でコケをはがす。

植え替えたあとの土の表面に張る。

4 複数の素材を寄せ植えにする

複数の素材を植えつける寄せ植えは、一鉢に同じ樹種を3本以上植えて林の景色を作ります。素材は樹齢の近い雑木類の実生苗がおすすめです。

適期 3月

用意するもの

写真はフジブナの実生3年生7本、楕円鉢(間口が主木の樹高の½程度)。

そのほか、植えつけ用土(赤玉土極小粒)、ゴロ土(赤玉土小粒)、鉢底網、根留めのアルミワイヤー、竹箸、根切りバサミ、剪定バサミ、土入れ、やっとこ、針金切りバサミ、コテつきピンセット、ジョウロなど。

若々しい落葉期の雑木林をイメージした寄せ植え。今後芽摘みや葉刈り、剪定を繰り返し行って上部の枝数をふやしていく。

作業のコツ

- 同一の樹種を3本以上、奇数本を植えつける
- 一番太くて樹高のある素材を主木、二番目を副木にする
- 樹形全体で立体的な不等辺三角形を描くように配置する

根を整理する

鉢やポットから素材を取り出し、1本ずつ根の整理をしましょう。根の整理の方法は単植（⇒p203）の場合と同じです。

鉢やポットから素材を取り出し、竹箸で根をほぐしながら根鉢の土を落とす。

一鉢（ポット）に複数の素材が植わっている場合は、根を傷めないように1本ずつに分ける。

走り根（⇒p204）があれば元から切り取る。

根張りより高い位置にある上根を切り取る。

根張りを確認する。植えつけ時に根張りの高さをそろえる。長い根は切り詰める。

根の整理が終わったところ。同様にすべての素材の根を整理する。

Q 太い根を切っても大丈夫？

全体的に根の量が多ければ、太い根も元から切って大丈夫です。太い根を切った場合は、切り口に癒合剤（⇒p205）を塗ります。

ただし、根の量が少ない場合は一度に切らず、植え替えのたびに少しずつ切り戻していきましょう。

一度に切ると根の量が少なくなってしまう場合は、段階的に短くしていく。

配置を決める

主木と副木を樹形の中心にすえ、流れや奥行きも意識して、全体で不等辺三角形を描くように残りの素材を配置しましょう。

❶ 主木と副木を決める

素材の中で最も幹が太く樹高の高いものを主木に、二番手を副木にする。残りの素材は、高さや太さの順に順位をつける。

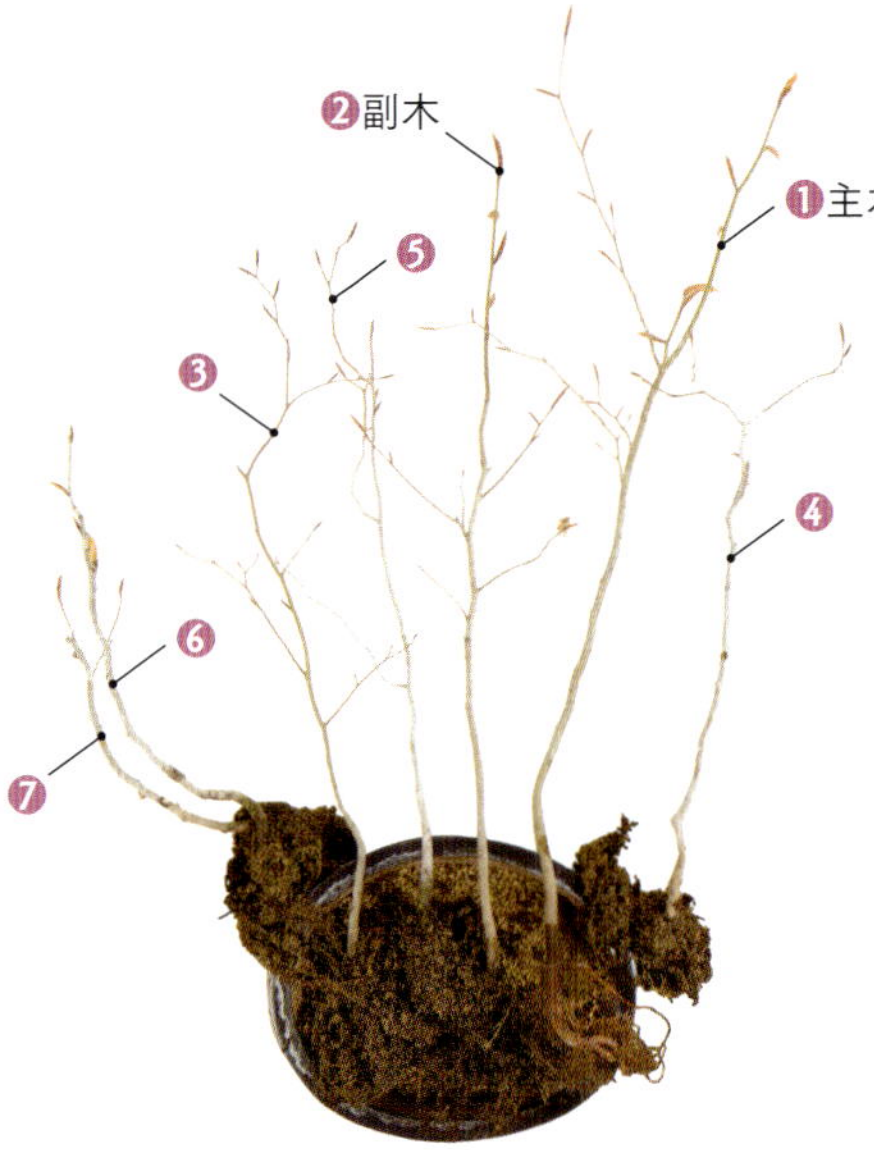

❷ 樹形をイメージする

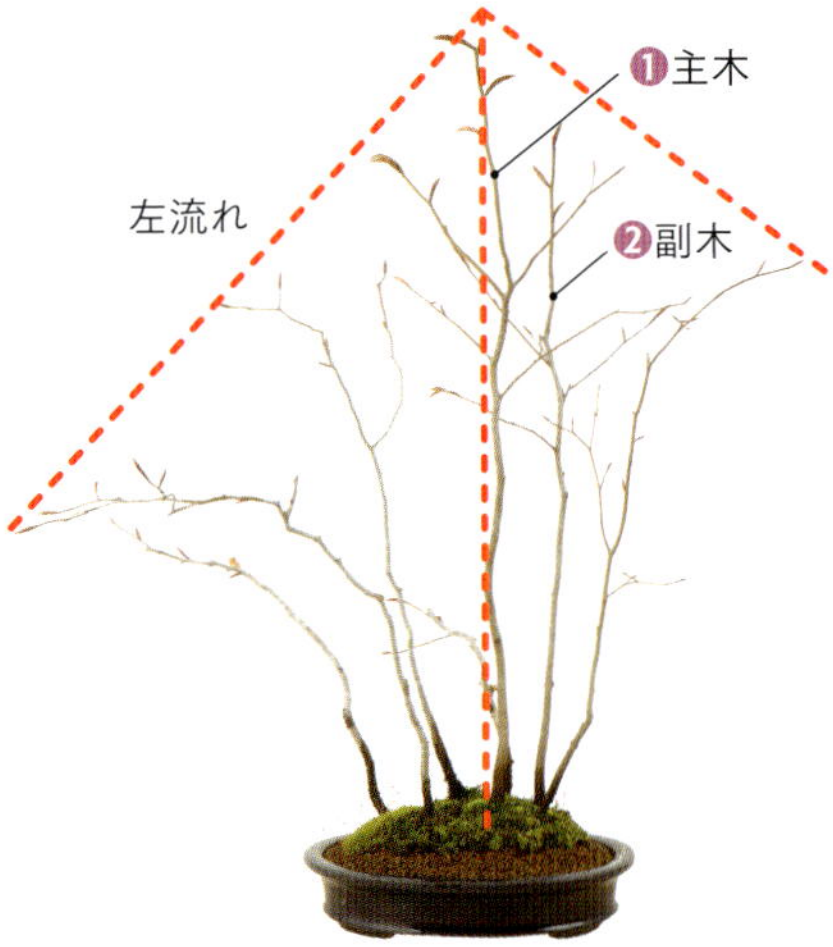

正面

描きたい雑木林の景色をイメージしながら配置を決める。主木（❶）を中心に全体で不等辺三角形を描き、副木（❷）と反対側に流れを作る。写真は左流れ。

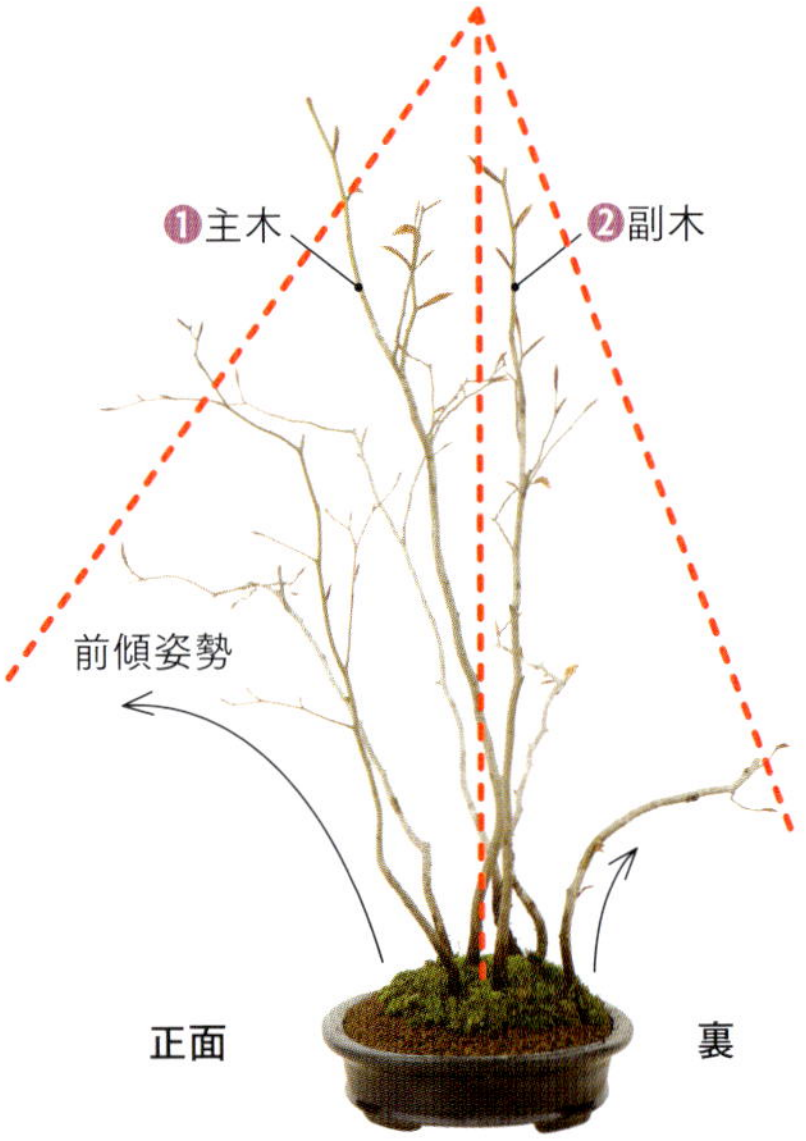

横から見たところ

主木（❶）と副木（❷）を中心にして正面側にボリュームを集め、やや前傾姿勢になるように枝の向きや流れを見て配置する。不安定な印象を与えないように裏に逆方向の流れを入れて奥行きを出す。

❸ グループ分けして配置する

素材を2～3グループに分けて配置する。7本の場合は主木（❶）と副木（❷）中心の主のグループと、添えのグループに分ける。主のグループの本数を多くする。グループ単位でまとめて植えつける。

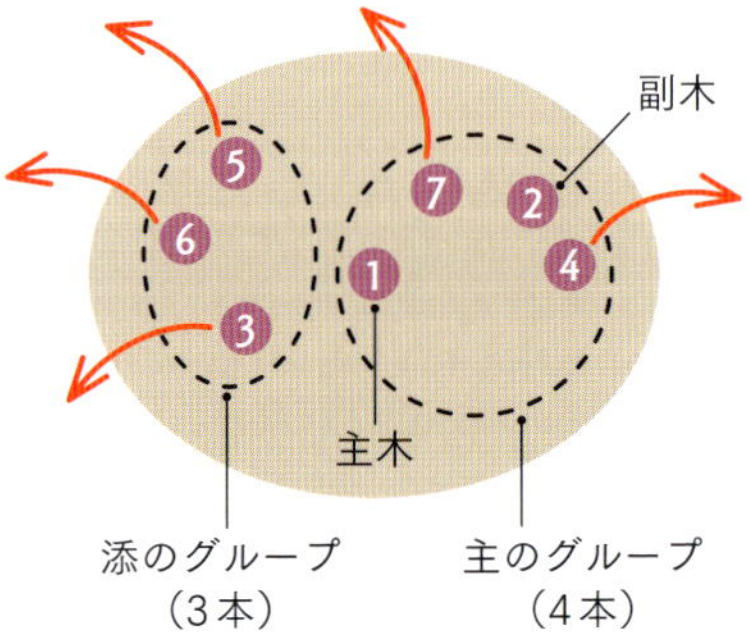

鉢に植えつける

素材を束ねてグループごとに植えつけます。根張りの高さを合わせてそれぞれの根を四方に広げ、素材同士で根を絡ませると安定します。

鉢底網と根留めをセットした鉢の底にゴロ土と用土を薄く敷き、主のグループを置く。

根張りの高さを合わせ、角度や位置がずれないように株元を片手で押さえながら用土を足す。

鉢縁まで用土を入れたら、添えのグループを植えつける。同様に株元を押さえながら用土を足す。

すべての素材が入ったら、竹箸でつきながらすき間なく用土を入れる。

樹が自立するまで用土が入ったら、根留めのワイヤーをたすきがけにして根を留める。やっとこでねじり、余ったワイヤーは切る。

中央を盛り上げるように用土を足し、コテで表面をならしてからたっぷり水やりをする。

整姿剪定をする

素材を鉢に寄せ植えしたら、全体で不等辺三角形を描くように輪郭を整えます。内向枝などを間引いて内側の日照や風通しも確保します。

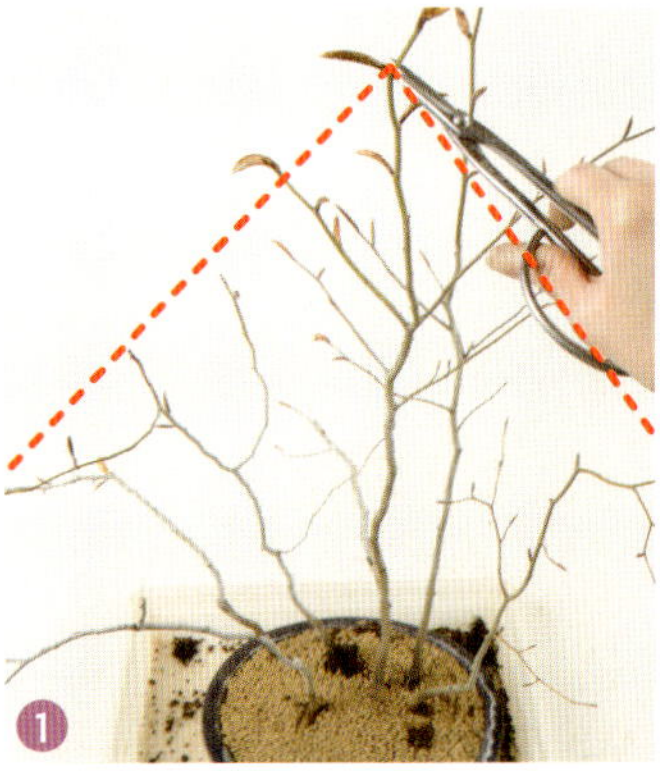

1 主木の高さを決める。浅鉢では主木の樹高は鉢の間口の1.5〜2倍がバランスがよい。主木を不等辺三角形の頂点にして輪郭線を整える。

2 内向枝などの忌み枝（⇒p58）を元から切り取り、内側の日照と通風を確保する。

コケを張る

樹形を整えたらコケか水ゴケを張って仕上げましょう。根がしっかり張るまでは強風を避け、水切れさせないように管理します。

1 鉢底から流れ出る水が透明になるまでたっぷり水やりをし、用土の微塵を洗い流す。水が引いたらコテで用土の表面をならす。

2 主木の株元からコケを張る。通気性を高めるために全面に張らず、根元周りのみでもよい。

Q 配置通りに植えつけるコツは？

薄い鉢に複数の素材を植えつける寄せ植えでは、植えつけている間に樹が動いてしまったり、素材同士が離れてバラバラな印象になってしまうことがあります。全体で一まとまりの林や森に見えるように、両手と道具を使って配置通りに植えつけましょう。

素材が動いたり浮いたりしないように片方の手で株元を押さえ、指のすき間から竹箸で用土をつく。

手を離したいときは、素材が転ばないようにやっとこなどで株元を押える。

5 寄せ植えの定期的な植え替え

寄せ植えは根詰まりしやすく、2年に1回を目安に定期的に植え替えます。樹形や大きさを維持するなら、根鉢を崩さずに同じ鉢に植え直します。改作する場合は1本ずつばらして配置を変えたり、新しい鉢に植え替えます。

適期 3月

植え替え前 トウカエデの寄せ植え。用土が潰れて水が浸み込まない状態。主木がやや左に傾むいている。

植え替え後 根張りを高くしたことで景色が大きくなった。角度を少し右に傾けて右流れを強調した。

❶ 鉢から根鉢を取り出し、根かきで底、側面、表面の順に周囲の固まった根をほぐす。

❷ 根をほぐしたら根切りバサミで長い根を切る。

❸ 根切りバサミで根鉢全体を切って一回り小さくする。

❹ 鉢を洗い、鉢底網と根留めをセットする。鉢が薄いので鉢底網の上だけゴロ土を敷き、薄く用土を敷く。角度を右に傾けたい場合は左側の底にやや厚めに用土を敷く。

❺ ❹の鉢に❸を入れ、根鉢と鉢の間に新しい用土を入れて植えつける

❻ 根留めで根鉢を固定してさらに用土を足し、最後にコケを張って終了。

作業のコツ

- 根鉢は崩さずに周囲の固まった根をほぐす
- 根鉢を一回り小さくして同じ鉢に植え直す
- 角度や高さを修正する

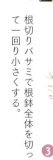

PRUNING

剪定

定期的な剪定で樹形と樹の健康を維持する

剪定は長い枝を切り戻して樹形を整えたり、不要な枝葉を取り除いて日照と通風を改善し、病害虫の発生を防いで樹の健康を維持したりする効果があります。ほかにも、枝を切ることで間伸びを抑える、分枝を促して枝数をふやす、花や実がつきやすい短枝の発生を促すなどの目的でも行います。

作業適期は生長期と休眠期が中心です。生長期は徒長枝を切り戻して樹勢を抑え、休眠期は不要な枝を整理して樹形を整えます。それ以外の時期もこまめな剪定で樹形を維持します。

花や実を楽しむ盆栽では、花芽分化《かがぶんか》(→p202)後に剪定をすると花芽を切り落としてしまうので、分化の時期を知ることも大切です。ただし、盆栽では花や実よりも樹形優先で剪定を行います。

剪定の道具

剪定を行うには次の4つの道具を用意しましょう。ハサミを使ったあとは水気をよくふき取り、潤滑油を塗っておくと切れ味が鈍りません。

剪定バサミ

枝や葉の剪定に使用する。刃先が細いものが使いやすい。剪定バサミで根を切ると切れ味が鈍る。園芸用の万能バサミでも代用できる。

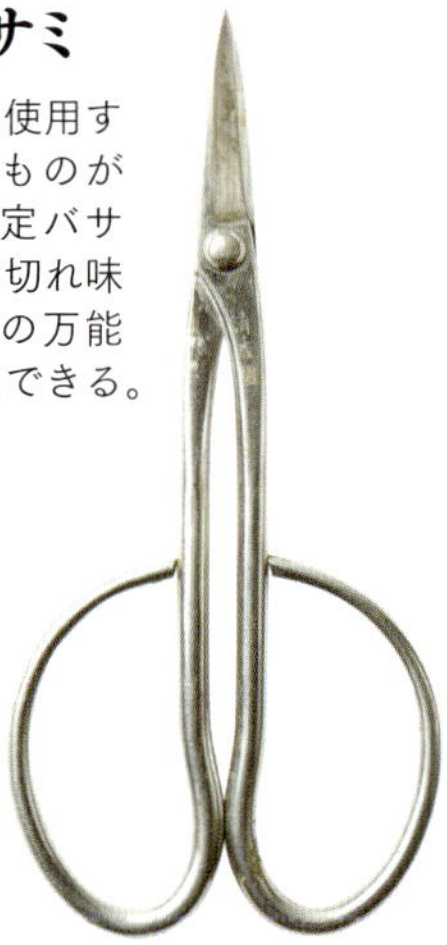

根切りバサミ

太い枝の剪定や、植えつけ、植え替え時の根切りに使用する。切り花用の花バサミで代用してもよい。

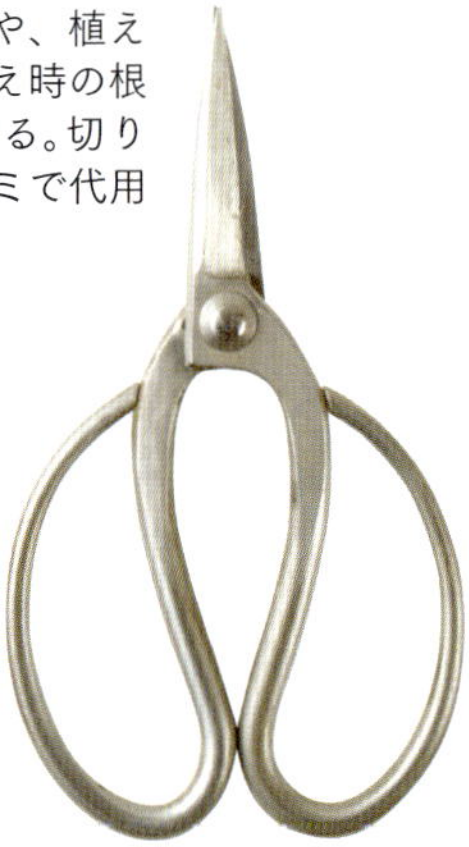

又枝切り

ハサミで切れない幹や太い枝、太い根などを切り跡を残さず元からきれいに切ることができる。

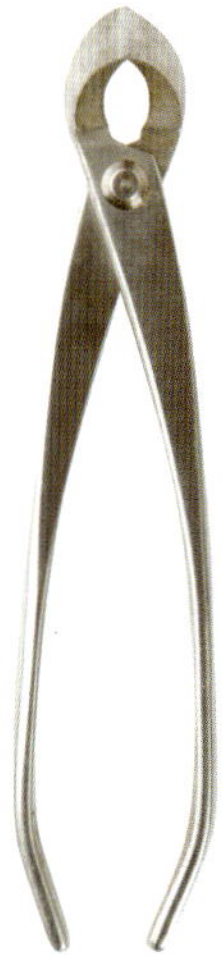

コテつきピンセット

芽摘みや芽かきなどの細かい作業に便利。除草やコケ張りにも使用する。コテで植え替え時に用土をならす。

1 剪定の種類

時期や樹齢、樹勢によって剪定の目的はさまざまで、剪定方法も異なります。剪定の種類とそれぞれの目的を知りましょう。

間引き剪定

不要な枝(⇒p58)を元から切り取って樹形を整え、日照や通風を改善する。

切り戻し剪定

長く伸びた枝を樹形の輪郭線まで短くして樹形を整える。必ず芽のすぐ上で切る。

葉すかし

大きな葉を元から切り取って葉の量を減らし、日照と通風を改善する。葉の大きさを平均化する効果もある。

追い込み剪定

樹のサイズを維持するために全体的に一回り小さくする。生長期に行い、樹の生長が早ければ秋にも行う。

根の剪定

根の勢いと地上部の樹勢は比例する。植え替え時に強い走り根を切り取ると、徒長枝の発生を抑えることができる。

芽摘み、葉刈り

脇芽の萌芽を促して小枝をふやす。芽摘みは新芽を摘み取り(写真)、葉刈りは葉を$\frac{1}{10}$程度残して切り取る。

② 不要な枝（忌《い》み枝）の種類

樹形を乱したり、盆栽の観賞価値を下げたりする不要な枝を忌み枝と呼びます。忌み枝は見つけ次第元から切り取ります。

車《くるま》枝

1か所から複数の枝が放射状に出た状態。間引いて枝を減らす。

突き枝

正面に向かって伸びる枝。頭部以外では元から切り取る。

立ち枝

真上に伸びる枝。元から切り取るか、残したい場合は針金成形で伏せる。

三叉《さんまた》枝

枝先が3本に分かれた状態。1本を元から切って二叉にする。

逆さ枝

流れと逆方向に伸びる枝。元から切り取るか針金成形で矯正する。

かんぬき枝

左右、前後に一直線に貫通した枝。どちらか1本を元から切り取る。

ひこばえ

株元から伸びる新しい若芽。株立ち(⇒p29)以外は元から切り取る。

内向枝

株の内側に向かって伸びる枝。内部が混み入るので元から切り取る。

枯れ枝

枯れた枝は季節を問わず見つけたら切り取る。

下がり枝

下向きに伸びる枝。元から切り取るか針金成形で矯正する。

Q 切り口を目立たなくするには？

太い枝の切り口をそのままにすると、コブのような傷になって樹皮が盛り上がったり、病原菌が侵入したりします。切り口はできるだけ平らに切り直して癒合剤(⇒p205)を塗ります。

太い枝を抜いたら、切り口をハサミかナイフで切り直してできるだけ平らにする。または少しえぐるように切ると、樹皮が覆われたあとに平らになる。

すぐに癒合剤を塗る。

3 若木の剪定（針金成形）

若木は観賞よりも樹作りを優先します。切り戻し剪定、芽摘み、葉刈りを繰り返し行って分枝を促し、枝葉を密に茂らせる「足す」剪定を心がけます。

入手した素材

樹齢5〜6年のトウカエデの若木。ある程度模様木の骨格はできている。徒長枝が伸び、樹高に対して葉も大きい。

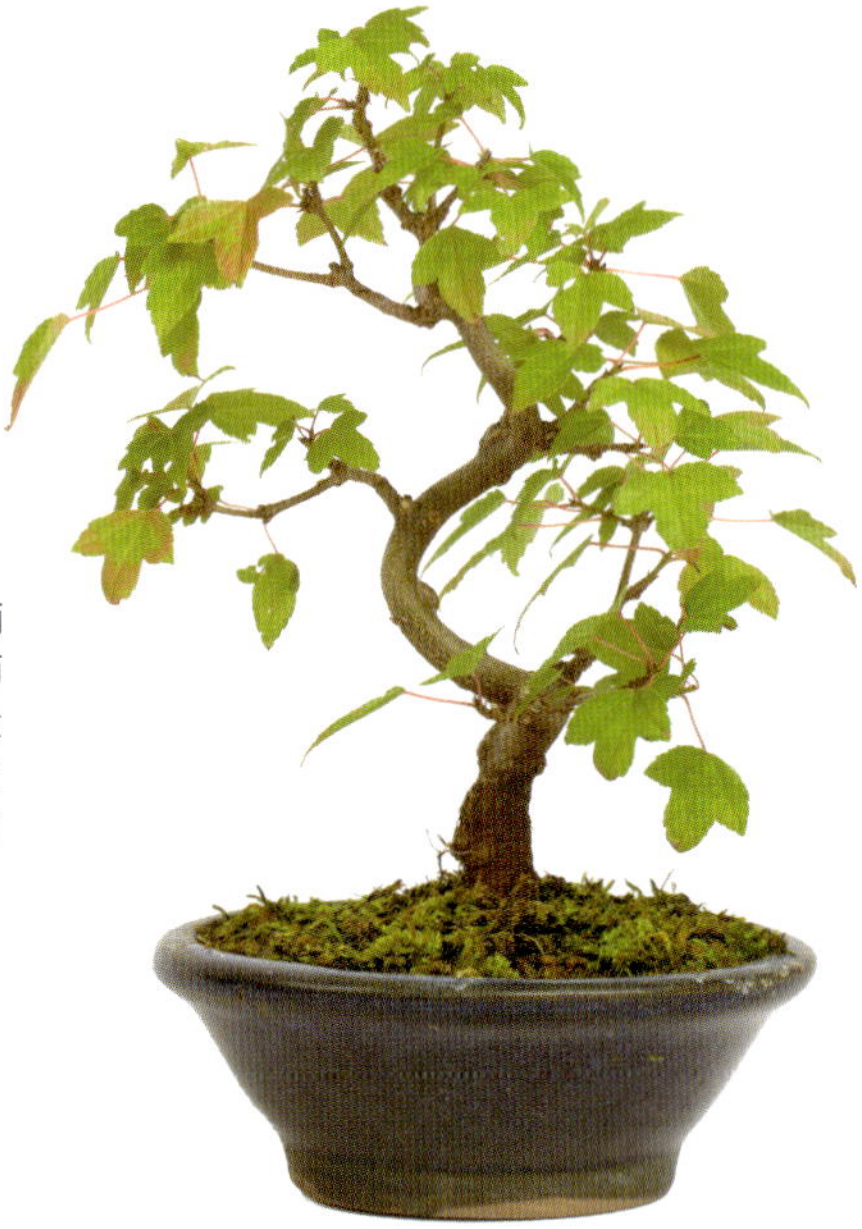

一年後

生長期と休眠期の剪定、芽摘みと葉刈りを行ったことで節間が締まり、葉も小ぶりになった。この作業を積み重ねて風格のある完成樹に仕立てていく。

目標の樹形

樹高を維持しながら左の流れ側の枝と右の押さえ側の枝を伸ばし、小枝作りも促して厚みをつけていく。左右の枝の広がりを感じさせる樹形をめざす。

作業のコツ

- 徒長枝を放任せずに切り戻して間伸びを防ぐ
- 芽摘みと葉刈りを並行して行って分枝を促す
- 剪定と針金成形で樹形の骨格を作る

生長期の剪定

若木は枝葉の伸びる勢いが強く、徒長枝が発生しやすいので、樹形が崩れてきたら切り戻し、分枝を促して節間の間伸びを抑えます。

適期 5〜8月

※トウカエデの場合

剪定のコツ

1 頭の高さを決める
輪郭線の頂点(頭)を決めて切り戻す。若木は特に頭部に厚みが出るように剪定を繰り返して枝葉をふやす。

2 輪郭線に沿って切り戻す
頭を頂点にして、不等辺三角形の輪郭線に沿って徒長枝を切り戻す。

3 不要な枝を間引く
写真の突き枝のような忌み枝を元から切り取る。太い枝を落としたら切り口に癒合剤を塗る。

4 枝先を二又にする
三又枝は1本間引いて二又にする。カエデのように葉が対に出る樹種は三又枝になりやすい。

Q 剪定してもすぐに樹形が崩れてしまうのは？

切り戻し剪定は仕上げたい樹形の輪郭線に沿って行いますが、輪郭線上で剪定すると、すぐに脇芽が伸び出して樹形が崩れます。輪郭線より一節下で剪定すると、脇芽が伸びても樹形が大きく崩れません。

脇芽の伸びを考慮して輪郭線より一節下まで切り戻す。

輪郭線に沿って樹形を整え、不要な枝を間引いた。生長期は徒長枝が発生したらそのつど切り戻す。

休眠期の剪定と針金成形

休眠中は太い枝の剪定や針金成形をしても、樹へのダメージが少なくてすみます。落葉樹は枝ぶりがよく見えるメリットもあります。

作業前

大きく樹形は崩れていないが、放任すると間伸びする枝を切り戻して分枝を促し、不要な枝を間引く。同時に針金成形で枝作りをする。

作業後

徒長枝を切り戻して不要な枝を間引いた。樹形の骨格にしたい上向きの枝に針金をかけて伏せ込んだ。

剪定のコツ

適期 2～3月

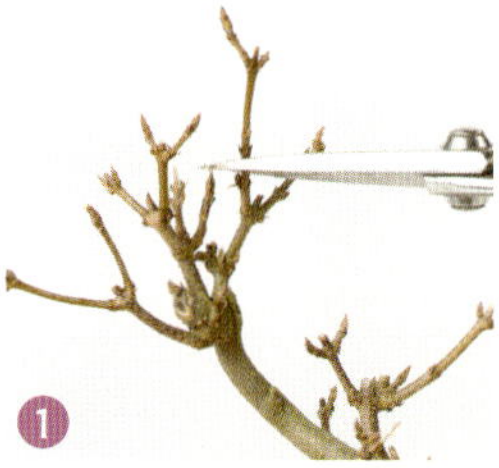

① 徒長枝を切り戻す

節間の伸びた徒長枝を芽の上で切り戻して分枝を促す。

② 不定芽をかき取る

不定芽を元から摘み取る。残すと車枝（⇒p58）になりやすい。枝を作りたい場所なら残しておく。

③ 不要な枝を間引く

忌み枝（⇒p58）を元から間引く。写真の三又枝は1本間引いて二又にする。

Q 枝先がゴツゴツしてきたら？

枝先にいくほど細くなるのが美しい盆栽の条件ですが、不定芽《ふていが》を放置したり、剪定の切り残しがあったりすると、次第に枝先がゴツゴツしてきます。その場合は混み入った枝を間引き、切り跡を元から切り取ってできるだけ細く見せます。

上：切り跡を平らに切り取る。
下：切り口に癒合剤を塗る。

針金成形のコツ

適期 12～3月

① 針金をかける
上向きの枝に針金をかける。

② 枝を伏せる
枝を折らないように指先で少しずつ伏せる。

③ 枝先を上げる
枝先は上向きにする。休眠期にかけた針金は5～6月を目安に、枝に食い込む前にはずす。

芽摘み

適期 4～8月

生長期に剪定と並行して繰り返し芽摘みも行い、枝先をさらに密に分枝させます。

新芽が出たらピンセットか指先で摘み取る。脇芽が伸びて枝数がふえ、枝先が密になる。

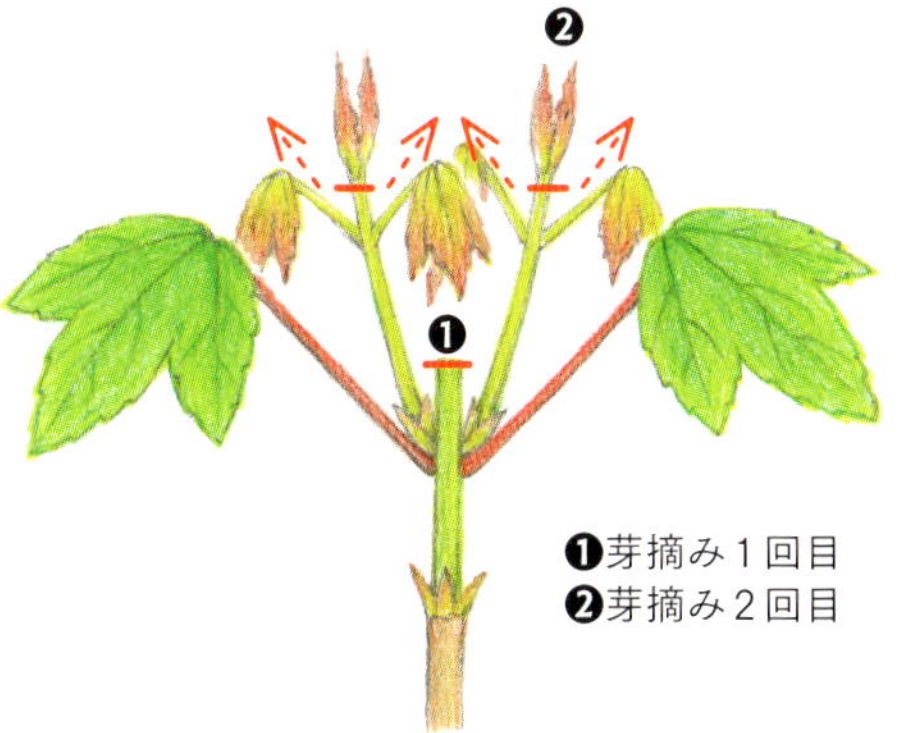
❷
❶
❶芽摘み1回目
❷芽摘み2回目

葉刈り

適期 5～7月

樹に勢いがあれば葉刈りも行いましょう。枝数がふえて葉が小ぶりになり、樹齢が若いうちから大木感が味わえます。

トウカエデのように樹勢の強い樹種は葉柄を少し残して葉を切り取る。一般的には葉を1/10程度残して切り取る。

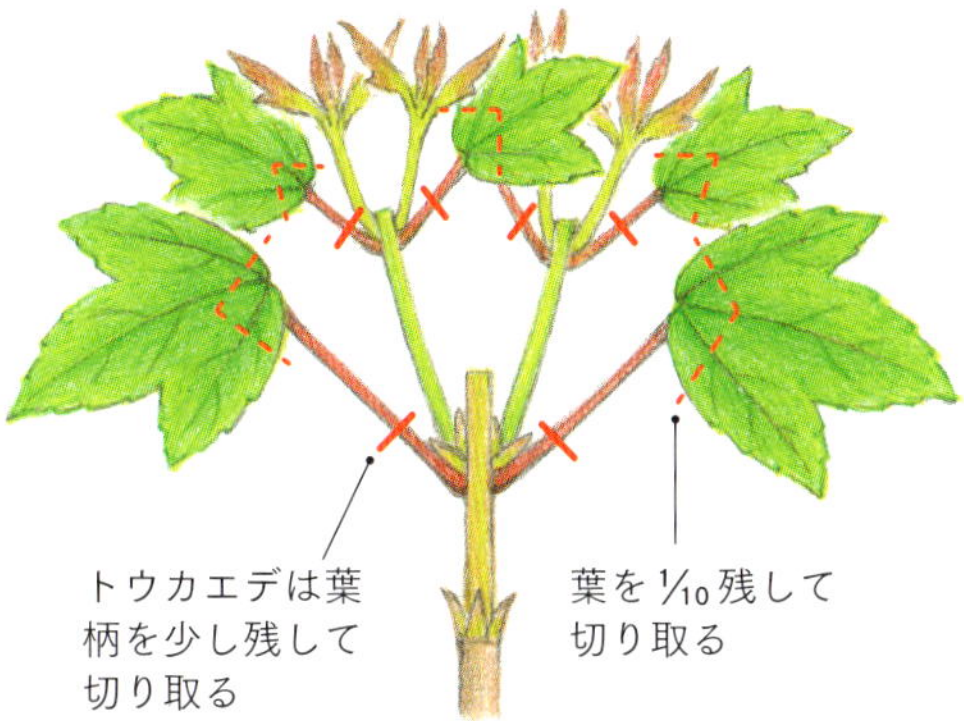
トウカエデは葉柄を少し残して切り取る
葉を1/10残して切り取る

4 成《せい》木《ぼく》の剪定

樹形の骨格や枝作りがほぼできている成木は、剪定で樹形と大きさを維持します。枝先が密集すると日当たりや風通しが悪くなるので、「引く」剪定を意識します。

剪定前

樹齢約15年のトウカエデの寄せ植え。枝先が混み入って鬱蒼とした印象。今後は不要な枝葉を間引き、樹形を維持しながら樹齢を重ねていく。

剪定後

樹形や大きさは変えず、不要な枝葉を整理して木漏れ日やそよ風を感じさせる雑木林の景色になった。同じ鉢で植え替えもした。

作業のコツ

- 定期的な剪定で樹形と大きさを維持する
- 不要な枝の間引き剪定を中心に行う
- 葉すかしで日照と通風を確保する

生長期の剪定

適期 5〜8月

※トウカエデの場合

成木になると若木ほど徒長枝は発生しません。混み入った枝葉や不要な枝の間引きを中心に行い、全体的に一回り小さく切り戻して樹形を維持します。

剪定のコツ

頭部を整える

樹冠から飛び出た頭部の枝を切り戻して樹高を維持する。

枝先を二又にする

三又枝は1本間引いて二又にする。

不要な枝を間引く

忌み枝などを間引く。写真の交差枝はどちらか1本を元から切り取る。

一回り小さく切り戻す

樹形の輪郭線の一節下で切り戻し（⇒p61）、全体的に一回り小さくして間伸びを防ぐ。

Q 太い枝をハサミで剪定すると切り跡が残ってしまいます

剪定の切り跡があると、枝がゴツゴツして見苦しくなります。観賞価値を高めるために、切り口はできるだけ平らにしましょう。切り口に癒合剤（⇒p205）を塗ると病原菌の侵入を防ぎ、傷がきれいにふさがる効果もあります。

ハサミで太い枝を剪定したら、切り口をできるだけ平らに切り取る。

ハサミできれいに切り取れない場合は、ナイフで削って平らにする。又枝切り（⇒p56）でえぐり取ってもよい。

休眠期の剪定

適期 2～3月

休眠中は幹や太い枝を剪定しても樹へのダメージが少なくてすみます。また、落葉樹では落葉中は枝葉が茂る生長期に見落としがちな不要な枝がよく見えます。不要な枝を1本ずつ間引いて樹形を整えましょう。

剪定のコツ

樹形はさほど乱れていないが、枝先がゴツゴツした印象。細かい不要な枝を間引いて枝先をすっきりさせたい。

❶ **徒長枝を切り戻す**
間伸びした徒長枝を芽の上で切り戻す。

❷ **ゴツゴツした枝先を整理する**
太い枝が密集した部分を又枝切りで間引いて整理する。切り口は平らにする。

❸ **三又枝を二又にする**
内側に向いた枝を切り取って二又にする。

❹ **突き枝を間引く**
正面に向いて突き出た枝を元から切る。

かんぬき枝を間引く
左右（前後）に一直線に開いた枝（かんぬき枝）は1本を元から切る。

脇枝を間引く
枝のすぐ下から出る脇枝を元から切り取る。

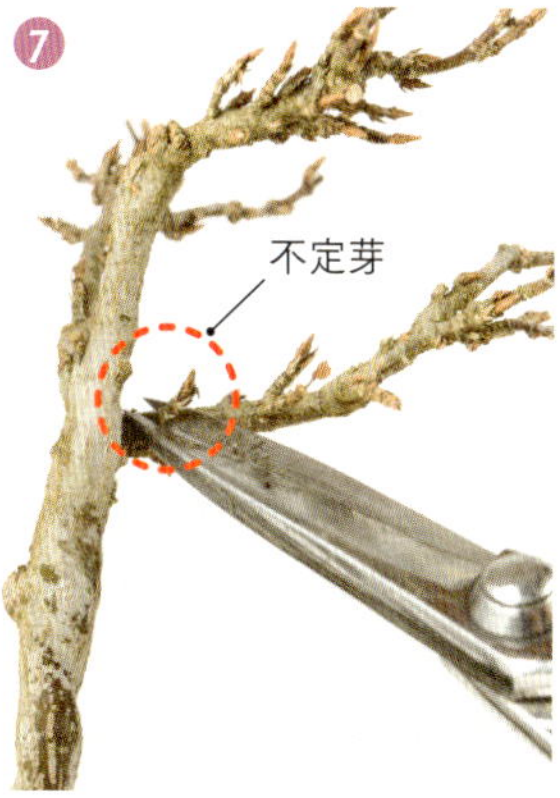

不定芽をかき取る
枝のつけ根の不定芽を放置すると、脇枝や車枝になるので早めに元から取る。

芽摘み、葉刈り

若木ほど積極的に枝葉をふやさなくてもよいですが、間伸びを防ぐために、芽摘み、葉刈りも継続して行います。

適期 4～8月（芽摘み）、5～7月（葉刈り）

新芽を指先かピンセットで摘み取る（芽摘み）。葉刈りは63ページ参照。

葉すかし

剪定、芽摘み、葉刈りの日頃の丹精で、成木は枝先が密になって混み入ります。葉すかしで日照や通風を確保しましょう。

適期 5～6月

枝葉が混み入って枝が見えない。日照不足で葉が大きくなったり、病害虫が発生しやすくなったりする。

大きな葉を切り取ってすかしたことで枝が見えるようになった。日照や通風も改善された。

5 マツの短葉《たんよう》法

クロマツとアカマツは短葉法と呼ばれる独自の手入れを繰り返し行うことで、葉が短く、枝先が二又に分かれた引き締まった盆栽に仕立てます。

年間の手入れ

短葉法による年間の手入れを文人のクロマツを例に紹介します。芽摘み、芽切り、芽かき、葉すかしの4つの作業と並行して芽数の調整も行いましょう。作業の詳細は四章のクロマツ、アカマツも参照してください。

作業のコツ

- 二番芽を吹かせるために肥料で樹に力をつけておく
- 樹勢が落ちている年は芽切りを行わない
- 作業適期を逃さない

初夏

樹齢約35年の成木。長い葉や新芽（一番芽）が混み入り、樹形や枝棚の輪郭線もぼやけている。剪定や針金成形も行って盆栽らしい姿に高めていく。

Ⓐ芽切り

芽切り直後の状態。葉がだいぶ減ったが、すぐに二番芽が吹くので心配ない。

作業のコツ

Ⓐ芽切り
（6月）

新芽（一番芽）を元から切り取って二番芽を萌芽させる。枝数をふやし、伸びを抑えて葉を短くする。

芽切り後に二番芽が萌芽したところ。3芽あるので8～9月に1芽かく（芽かき）。

Ⓑ芽かき

二番芽を２芽ずつに減らしたことで、全体の葉の長さや量がそろってきた。

Ⓒ葉すかし
Ⓓ芽数の調整
（剪定、針金成形）

枯れ葉や下向きの古葉（前年葉）を取り除いた。剪定で不要な枝を間引き、針金成形で右の枝を下げて文人らしい軽やかさも生まれた。

Ⓔ芽摘み
Ⓐ芽切り
（針金はずし、植え替え）

翌夏

約１年後。葉が短くなり、二回り小さな鉢に植え替えてさらに引き締まった印象に。今後も同様の手入れを繰り返す。

Ⓑ芽かき
（8〜9月）

二番芽が3芽以上出たら、枝先を二又にするために早めにかき取って２芽にする。

Ⓒ葉すかし
（11月）

枯れ葉や前年の葉を取り除いて日照と通風を改善する。

Ⓓ芽数の調整
（11月）

枝先に複数の芽があれば2芽に減らす。頭部以外の枝先は常に２又にする。

Ⓔ芽摘み
（4月）

中程度の長さの新芽に合わせて長い新芽の先を摘み、芽の強さを平均化させる。

針金成形

SHAPING WITH WIRE

幹や枝を針金で矯正して目標の樹形に近づける

樹形作りは、剪定と針金成形の二つの作業を組み合わせて行います。剪定では長すぎる枝を切り戻したり、不要な枝を元から切り取ったりします。一方の針金成形は、針金で矯正して枝が欲しい場所に枝を足したり、直線的な枝に表情をつけたりします。

本書では、針金は柔らかくて扱いやすい盆栽用のアルミワイヤーを使用しています。松柏類、固い幹や枝では銅線も使用します。針金をかけっぱなしにすると幹や枝に食い込んで傷がつくので、3~6か月くらいしたらはずします。特に生長期は枝の太りが早いので注意しましょう。形がついていない場合は、半年くらい間をあけて再び成形し、時間をかけて少しずつ形をつけていきます。

針金の種類

アルミワイヤーは枝の太さに合わせて使い分けるため、3種類程度そろえます。色は黒が目立ちません。

アルミワイヤー

使用するワイヤーの太さは枝の直径の⅔程度が目安。1.5mm、2.0mm、2.5mmが一般的。

銅線

盆栽用の焼いた銅線。アルミワイヤーより固くて扱いにくいが形をつけやすい。松柏類、固い枝や幹の成形に向く。松柏類は銅を嫌うため、幹や枝に食い込みにくいメリットもある。

作業のコツ

- 45°の角度で等間隔に下から針金を巻き上げる
- 同じ太さの枝に2本ずつV字に針金をかける
- 伏せ込んだ枝の先端を上げる

幹に針金をかける

適期 1〜2月

※コハウチワカエデの場合

幹への針金かけは、株元から45°の角度で等間隔に巻き上げます。松柏類、固い幹や枝はアルミワイヤーでは形がつかないので銅線を使用します。

作業のコツ

幹の直径の⅔程度の太さで、かけたい幹の1.5倍の長さのワイヤーを用意する。写真はコハウチワカエデの寄せ植え。

ワイヤーの先端をL字に曲げ、幹の裏側の株元にさす。

幹とワイヤーの間にすき間ができないように、ワイヤーを押さえながら45°の角度で巻き上げる。指先で押しながら巻くのがコツ。

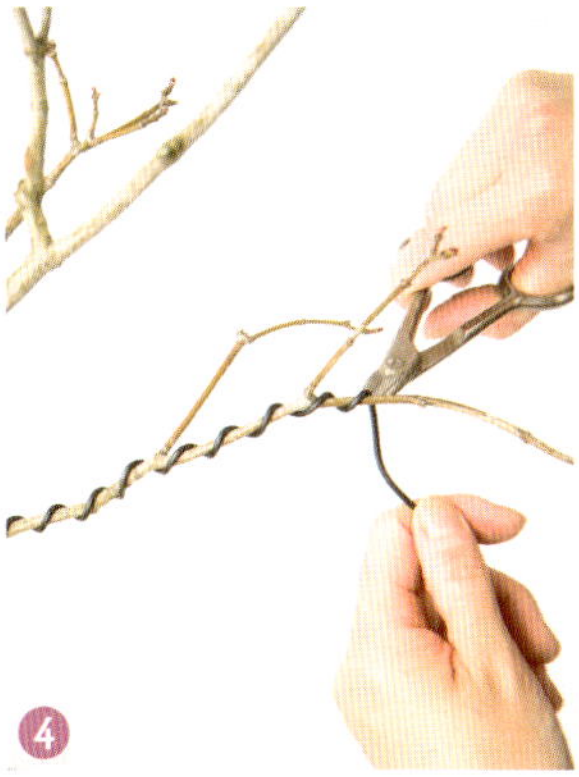

枝の分岐点の少し上まで巻き上げたら、余ったワイヤーを針金切りバサミで切る。

幹に針金を巻き終えたところ。

Q 銅線がない場合は？

固い幹の成形には銅線が向きますが、銅線がない場合は、太いアルミワイヤーを二重にかけて強度を増す方法もあります。

ワイヤーが交差しないように1本ずつ並行に巻いて二重にする。写真はシデ（赤芽ソロ）。

枝に針金をかける

枝への針金かけは、近くの同じくらいの太さの枝を2本選んでV字にかけます。ワイヤーが重複する部分は交差しないように並行に巻きます。

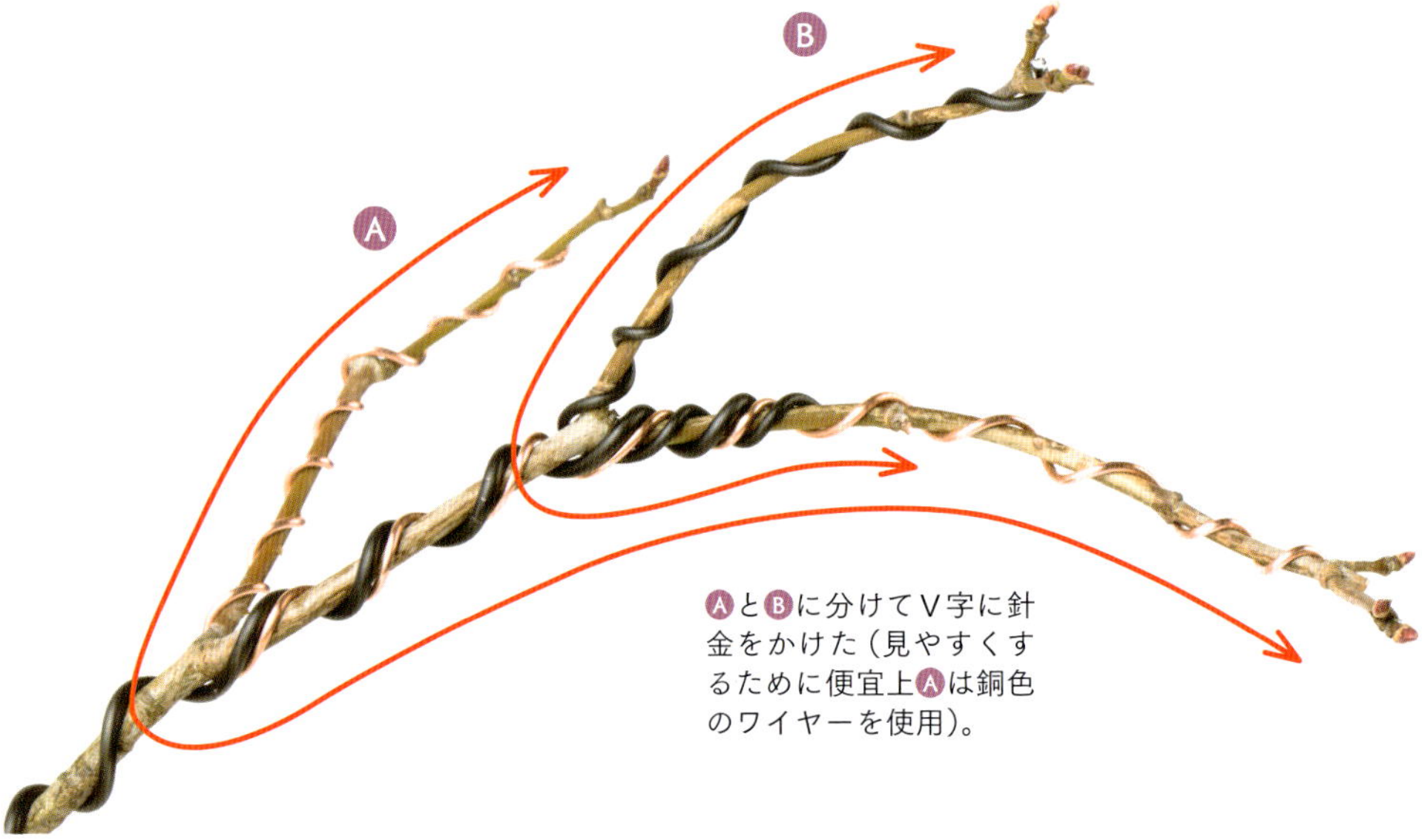

ⒶとⒷに分けてV字に針金をかけた（見やすくするために便宜上Ⓐは銅色のワイヤーを使用）。

Ⓐの針金かけ

1 枝の直径の⅔程度の太さ、1.5倍の長さのワイヤーを用意し、分枝部分を起点にする。

2 片方の枝に幹にかけたワイヤーと並行させて二巻し、ワイヤーを固定する。もう一方の枝に45°の角度で等間隔に下から巻き上げる。

3 枝の先端まで巻き上げたら、余ったワイヤーを針金切りバサミで切る。

4 同様にして、はじめに二巻した枝も先端まで巻き上げる。

Bの針金かけ

枝の直径の$\frac{2}{3}$程度の太さ、1.5倍の長さのワイヤーを用意する。右の枝はA（72ページ）で針金をかけたので、Bでは二巻するだけでよい。

左の枝の先端まで45°の角度で等間隔にワイヤーを巻き上げる。枝が細くて巻きにくいときは、やっとこでワイヤーの先端をつかんで巻く。

AとBの針金かけが終了した状態。

4
同様にして成形したいすべての幹と枝に針金をかける。

成形する

針金をかけたら、枝が欲しい位置や角度に成形し、針金の力で矯正して目標の樹形に近づけましょう。直線的な枝には曲《きょく》をつけて流れや表情をつけます。

幹や太い枝の成形

両手を近づけて枝を持ち、ふくらみを持たせながら伏せる。親指で上に押してふくらませながら、4本の指で少しずつ下向きに力を加えて曲げていく。

両手を離すと折れやすい

両手が離れた状態で力を加えると折れやすい。必ず両手を近づけて作業する。

枝先の成形

針金をかけた枝先。直線的なので曲づけして表情をつけたい。

流れるような曲線に成形した。枝先を上げて生き生きした表情に見せる。

針金はずし

季節や樹齢、樹種によっても幹や枝の太る早さが異なります。こまめに様子を見て、幹や枝が太り始めたら針金が食い込む前にはずしましょう。

枝を伏せる

枝元近くにふくらみを持たせて伏せる。細い枝は指の腹に力を入れて少しずつ曲げる。

枝先を上げる

伏せた枝の先端はすべて上向きにする。

枝を折らないように片手で抑えながら針金をはずす。形がついていなければ、半年ほど休ませてから再び針金をかけて成形する。

針金をはずしたところ。直線的だった枝が柔らかい印象になった。

Q 針金をはずしたときに枝が折れました

枝を折りそうなときは先端をやっとこでつまみ、片方の手でかけた針金をしっかり抑えて、枝は動かさずに針金をかけたときと逆回転させながらほどきましょう。

折れた場合も、樹皮が半分以上つながっていれば枯れずにつながることがあるので、傷口に癒合剤（⇒P205）を塗って保護します。

何巻かやっとこではずしたら、あとは手ではずしてよい。写真はウメ。

PLACING 置き場

日当たりと風通しのよい戸外で管理する

盆栽は基本的に日当たりと風通しのよい戸外で管理します。盆栽園では盆栽棚に置いて盆栽を管理しています。家庭でも棚や縁台、フラワースタンド、ガーデンテーブルのように高さのあるところに盆栽を置くと、日照と通風を確保することができます。地面に直接鉢を置くのは避けましょう。雨や水やり時の泥はねから病気に感染したり、ナメクジなどの害虫の被害にあいやすくなります。

夏越しは、強光で葉焼けしやすい雑木類などは、木漏れ日程度の半日陰に移し、冬は鉢土が凍らないように、寒風の当たらない日当たりのよい軒下などに移します。耐寒性の弱い樹種は、寒冷地では室内に取り込みます。

なお、室内で盆栽を観賞する場合は、3日程度で戸外に戻します。

盆栽棚

家庭ではブロックを重ねて厚めの板を渡したり縁台などでも代用できます。

盆栽園の盆栽棚をお手本に置き場を工夫しょう。盆栽同士の間隔をあけて日照と通風を確保し、ときどき鉢を回してまんべんなく日に当てる。

夏越し、冬越し

雑木類は夏の葉焼けに注意します。冬越しは、軒下がなければ市販のビニール温室などでもよいでしょう。

真夏は午後の直射日光を避け、強光による葉焼けを防ぐ。半日陰の置き場がない場合は遮光する。よしずやすだれで遮光すると木漏れ日程度の明るさになる。

水やり
WATERING

鉢が小さい分水切れに注意。水のやりすぎは逆効果

盆栽の世界では「水やり三年」と言われます。一鉢ずつ土の乾き具合や樹の顔色を見て最適のタイミングで水やりができるようになるまでに、少なくとも3年かかるという意味です。

盆栽は鉢が小さい分、乾くのも早いので、まずは水切れに注意しましょう。ただし、土が乾かないうちに水やりをして過湿が続くと根腐れ（⇒P204）を起こします。

水やりの方法は、鉢土が乾いたら鉢底から流れ出るまでたっぷり、が基本です。水分を補給するだけでなく、鉢の中の古い空気や老廃物を水流で押し出して新鮮な空気に入れ替えます。

ジョウロは市販の園芸用のもので構いませんが、ハス口の目ができるだけ細かい、水流の柔らかなものがおすすめです。

基本の水やり

鉢土が白っぽくなったり、コケが乾燥してきたりしたらたっぷり水をやりましょう。

鉢土の表面が白く乾いたら水やりのベストタイミング。

表面がやや湿っているので、しっかり乾くまで水やりを待つ。

鉢底から流れ出るまでたっぷり水をやる。鉢の中に均等に水が行き渡るように、ジョウロを回しながら株元にかける。

二重鉢

鉢を二重にして管理すると保湿効果が高まって水切れ防止になります。

大きな鉢（鉢底穴のあるもの）に富士砂などを敷き、その上に盆栽を並べると見た目も楽しめる。富士砂にも水をかけて保湿効果を高める。

葉水

紅葉を楽しむ雑木類は、夏の夕方に葉水をすると秋の紅葉が美しくなります。

頭からシャワー状に水をかけ、葉の温度を下げて保湿する。ハダニ予防の効果もある。

肥料

FEEDING

生長期と秋に月1回固形肥料を置き肥する

盆栽は鉢が小さく用土の量も少ないため、一般の鉢植えのように土の中に元肥《もとごえ》（⇒p205）は入れません。生長期の春から初夏、冬に向けて力を蓄える秋に、月1回追肥《ついひ》として固形肥料を鉢の縁に置きます（置き肥）。根の肥料負けを防ぐため、梅雨と夏は肥料を休みます。

固形肥料は油かすなどを固めた有機質肥料がおすすめです。1か月したら形は残っていても肥料分は抜けているので、新しいものに交換します。古い肥料を残しておくと、カビが生えるなど病害虫の元となるので取り除きます。また、肥料を交換するときは、前とは別な場所に新しい肥料を置きます。

開花中の花ものは液体肥料を与えると開花が促進されるとともに、花後の樹勢回復に効果的です

置き肥

土の上に固形肥料を置いて長く効かせる施肥方法です。約1か月間効果が持続します。

有機質の固形肥料。施肥量は10cm四方に親指のツメ大1個が目安。肥料ケースを使うと落下や虫や鳥などの食害を防ぐことができる。

肥料ケースに固形肥料を入れて鉢縁にさす。肥料にも水をかけて養分を土に浸透させる。ケースを使わない場合は、肥料が落ちないように土に少し押し込む。

液体肥料

すぐに効果が現れる速効性。置き肥と並行して、開花中の花ものに与えると効果的。

開花中の花ものに水やりを兼ねて与える。盆栽は用土の量が少ないので規定の濃度より薄めにする。

活力剤

肥料ではありませんが、樹勢の落ちた樹に散布すると回復の助けになります。

微量要素の不足で葉が黄色くなったアカマツ。活力剤を葉に散布すると樹勢が回復する。ただし、根を切った植え替え直後は樹の負担になるので避ける。

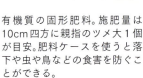

病気と害虫

DISEASES & PESTS

日照と通風を確保 発生を予防する

盆栽も生きた植物ですから、病気や害虫が発生することもあります。こまめに剪定を行い、株の内部への日照や通風を確保して病気や害虫の発生を予防しましょう。

樹種ごとに発生しやすい病気や害虫、発生時期が決まっています。毎年同じ被害にあう場合は、定期的な薬剤散布で防除しましょう。薬剤には病気に効く殺菌剤、害虫に効く殺虫剤、病気と害虫の両方に効く殺虫殺菌剤があります。

小さな盆栽にはハンドスプレータイプが便利。使用方法を確認して、適用のある樹種や病害虫に対して使用する。

病気

切り口から病原菌が侵入したり、害虫の排泄物が原因になる場合もあります。

炭疽《たんそ》病

葉に円形の病斑ができる。ツバキ、サザンカ、カキに多い。病葉をすぐに取り除く。

すす病

葉が黒いすすに覆われる。アブラムシやカイガラムシの排泄物が媒介する。

うどんこ病

小麦粉のような白いカビが生える。枝葉をすかし、通風をよくして予防する。

害虫

枝葉が混み入ると多発します。見つけ次第捕殺するか、薬剤を散布して退治します。

ハモグリガ

葉の食害痕からエカキムシとも呼ばれる。写真はキンズなどの柑橘類につくタイプ。

ツノロウムシ

枝から汁を吸って植物を弱らせ、排泄物にすす病が発生する。薬剤が効きにくいのでこそげ落とす。

アブラムシ

柔らかい新芽につきやすい。排泄物にすす病が発生する。薬剤を散布するか芽ごと切り取る。

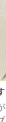

ページの見方

盆栽の種類
松柏類、雑木類、花もの、実ものの４種類に分類しています

樹種別データ
和名(別名)、分類(科名、分類と区分)、主な原産地、主な観賞期、仕立てやすい基本樹形(⇒p22)、用土を記載。用土の粒の大きさは小品、中品盆栽を基準にしています

植物名
見出しは盆栽の世界で一般的に使われている名称、本文中の植物名はカタカナで表記しています

作例

松柏類
エゾマツ

YEZO SPRUCE
蝦夷松
◉エゾマツ

マツ科でもマツとは異なるトウヒの仲間。風雪に耐える北国らしい大自然の景色を描く

和名(別名)	アカエゾマツ(シコタンマツ)
分類	マツ科、常緑針葉高木
原産地	日本(北海道、千島列島)
観賞期	通年
主な樹形	直幹、模様木、斜幹、文人、半懸崖、寄せ植えなど
用土	赤玉土極小粒の単用

作業・管理カレンダー

	1	2	3	4	5	6	7	8	9	10	11	12
生育状況	休眠期			生長期								休眠期
主な管理・作業	水やり 1日1回		1日2～3回									1日1回
					芽摘み・芽かき							
			剪定							剪定		
	針金成形											針金成形
			挿し木									
			植え替え									
				置き肥(月1回)					置き肥(月1回)			

樹齢約30年、樹高45cm、直幹(イワナンテンと寄せ植え)、オリジナル鉢

手入れのコツ
- 新芽が1～2cm伸びたら芽摘みをする
- 1か所から複数の芽が吹いたら2芽にする
- 車枝を2～3本に間引く

主な作業
芽摘みで全体の強弱のバランスを整え、1か所につき2芽に減らします。芽摘みを行えば深い剪定は不要ですが、車枝(⇒p58)があれば2～3本に減らします。上向きの枝先は針金をかけて伏せます。植え替えは若木は2年に1回、成木は3～4年に1回行います。

芽摘み、芽かき ⇒5～6月
新芽が1～2cm伸びたら芽摘みをします。頭部や枝先など勢いの強い新芽は深く摘み、枝のフトコロや弱い枝の新芽は浅く摘むか摘まずに伸ばして全体の強弱を平均化します。1か所から複数の芽が吹いていたらピンセットで元から摘んで2芽に減らします(芽かき)。

新芽は黄緑色の玉のような形をしているので見分けやすい。場所によって摘む深さを変える。

主な管理
【置き場】夏は遮光して午後から日陰に置く。北国の樹種だが、冬の乾燥や寒さにやや弱く、冬は日当たりのよい暖かい軒下に移す。

【水やり】乾燥を嫌う。生長期は1日2～3回多めに与え、夏は葉水(⇒p77)をする。

【肥料】春と秋に月1回固形肥料を置き肥する。

植物名(英名)
一般的な英名。該当する英名がない場合はローマ字表記(学名)で記載

作例の解説
樹齢、樹高、作例の樹形、鉢の種類を記載。樹齢は推定、樹高は鉢の高さを除いています

手入れのコツ
美しい盆栽に仕立てるために特に重要な樹種ごとの手入れのコツを紹介しています

作業・管理カレンダー
関東地方以西の平野部を基準にしています

作業の解説
主な作業のうち、特に重要な作業のコツを写真つきで詳しく解説

主な作業
樹種ごとに年間の主な作業を解説しています

主な管理
日常の管理(置き場、水やり、肥料)のコツ。樹種によっては病害虫対策や繁殖方法も紹介しています

第四章 人気樹種の管理と作業

盆栽の醍醐味が味わえる定番樹種と、初心者でも育てやすい樹種を選抜しました。松柏類、雑木類、花もの、実ものの4種類に分けて、年間の作業と管理のコツを樹種別に紹介します。

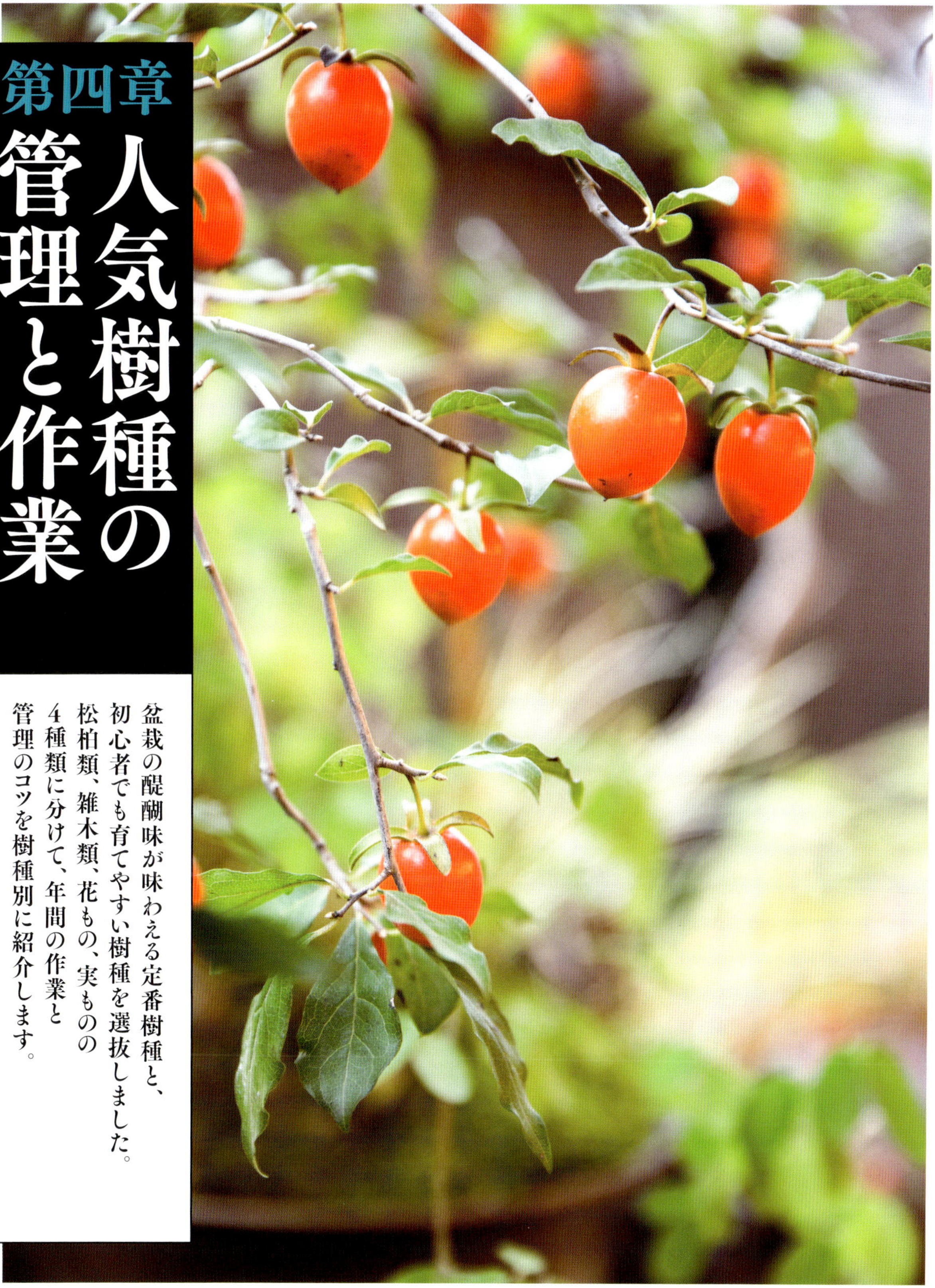

ロウヤガキ

黒松

◉クロマツ

JAPANESE BLACK PINE

松柏類を代表する人気樹種。古木感、大木感を出しやすく剛健で雄々しい姿が好まれる。短葉法で葉を短く仕立てる

樹齢約35年、樹高35cm、文人、新渡紫泥丸鉢

主な作業

松柏類のうちクロマツとアカマツは、自然の状態では葉が長くなりすぎるため、春の芽摘み、初夏の芽切り、秋の芽かき、休眠前の葉すかしの一連の作業を繰り返し行うことで、葉の短く締まった盆栽ならではの姿に仕立てます。この技法を「短葉法」(⇒P68)と呼び、マツの整姿に欠かせません。新芽を元から切り取る芽切りは特に樹に負担をかけるため、日頃からしっかり肥料をやって樹勢を保持し、弱っている年には芽切りを行わない判断も必要です。

さらに、短葉法と並行して剪定と針金成形で樹形と枝棚(⇒P18)の整姿をし、大きさを維持しながらめざす盆栽に近づけていきます。

植え替えは、若木は2～3年に1回、成木は3～4年に1回を目安に行います。

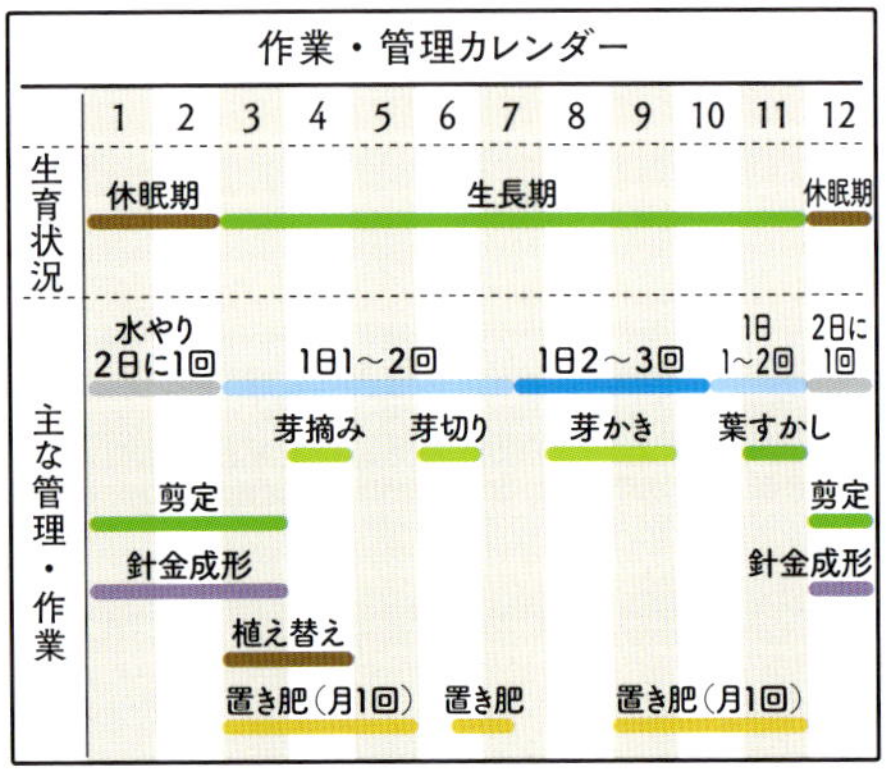

和名(別名)	クロマツ(オマツ)
分類	マツ科、常緑針葉高木
原産地	日本、朝鮮半島
観賞期	通年
主な樹形	直幹、斜幹、模様木、文人、吹き流し、懸崖など
用土	赤玉土極小粒3：桐生砂小粒1の配合土

手入れのコツ

- 芽摘みで芽の強弱のバランスを整える
- 芽かき、剪定で枝先を二叉にそろえる
- 葉すかしで高める

主な管理

【置き場】生育に一日5時間以上の日照が必要。一年を通じて日当たりと風通しのよい戸外で管理する。日照不足だと葉が細くなる。樹勢の衰えたものは冬は寒風を避け、日当たりのよい暖かい軒下などに移す。

【水やり】水を好む。夏は水切れで樹勢を落とさないように1日1回ドブ漬け（⇒p204）をして乾燥を防ぐ。盛夏は夕方に葉水（⇒p77）をして保湿する。葉水はハダニ予防の効果もある。

【肥料】肥料を好む。春から初夏と芽切り後、秋に月1回多めに置き肥をして樹勢を保つ。芽切り後は液体肥料を葉に散布すると二番芽が吹きやすい。

【病害虫】病害虫には強いが、アブラムシと葉ふるい病（⇒p204）に注意する。

芽摘み ⇒4月

新芽（一番芽）の先端を指先で摘み取り、強い芽と弱い芽の長さをそろえます。若木は特に新芽に強弱があるので重要な作業です。ミドリ摘み、ローソク摘みとも言います。

新芽の強さがまちまち。中程度の芽に合わせて強い（長い）芽の先端を摘み取る。

芽摘み後。勢いの強い頭部の芽は深めに摘む。

芽切り ⇒6月

一番芽を伸ばすと間伸びするので、一番芽を元から切り取ることで二番芽を萌芽させ、枝数をふやすとともに、枝葉の伸びを抑えて葉を短くします。枝葉が十分にある完成樹では二段階で行い、樹勢のバラつきを抑えます（二度芽切り）。若木では枝数をふやすことを優先して1回ですませます（一度芽切り⇒p90）。

二度芽切りのコツ

1回目
弱い新芽を元から切り取る。強い新芽は残す。芽切り後に追肥をして二番芽の萌芽を促す。

2回目
2週間後に強い芽を切る。前年葉の上に伸びた新芽（黄緑色の部分）の元から切る。

二番芽の萌芽
1か月程度で一番芽の切り口の脇から二番芽が萌芽する。

強い芽と弱い芽

二度芽切りでは1回目は弱い芽を切り、2回目に強い芽を切ります。弱い芽のほうが萌芽に時間がかかるため、先に切って準備をさせておくことで、二番芽の萌芽をそろえます。

右の弱い芽を1回目に元から切り、2回目に左の強い芽を切る。

芽かき

⇓8～9月

芽切り後1か月程度すると二番芽が萌芽します。3芽以上出たところは、できるだけ早く元から取って2芽にします。樹勢の強い頭部や枝先は強い芽をかいて弱い芽を残し、下枝やフトコロ（⇓p18）は弱い芽をかいて強い芽を残すと全体の樹勢がそろいます。

芽切り後に二番芽が3芽伸びている。二番芽は葉が明るい緑色なので見分けがつく。

混み入った側の芽（❸）をハサミで切り取って2芽にする。ピンセットでかき取ってもよい。

葉すかしと芽数の調整

⇓11月

枯れ葉や古い葉（前年葉）をすかして葉の量を調整し、日当たり、風通しを改善するとともに、下向きの葉を減らすことで凛々しい引き締まった姿に高めます。春以降に新芽が長く伸びるのを抑制する効果もあります。芽が大きく葉数が多い部分は前年葉をすべて取り、枝のフトコロなど弱い部分は少し残します。

あわせて、芽数の多い部分の芽を減らして枝先が二又になるように調整します。

作業前

黄色い枯れ葉が目立つ。下向きの葉も多く、全体的に厚みがあって野暮な印象。

上から見たところ

枯れ葉や古い葉で枝ぶりが見えない。

↓

作業後

枯れ葉や前年葉を取り除いたことで凛々しい生き生きとした姿になった。

上から見たところ

葉の間から枝ぶりがすけて見えるくらいが適量。

作業のコツ

ピンセットで黄色に変色した枯れ葉を取り除く。

今年伸びた葉より下にある前年葉を元からハサミで切るかピンセットで抜く。

枝先に複数の芽（写真は5芽）があるところは2芽に減らす。

枝先が三つ又に分かれているところは、向きの悪い芽を1芽切り取って二又にする。

針金成形と剪定 ⇓12～3月

クロマツは枝が柔らかく成形しやすい樹種です。葉を巻き込まないように注意しながら、休眠期に枝に針金をかけて向きを調整し、先端の枝は芽起こし（⇓p94）をして枝棚を整えます。針金は太い枝は銅線、細い枝はアルミワイヤーを使用します。

同時に剪定もして不要な枝を間引きます。

作業前

右流れの文人をめざしているが、左右の流れやボリュームが五分五分でメリハリがない。

↓

作業後

右の枝を下げ、左の長い枝を切り戻したことで右への流れが生まれた。不要な枝も間引いてすっきりと整った姿になった。

作業のコツ

フトコロ枝を間引く
弱々しいフトコロの枝を元から切り取って日照、通風をよくする。

不要な枝を間引く
忌み枝（⇓p58）などの不要な枝を間引く。写真の三又枝は1本間引いて二又にする。

針金で成形する
太い枝に銅線をかけ、やっとこで銅線をつかんで伏せ込む。枝先の細い枝にはアルミワイヤーをかけ、芽起こしをする。

長い枝を切り戻す
写真の樹は右流れなので、左の間伸びした枝を芽のあるところまで切り戻して左右のバランスに強弱をつける。

植え替え時の根の整理 ⇓3～4月

クロマツは生育がよいので、定期的な植え替えで根を整理して根詰まりを防ぎます。

樹形がある程度でき、これ以上樹を大きくしない段階にきたら、一～二回り小さな鉢に植え替えて引き締めます。その際太い根を切るので、前年からしっかり肥料をやって樹勢を蓄えておきます。長い走り根（⇓P204）を整理することで枝の徒長を抑える効果もあります。

ここでは鉢を締める際の根の整理について紹介します。植え替えの手順は42ページを参照してください。

植え替え前

短葉法と剪定、針金成形を繰り返し行い、樹形ができてきた半完成樹。今後は樹の大きさを維持しながら鉢を締めていく。

植え替え後

根を大胆に整理して二回り小さな鉢に植え替えた。鉢を小さくし、角度もやや右に傾けたことで、文人らしい軽妙な幹の立ち上がりが強調された。

マツの生育を助ける共生菌

根鉢の表面につく白いカビのようなものは、生育状態のよいマツにつく共生菌です。共生菌を元気のないマツの鉢に移植すると回復の手助けにもなります。

根鉢の裏についた白いカビのような共生菌。

根の整理の手順

1 鉢から取り出し、固まった根鉢を底、側面、表面の順に根かきでほぐす。

2 根鉢がほぐれたら、竹箸で根をほどきながら根の間の土をていねいに落とす。

3 根がある程度ほどけたら、根切りバサミで$\frac{1}{3}$程度まで長い走り根を切り詰める。

4 植え替える鉢に根鉢を合わせて根のおさまり具合を確認する。鉢に入らない太い根は整理する。

5 細根の少ない太い走り根を又枝切りで元から切る。切り口には癒合剤(⇒p205)を塗る。

6 竹箸でさらに根をほぐし、根鉢の内部の不要な根を探す。

7 コブのような太い根は又枝切りで元から切る。切り口には癒合剤を塗る。

8 竹箸で株元の土をかいて根張り(⇒p18)の高さを確認する。

9 鉢に植えつけ、根張りより上の上根は切り取る。その後の作業は通常の植え替えと同じ。

赤松

JAPANESE RED PINE

◉アカマツ

男松と呼ばれるクロマツに対し
優しい繊細な姿から
女松とも呼ばれる松柏盆栽の双璧。
樹齢が乗ると幹肌が赤茶色になる

樹齢約35年、樹高30cm、双幹、和丸鉢

◎主な作業

クロマツと並んで松柏盆栽を代表する人気樹種。柔らかい枝ぶりや、より細い葉姿が女松と呼ばれる由縁です。

基本的な管理方法はクロマツに準じます。クロマツと同様に自然の状態では葉が長く伸びるため、短葉法（⇒p68）と呼ばれる手入れを繰り返し行うことで、葉が短く締まった姿に仕立てます。ただし、クロマツに比べると二番芽の萌芽力に劣るので、樹勢が落ちている年は芽切りを見送りましょう。日頃から肥料をしっかり与え、樹勢を維持しておくことが大切です。

休眠期には針金成形と整姿剪定を行い、樹形と枝棚を整えます。

植え替えは、水や肥料を控えめに管理すれば、2〜3年に1回でよいでしょう。

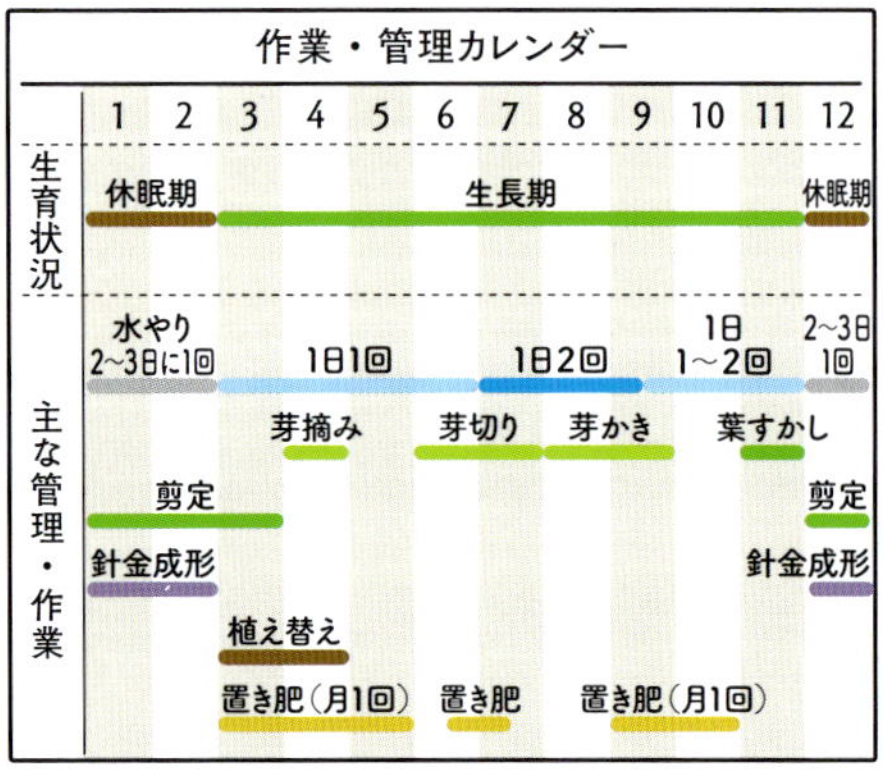

和名（別名）	アカマツ（メマツ）
分類	マツ科、常緑針葉高木
原産地	日本、朝鮮半島、中国
観賞期	通年
主な樹形	斜幹、模様木、文人、吹き流し、懸崖、寄せ植えなど
用土	赤玉土極小粒3：桐生砂小粒1の配合土

手入れのコツ

- 基本的な手入れはクロマツと同じ
- 肥料をしっかり与える
- 樹勢が落ちている年は芽切りを見送る

主な管理

【置き場】周年日当たり、風通しのよい戸外で管理する。直射日光にできる限り当てて葉を太く丈夫に育てる。樹勢が弱っているものは、冬は寒風の当たらない軒下に移す。

【水やり】過湿にすると枝葉が徒長して樹形が乱れるため、鉢土が乾いてから水をやる。空気の汚れを嫌い、ときどき葉や幹に水をかけて汚れを流すとよい。夏は月1回ドブ漬け（⇒p204）をして乾燥を防ぐとともに、夕方に葉水（⇒p77）をやる。

【肥料】肥料を与えすぎると枝葉が徒長する。ただし、樹勢が落ちたものには短葉法が実施できないので、春から初夏、秋に月1回置き肥をして樹勢を維持する。

【病害虫】アブラムシ、ハダニ、すす病に注意する。

芽摘み ⇒4月

勢いよく伸び出した新芽（一番芽）の先端を指で摘み取って長さをそろえます。強く長い芽は深く摘み、中間の長さの芽にそろえます。1か所から複数の新芽が出て混み入っていたら、芽摘みの段階で2芽に減らしておくと後の管理がしやすくなります。

ロウソクのような新芽が勢いよく伸び出している。

中程度の長さの芽に合わせて強い芽の先端を摘み取る。芽数の多いところはこの段階で減らしておくとよい。

マツの花

芽摘みの時期に新芽につくクリーム色の粒状のものはマツの花です。マツの花は雄花《おばな》と雌花《めばな》に分かれています。そのままにして特に問題はありません。

花粉が出ている雄花。

松ぼっくりになる雌花。

芽切り ⇓6～7月

一番芽を元から切り取って二番芽を萌芽させ、枝数をふやすとともに、枝葉の伸びを抑えて葉を短くします。樹勢の強いクロマツの完成樹では二段階で行いますが（⇓P83、二度芽切り）、

二番芽が吹きにくい若木やアカマツでは一段階の一度芽切りがおすすめです。一度芽切りでは強い芽を切り、弱い芽を残します。なお、樹勢が衰えている年は芽切りを見送りましょう。

成木の芽切り

芽切り前
新芽が伸びて枝棚が隠れ、全体でひとかたまりになっている。重たい印象。

芽切り後
強い芽を切り取る一度芽切りを行った。枝棚がはっきりし、日照、通風も改善された。

若木の芽切り

ほかより強く伸び出している一番芽を元から切り取る。

強い一番芽をハサミで元から切り取る。弱い芽は切らずに残す。

芽切り後は追肥をする

芽切りを行ったあとは、二番芽の萌芽を促すために必ず追肥をします。

鉢の大きさに合わせて有機質の固形肥料を置き肥する。

芽かき ⇓8〜9月

一番芽を芽切りした切り口の脇から二番芽が萌芽します。3芽以上出たところは向きの悪い芽を早めにかき取り、できるだけ強さのそろった2芽を残します。樹勢の強い部分は弱い芽を残し、弱い部分は強い芽を残すと全体の樹勢がそろいます。

芽切り後に二番芽が3芽萌芽している。上の2芽が強く、下の1芽はやや弱い。

芽の強さがそろうように強い芽を2芽残し、やや弱い芽(❸)を元から切り取る。

葉すかし ⇓11月

枯れ葉や古い葉(前年葉)を取り除き、葉の量を調整して姿を整えます。日当たりや風通しを改善して病害虫の発生を予防する効果もあります。樹勢が強く葉数の多い部分は前年葉をすべて取り、弱い部分は少し残すとバランスがそろいます。

前年葉をハサミで元から切り取るかピンセットで抜く。

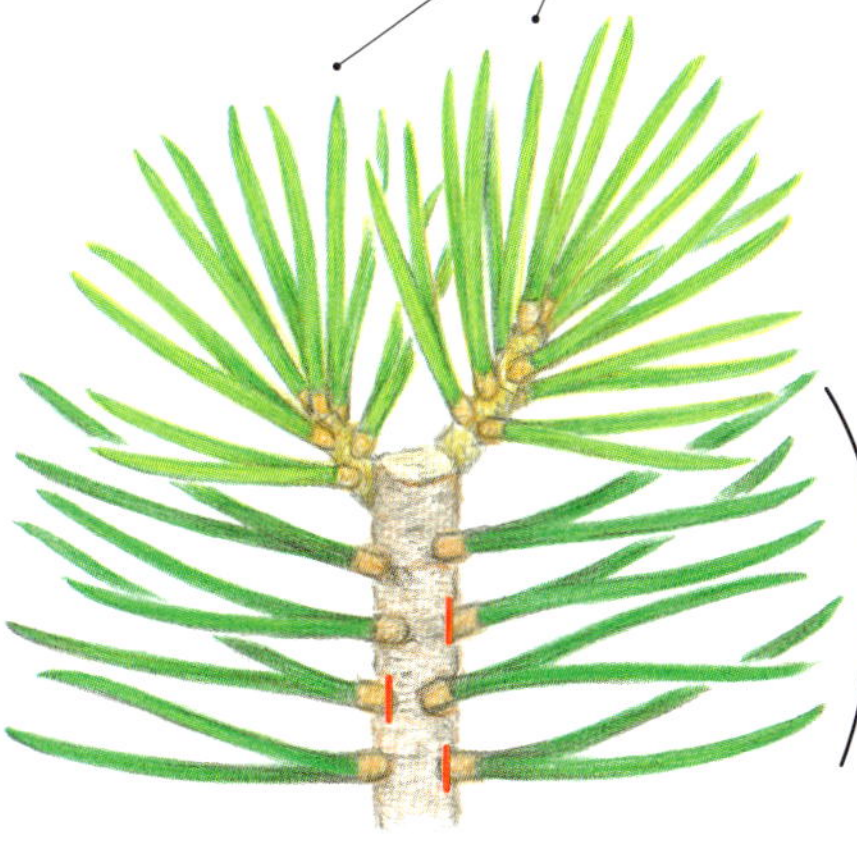

前年葉を減らす量は樹勢に合わせて調整する。

ボリュームが欲しい部分は2芽以上残す

マツの枝先は二又にするのが盆栽の基本です。そのため、芽かきも1か所に2芽ずつ残しますが、まだ枝葉の少ない若木の頭部は2芽以上残してボリュームを出します。

ボリュームの足りない若木の頭部では2芽以上残す

JAPANESE WHITE PINE

五葉松《ゴヨウマツ》

力強い幹と優美で繊細な短い葉の対比が美しい松柏盆栽の人気樹種。葉を間伸びさせない管理を心がける

樹齢約45年、樹高25cm、模様木、和長方鉢

手入れのコツ

- 芽摘みと芽かきで間伸びを防ぐ
- 充分日に当て、水を少なめに管理する
- 針金成形で大胆な樹形作りを楽しむ

和名(別名)	ゴヨウマツ(ヒメコマツ)
分類	マツ科、常緑針葉樹
原産地	日本
観賞期	通年
主な樹形	直幹、斜幹、模様木、文人、吹き流し、懸崖など
用土	赤玉土極小粒3:桐生砂小粒1の配合土

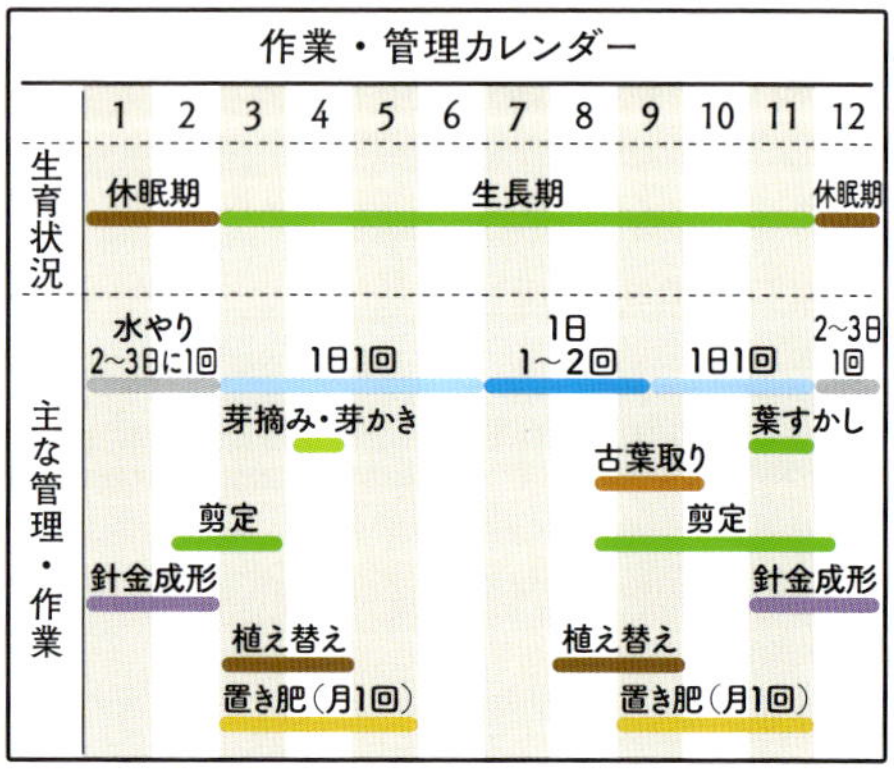

主な作業

4月に芽摘みと芽かきを行って枝先の新芽を2芽ずつにします。ほかのマツに比べて葉が短いので芽切りは行いません。夏頃から枝のフトコロ(⇒P18)の一昨年の葉が茶色くなって落ち始めるので、日照と通風をよくするために指で取り除きます。小枝がふえて混み入ってきたら春先に強い枝先の枝葉をすかし、輪郭線から飛び出た枝を切り戻します。11月には前年の葉を切り取って日照と通風を確保します(葉すかし)。

枝が柔らかく大胆な成形ができるので、主要な枝を下げて古木感を演出します。芽起こし(⇒P94)をして枝先にも気を配りましょう。

植え替えは若木は2年、成木は3~4年に1回を目安に行います。

主な管理

【置き場】日光を好むので、直射日光の当たる風通しのよい場所に置く。秋に植え替えた際や、冬に針金成形したあとは、日当たりのよい暖かい軒下などに移す。

【水やり】ほかのマツより過湿に弱い。水やりは少なめを心がける。土がいつも湿っていると根腐れを起こしたり、葉が間伸びしたりする。水はけのよい用土を使い、鉢土の表面がしっかり乾いてから水をやる。

【肥料】春から初夏、秋に月1回置き肥をする。春は肥料が多いと新芽が伸びすぎるので控えめにし、秋から多めにする。

【病害虫】ワタムシ、アブラムシ、葉ふるい病(→P204)に注意する。

【その他】葉の短い、間伸びしていない素材を選ぶ。

芽摘み、芽かき

→4月

ゴヨウマツは短い葉が好まれます。4月に強い新芽の先端を摘み取って間伸びを防ぎ(芽摘み)、1か所から新芽が複数出ているところは、弱い芽や内向きの芽をかいて2芽にします(芽かき)。

樹勢の弱いところは芽摘みをしない

同じ樹の中でも、樹勢の強いところと弱いところがあります。弱いところは芽摘みはせず、芽を伸ばすことを優先させます。

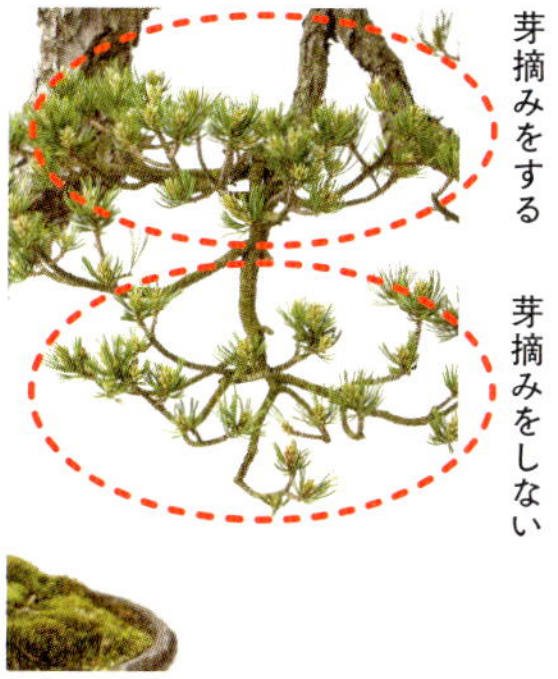

上の枝棚は樹勢が強いので芽摘みをする。下の枝棚は枝数が少なく樹勢も弱いので芽摘みはしない。

芽摘みのコツ

1か所から新芽が2芽出ている。左右の新芽の長さがそろっていない。

ほかよりも長い左の新芽の先端を摘み取って左右の強さをそろえる。

新芽が1芽しかない場合も、強い芽は先端を摘んでほかの新芽に長さをそろえる。

芽かきのコツ

1か所から新芽が3つ出ている。

内向きの新芽を元からかき取って2芽にする。

芽かきをしたところ。長さの同じ芽が2芽になった。

芽起こし（針金成形）⇓11～2月

主要な枝に針金成形を施して樹形を作ると同時に、枝先の小枝にも針金をかけて1本ずつ芽を起こします。小枝どうしが重なり合わないように枝先をV字にゆったりと広げ、芽先を上向きにすると、生き生きとした姿に仕上がります。

芽起こしの手順

枝先の小枝に針金（銅線）をかける。細い枝にはきつく巻きすぎないようにする。針金の先を長めに残し、葉の束を下から上に持ち上げるように針金で束ごと起こす。

小枝どうしが重ならないようにV字に枝を広げながら伏せる。

枝先を上向きにする。同様にしてすべての小枝に針金をかけて芽を起こしていく。

半懸崖の樹形。樹の骨格はできているので、枝先に芽起こしを施して姿を整える。

↓

全体に芽起こしをしたところ。幹や枝の模様がよく見え、風格のある古木の趣に。枝のフトコロへの日照、通風も改善された。

上から見たところ

枝棚ごとに扇形の輪郭線を描くように小枝どうしをゆったりと広げ、枝先を上向きにする。日当たり、風通しがよくなり、病害虫も発生しにくい。

蝦夷松 YEZO SPRUCE
◉エゾマツ

マツ科でもマツとは異なるトウヒの仲間。風雪に耐える北国らしい大自然の景色を描く

樹齢約30年、樹高45cm、直幹(イワナンテンと寄せ植え)、オリジナル鉢

和名(別名)	アカエゾマツ(シコタンマツ)
分類	マツ科、常緑針葉高木
原産地	日本(北海道、千島列島)
観賞期	通年
主な樹形	直幹、模様木、斜幹、文人、半懸崖、寄せ植えなど
用土	赤玉土極小粒の単用

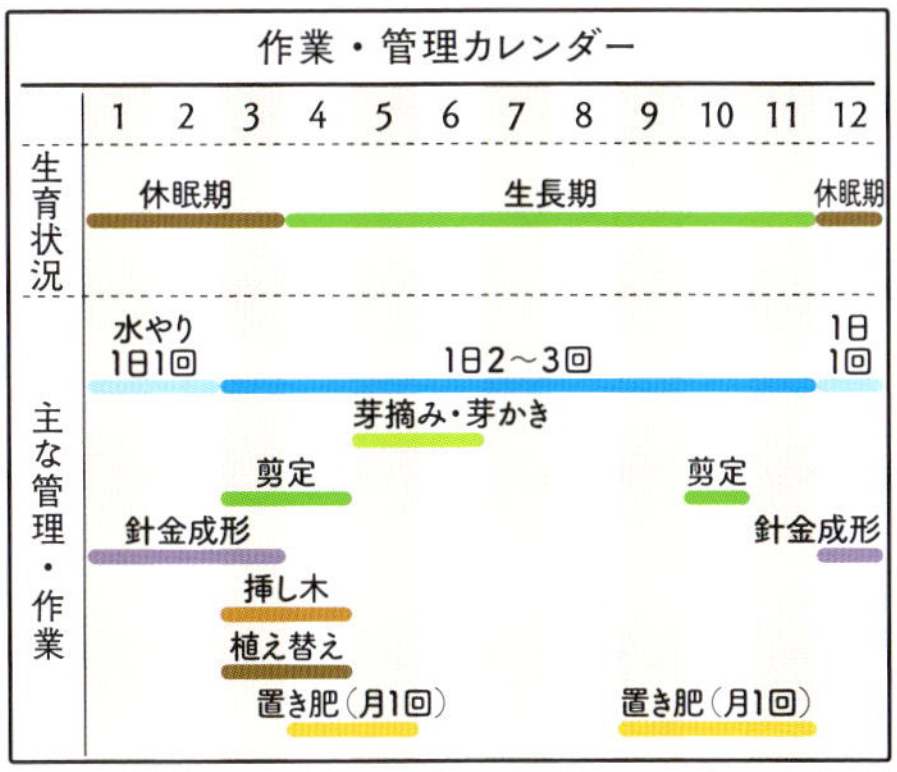

手入れのコツ

- 新芽が1～2cm伸びたら芽摘みをする
- 1か所から複数の芽が吹いたら2芽にする
- 車枝を2～3本に間引く

主な作業

芽摘みで全体の強弱のバランスを整え、1か所につき2芽に減らします。芽摘みを行えば深い剪定は不要ですが、車枝(⇒P58)があれば2～3本に減らします。上向きの枝先は針金をかけて伏せます。植え替えは若木は2年に1回、成木は3～4年に1回行います。

主な管理

【置き場】夏は遮光して午後から日陰に置く。北国の樹種だが、冬の乾燥や寒さにやや弱く、冬は日当たりのよい暖かい軒下に移す。

【水やり】乾燥を嫌う。生長期は1日2～3回多めに与え、夏は葉水(⇒P77)をする。

【肥料】春と秋に月1回固形肥料を置き肥する。

芽摘み、芽かき ⇒5～6月

新芽が1～2cm伸びたら芽摘みをします。頭部や枝先など勢いの強い新芽は深く摘み、枝のフトコロや弱い枝の新芽は浅く摘むか摘まずに伸ばして全体の強弱を平均化します。1か所から複数の芽が吹いていたらピンセットで元から摘んで2芽に減らします(芽かき)。

新芽は黄緑色の玉のような形をしているので見分けやすい。場所によって摘む深さを変える。

JAPANESE CEADAR

杉

●スギ

天に向かって直立する力強い立ち姿を観賞する。柔らかい新緑や冬焼けした褐色の葉や幹など季節感も味わえる

樹齢約25年、樹高20cm、直幹、新渡長方鉢

主な作業

春から夏まで新芽が次々に伸び出すので、芽が柔らかい房状のうちに繰り返し芽摘みを行います。

樹形は直幹が多く、二等辺三角形の輪郭線に沿って徒長枝を切り戻します。芽摘みの結果、枝先が混み入ってきたら、小枝をすかして枝葉の量を調整します。スギは枝のつけ根に不定芽（⇒p205）が出やすく、放置すると枝元が太ってゴツゴツしたり、枝のフトコロ（⇒p18）や幹が見えないほどになるので、早めに取り除きます。

針金成形は、枝が若く柔らかいうちに行い、針金を巻くときに葉を巻き込まないようにします。

植え替えは2～3年おきに行い、根が太りやすいので上根（⇒p202）を切り、根を八方に広げて植えつけます。

手入れのコツ

- 枝棚を意識してこまめに芽摘みと剪定を行う
- 不定芽をかき取る
- 植え替えで上根を切る

和名(別名)	スギ（オモテスギ）
分類	スギ科、常緑針葉高木
原産地	日本
観賞期	通年
主な樹形	直幹、双幹、寄せ植えなど
用土	赤玉土極小粒3：桐生砂小粒1の配合土

作業・管理カレンダー

	1	2	3	4	5	6	7	8	9	10	11	12
生育状況	休眠期	休眠期	休眠期	生長期	生長期	生長期	生長期	生長期	生長期	生長期	生長期	休眠期
水やり	2日に1回	2日に1回	1日1回	葉水・1日2～3回	葉水・1日2～3回	葉水・1日2～3回	葉水・1日2～3回	葉水・1日2～3回	1日1回	1日1回	1日1回	2日に1回
芽摘み				芽摘み	芽摘み	芽摘み	芽摘み	芽摘み				
剪定			剪定	剪定	剪定	剪定			剪定	剪定		
針金成形			針金成形	針金成形	針金成形				針金成形	針金成形		
植え替え				植え替え								
置き肥					置き肥（月1回）	置き肥（月1回）	置き肥（月1回）	置き肥（月1回）	置き肥（月1回）	置き肥（月1回）		

（主な管理・作業）

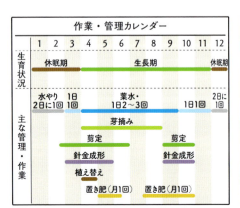

主な管理

【置き場】日当たりと風通しのよい場所に置く。半日陰でも育つが、枝が徒長して樹姿が乱れやすい。夏は明るい日陰、冬は乾いた寒風の当たらない日当たりのよい軒下に移す。

【水やり】適湿な環境を好み乾燥を嫌う。鉢土が乾いたらたっぷり水やりをする。芽摘みや剪定後と夏は1日数回葉水（⇒p77）で保湿して葉焼けや枝枯れを防ぐ。

【肥料】肥料を好む。生長期に月1回固形肥料を置き肥する。ただし、成木に肥料を与えすぎると樹形が乱れる。芽摘み、剪定、植え替え後も控えめにする。

【病害虫】ハダニが発生しやすい。葉水で予防する。

【その他】剪定した頭部の直線的な枝で挿し木素材を作ることができる。

芽摘み ⇒4～8月

新芽が伸びたら、房状のうちに$1/3$～$1/2$程度残して先端を摘み取ります。ハサミで切ると切った葉が赤く変色するので、指先かピンセットで面倒でも1芽ずつ作業します。繰り返し芽摘みを行うことで枝先を細かく分枝させ、古木感のある姿に仕上げます。

黄緑色の新芽の先端を指先かピンセットで$1/3$～$1/2$程度残して摘み取る。

剪定 ⇒2～6月、9～10月

芽摘みと並行して、輪郭線からはみ出した枝を切り戻して樹形を整えます。混み入った枝先は小枝をすかし、枝元の不定芽は早めにかき取ります。忌み枝や不要な枝を間引いて枝棚をはっきりさせることも大切です。太い枝を切る剪定は休眠期に行います。

剪定前

6月の状態。春から芽摘みを行っているが、徒長枝が出て樹形が乱れている。枝棚もはっきりしない。

剪定後

二等辺三角形の輪郭線に沿って全体的に切り戻した。忌み枝や不要な枝を間引いて枝棚の境もはっきりした。

剪定のコツ

1 輪郭線に沿って切り戻す

頂点になる頭の高さを決めてから、輪郭線に沿って全体を切る。

2 不定芽を整理する

枝元から直接吹く不定芽を取り除き、枝のフトコロや幹が見えるようにする。

3 枝棚をはっきりさせる

下がり枝や上向き枝などの不要な枝を間引き、枝棚どうしの境をはっきりさせる。

真柏 ◉シンパク

CHINESE JUNIPER

捻転《ねんてん》する幹や柔らかい枝を利用して大胆な樹形作りが楽しめる。シャリ、ジンが深山の老木を思わせる

手入れのコツ

- 春から秋に繰り返し芽摘みを行う
- 1〜2年おきに植え替えて根詰まりを防ぐ
- 葉水で乾燥とハダニを防ぐ

樹齢約50年、樹高40cm、半懸崖、新渡朱泥丸鉢

和名(別名)	ミヤマビャクシン（シンパク）
分類	ヒノキ科、常緑針葉高木
原産地	日本
観賞期	通年
主な樹形	直幹、双幹、模様木、斜幹、懸崖など
用土	赤玉土極小粒の単用

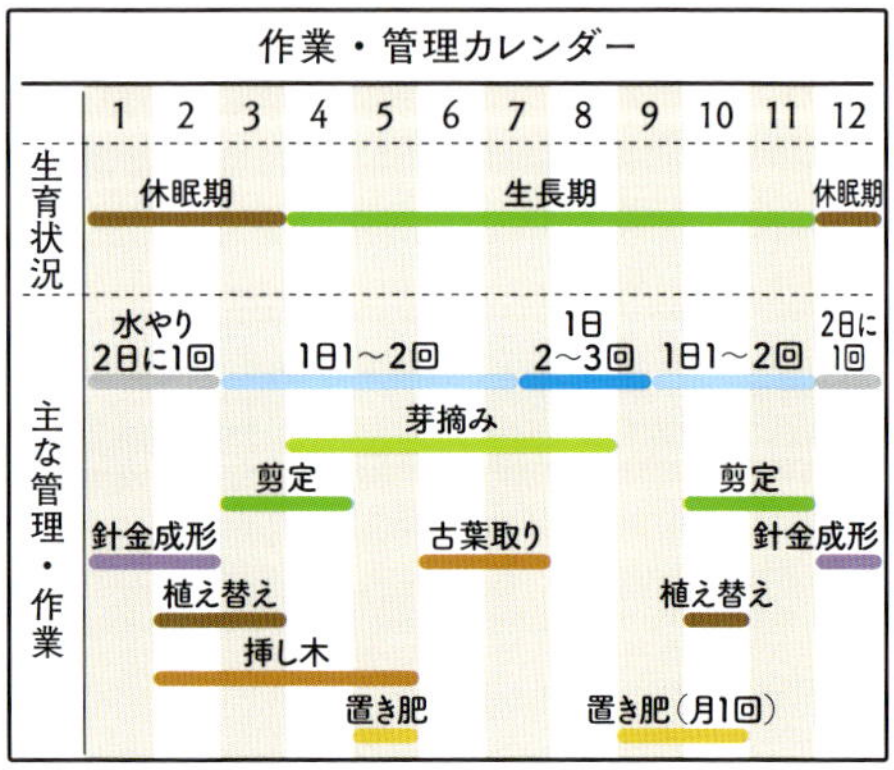

主な作業

細かな葉が密についた素材を選びます。春から秋に新芽が絶えず伸び出すので繰り返し芽摘みを行いましょう。並行して枝のフトコロ（⇒P18）の古葉を落とし、日照と通風を確保します。

枝先が混み入ってきたら春と秋に輪郭線から飛び出した枝を切り戻し、弱い枝は元から切って、枝の内部にも光と風が入るようにします。

幹がねじれる性質（捻転）があり、枝も柔らかいので、針金成形で大胆な樹形作りが楽しめます。枝棚（⇒P18）を作る樹形では境をはっきりさせ、芽起こしをしてそれぞれの枝棚も整えます。

何年も植えっぱなしにすると根詰まりを起こすので、1〜2年に1回を目安に春か秋に植え替えます。

主な管理

【置き場】日当たりと風通しのよい場所に置く。冬は寒風を避け、日当たりのよい南側の軒下などに移す。

【水やり】空中湿度の高い環境を好む。こまめに葉水（⇒p77）をして乾燥を防ぐ。

【肥料】若木以外は少なめにする。5月と秋に月1回固形肥料を置き肥する。

【病害虫】葉水でハダニを予防する。古葉取りで日照と通風を改善する。

【その他】通常は丸味を帯びた紐葉《ひもば》だが、水切れや肥料過多などで杉葉《すぎば》が発生する。樹勢が落ち着けば自然に直るので日頃の管理を見直す。活力剤を葉に散布すると戻りが早い。

先端の尖った杉葉。杉葉を切るとまた杉葉を生じるので自然に直るのを待つ。

芽摘み ⇒4〜8月

繰り返し行うことで枝の間伸びを防ぎ、枝のフトコロ（⇒p18）も充実します。時期を逸して伸びた芽や枝をハサミで多く落とすと杉葉が出やすくなります。

春から秋に次々に新芽が伸びる。新芽の先端を指先かピンセットで摘み取る。

古葉取り ⇒6〜7月

梅雨から夏にかけて茶色くなった古葉がぽろぽろ落ちるので、芽摘みと並行してこまめに古葉の掃除をしましょう。古葉を放置すると日照や通風が悪くなって病害虫が発生しやすくなったり、枝のフトコロが混み入って針金がかけづらくなったりします。

枝のフトコロにできた茶色く変色した古葉。

指先で枝のフトコロや枝の間の古葉を払い落とし、日照と通風を改善する。

落ちにくい古葉はハサミで元から切る。

シャリ、ジンの手入れ

シンパクは白骨化した幹のシャリ（舎利）や枯れ枝のジン（神）の芸を味わう樹種です。入手した樹にシャリ、ジンの装飾が施されていることも少なくありません。シャリ、ジンも手入れをして美しい状態を保ちましょう。

緑の藻《も》が発生していたら、歯ブラシなどでこすりながら水洗いする。

芽起こし（針金成形） 12～2月

枝棚を作る樹形の場合、枝棚どうしの境をはっきりさせるだけでなく、枝先の細かい枝1本1本にも針金をかけて枝先が上を向くように成形します。先端まで手入れの行き届いた凛とした姿に仕上げましょう。

作業前

樹形は模様木。主な枝に針金をかけて伏せ込んであるが芽起こしはまだ。枝先がボサボサした印象。

作業後

枝先の芽起こしをしたことで風格が生まれた。鉢も仕立て鉢から観賞鉢に植え替えた。

作業の手順

1 枝先の枝に1本ずつ針金をかける。針金の太さは枝の太さの⅔が目安。

2 小枝が重ならないよう元で下げ、枝先を上向きにする。

3 枝先をすべて上向きにしたら、枝棚ごとに不等辺三角形の輪郭線から飛び出た枝を切り戻す。

4 同様にして、各枝棚の芽起こしをする。今後は葉をふやして棚に丸味をつけていく。

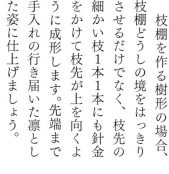

植え替え

⇓2〜3月、10月

シンパクは細根が多く根詰まりしやすいので、毎年か1年おきに植え替えます。

酸性の土を嫌うため桐生砂や鹿沼土は使わず、植えつけ用土は赤玉土を単用します。鉢底に敷くゴロ土(赤玉土小粒)に1割程度竹炭か木炭の細かいものを混ぜて酸性度を中和させます。

作業前

樹作り中のシンパク。鉢と樹のバランスが合っていない。全体に間伸びしているので、追い込み剪定(⇒p57)をしてから植え替える。

作業後

もう少し樹を太らせてシンパクらしい堂々とした姿にしたいので、間口は同程度で深さのある鉢に植え替えた。

植え替えの手順

1 鉢から株を抜き、根鉢の土を落としてから長い根を切る。

2 根を整理したところ。最適期の10月なら半分まで根を切ってよい。

3 鉢底にゴロ土を薄く敷き、植えつけ用土を入れる。中心を山にして高くする。

4 株を鉢に入れ、山を押しつぶしながら根張り(⇒p18)の高さを調節する。

5 植えつける高さが決まったら根鉢と鉢の間に用土を入れ、竹箸で突いてすき間をなくす。

6 鉢縁まで用土が入ったら、根留めのワイヤーで根を留める(⇒p45)。根張りが土の上に出ていることが大切。

杜松

NEEDLE JUNIPER

◉トショウ

ネズミサシの別名を持つ
鋭く尖った短い葉が特徴。
重厚感のある
独特の力強さをたたえた
幹も味わい深い

樹齢約25年、樹高20cm、斜幹、和木瓜鉢

手入れのコツ

- 春から夏にかけて繰り返し芽摘みを行う
- 樹勢が強い部分は深く、弱い部分は浅く摘む
- 枝先が混み入ってきたら小枝をすかす

主な作業

芽吹きが旺盛で春から夏まで次々に新芽が伸び出します。そのつど芽摘みを行い、芽数や葉数をふやして短期間で枝を仕上げます。1か所から複数の芽が出ている場合は、芽かきをして数を減らします。

芽摘みである程度樹形は維持できますが、輪郭線から飛び出た枝があれば切り戻します。枝先が混み入っていたら小枝を間引いてすかします。

上向きの枝は針金をかけて伏せ込みます。できるだけ枝が若いうちに行いましょう。

植え替えは2〜3年に1回、3月下旬〜4月に行います。適期以外に太い根を切ると新根が発生しにくいことがあるので、必ず適期に作業します。

和名(別名)	ネズ、ハイネズ(トショウ、ネズミサシ)
分類	ヒノキ科、常緑針葉樹
原産地	日本、朝鮮半島、中国
観賞期	通年
主な樹形	直幹、模様木、斜幹、懸崖、寄せ植えなど
用土	赤玉土極小粒3：桐生砂小粒1の配合土

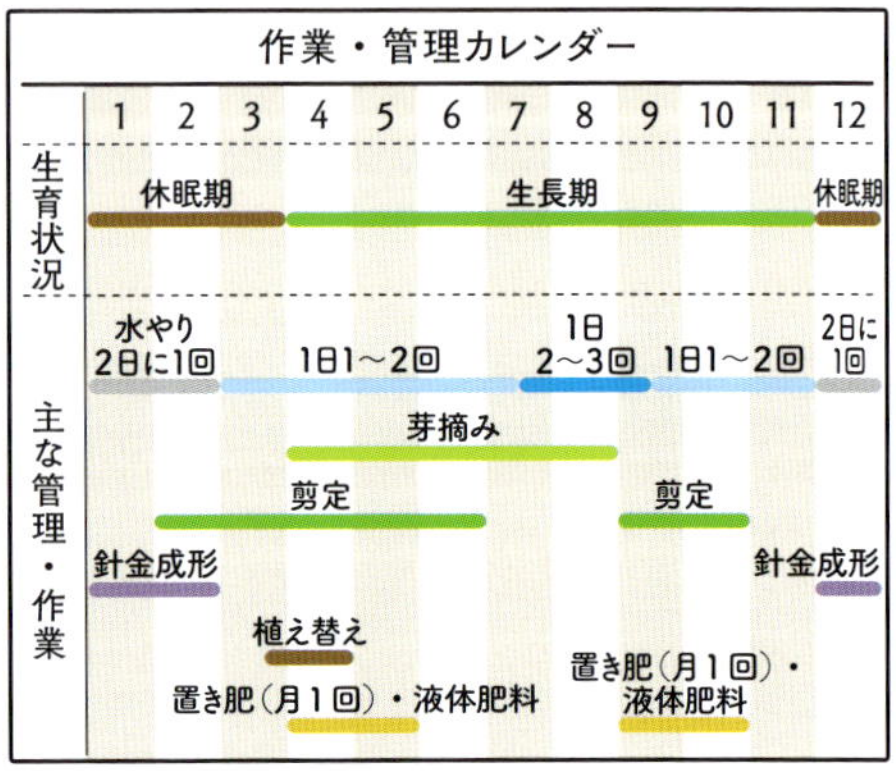

主な管理

【置き場】日当たりと風通しのよい場所に置く。夏の日中に水やりができない場合は遮光する。冬は乾いた寒風から守り、日当たりのよい軒下に置く。寒冷地では保護室に取り込む。

【水やり】松柏類の中でも特に水を好む。生長期は鉢土が多少湿っていても水やりをする。芽摘みや剪定後、夏場は葉水(⇒P77)が効果的。

【肥料】春と秋に固形肥料を多めに置き肥する。薄めの液体肥料を葉に散布してもよい。ただし、肥料が多すぎると樹形が乱れるので、樹勢を見ながら加減する。

【病害虫】ハダニ、テッポウムシに注意する。

【その他】太い根を切り詰めると枝枯れすることがある。2年おきに植え替えて根の強い切り込みを避ける。

芽摘み ⇒4〜8月

新芽が房状のうちに先端を摘み取ります。新芽が旺盛に伸びる頭部や枝先は深め、弱い枝や小枝を作りたいフトコロ枝(⇒P205)は浅めに摘みます。

新芽が房状のうちに指先かピンセットで先端を摘み取る。

芽摘み後。勢いが強い部分は深めに、弱い部分は浅めに摘む。

剪定と針金成形 ⇒2〜6月、9〜10月(剪定)、12〜2月(針金成形)

樹姿が乱れてきたら剪定と針金成形で整姿します。樹形の輪郭線から飛び出した枝を切り戻し、枝棚(⇒P18)の境がはっきりしない場合は上向きの枝に針金をかけて伏せ込みます。松柏類は枝に食い込みにくい銅線(⇒P70)がおすすめです。

作業前

徒長枝が伸びて樹形が乱れている。枝棚の境もはっきりしない。

作業後

輪郭線に沿って全体を切り戻した。針金成形で枝を伏せたことで枝棚の境もはっきりした。

作業のコツ

1 輪郭線に沿って切り戻す

はじめに頭の高さを決め、輪郭線に沿って全体的に徒長枝を切り戻す。

2 枝を伏せる

上向きの枝に銅線をかけ、やっとこで銅線をつかんで枝を伏せる。

3 枝先を上げる

伏せた枝の枝先が上を向くように曲をつける。

欅《ケヤキ》

JAPANESE ZELKOVA

「ほうき作り」と呼ばれる半球状の樹形が定番。芽摘みと葉刈りで作る細やかな枝先が大木感を生む。芽出し、新緑、紅葉黄葉、寒樹姿と四季折々に楽しめる

手入れのコツ

- 春から秋に繰り返し芽摘みを行い、節間の詰まった細かい小枝を作る
- 葉刈りで枝数をふやし、より小ぶりな葉に仕上げる

樹齢約15年、樹高20cm、直幹（ほうき作り）、和楕円鉢

主な作業

春に新芽が伸び出したら、葉を2枚残して先端を摘みます。その後も新芽が出たら繰り返し芽摘みを行い、脇枝の伸長を促します。

初夏につけ根から1/10程度残して葉を切り取り（葉刈り）、切った葉の脇から二番芽の萌芽を促します。

剪定は生長期と休眠期に樹冠から飛び出した徒長枝を輪郭線まで切り戻し、不要な枝を間引いて樹形を整えます。

針金成形は休眠期に下枝を下げて半球状にします。細い枝も針金で成形して均等に枝を配り、美しい半球状の樹形をめざします。

根詰まりしやすいため植え替えは若木は毎年、成木は2年に1回行います。太い根や長い根を整理して徒長枝の発生を抑えます。

和名（別名）	ケヤキ（ツキ）
分類	ニレ科、落葉高木
原産地	日本、朝鮮半島、中国、台湾
観賞期	通年
主な樹形	直幹、寄せ植えなど
用土	赤玉土極小粒の単用

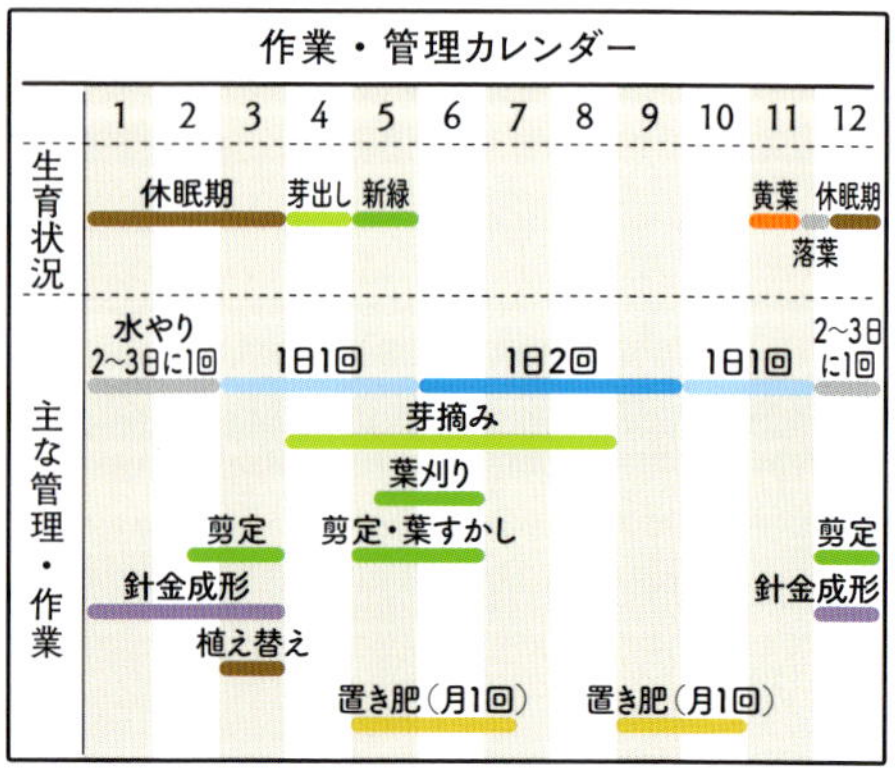

主な管理

【置き場】日当たりと風通しのよい戸外に置き、ときどき鉢を回してまんべんなく日に当てる。夏は遮光をして葉焼けを防ぐ。冬は鉢土の凍らない日当たりのよい暖かい軒下などに移す。

【水やり】新芽の時期は水の乾きが早いので水切れに注意する。ただし、与えすぎると徒長する。葉刈り後と落葉期は控えめにする。夏は夕方に葉水（⇒P77）をすると紅葉が美しくなる。夜露に当てるとさらによい。

【肥料】初夏と秋に月1回置き肥をして樹勢を保つ。ただし、与えすぎると徒長し、葉が大きくなる。

【病害虫】アブラムシとその排泄物が媒介するすす病（⇒P79）に注意する。

【その他】実生、挿し木、取り木で素材作りができる。

芽摘み

⇒4～8月

芽摘みは繊細な枝先を作るための作業です。盆栽は枝先が細やかなほど大木に見えます。生長期に伸びる新芽の先端を繰り返し摘み取り、枝元の芽の分枝を促して小枝をふやします。

生長期は春から夏に次々に新芽が伸びる。写真は6月に伸び出した新芽。

葉を1～2枚残して先端を指先で摘み取る。

芽摘みに始まり芽摘みに終わる

ケヤキをはじめとした雑木類は、細かく分枝した繊細な枝先も見どころの一つです。枝先が細やかであるほど大木の趣を感じさせ、落葉後の寒樹姿がその真骨頂となります。雑木類の生長期の手入れが「芽摘みに始まり、芽摘みに終わる」と言われる所以です。

日頃の丹精の賜物である細やかな枝先も見どころの一つ。

葉刈り（剪定）⇓5～6月

芽摘みを繰り返し行って葉の大きさをそろえ、初夏に葉が固まったら葉刈りを行います。葉を1/10程度残して切り取ることで二番芽を吹かせ、細く節間の詰まった小枝を作ります。

葉刈りをする前に輪郭線から飛び出した徒長枝や下向きの枝を切り戻しておくと、効率よく作業ができます。脇枝などの不要な枝や不定芽（⇓p205）を見つけたら整理します。

作業前

芽摘みを繰り返して葉の大きさをそろえておくと、一気に全体の葉刈りができる。輪郭線から飛び出した枝は先に剪定しておく。

作業後

全体に葉刈りを行ったところ。樹勢が強ければここまで刈っても問題ない。

作業の手順

1 二番芽が出たときに頭部が間伸びしないように少し切り戻す。

2 輪郭線から飛び出した徒長枝を切り戻す。

3 半球状の輪郭線の底辺より下がった枝を切り戻す。

4 樹形を整えたら1/10程度残して葉を切り取る。

葉刈り後に追肥をする

葉刈り後は二番芽の萌芽を促すために追肥をします。また、葉刈り後は葉からの水分の蒸散が減って土が乾きにくくなるので、過湿にしないように管理します。

葉刈り後に固形肥料を置き肥する。

生長期の剪定と葉すかし ⇒5～6月

徒長枝が旺盛に伸びるので、樹形が乱れたら輪郭線まで切り戻します。徒長枝を放置すると節間が伸び、芽摘みや葉刈りの効果が失われます。

枝葉が混み入っていたら大きな枝葉を間引く葉すかしも行い、株の内側への日照と通風を改善します。

作業前

葉刈りの約1か月後。強い徒長枝が伸び出して樹形が乱れている。

はじめに頭部を切り戻して高さを決め、輪郭線から飛び出した枝を切り戻す。

作業後

徒長枝を輪郭線まで切り戻し、葉すかしも行った。株の内部への日照や通風も改善された。

休眠期の剪定 ⇒12月、2～3月

落葉中は枝ぶりが見やすいので、輪郭線に沿って枝先の細かい枝を1本ずつ切り戻して樹形を整えます。不要な枝や不定芽（⇒p205）があれば間引きます。

寒樹姿（⇒p202）もケヤキの見どころの一つです。ていねいにハサミを入れて凛とした姿に仕立てましょう。

剪定前

生長期に徒長枝を切り戻したので樹形が大きく崩れてはいないが、輪郭線がぼやけている。

ハサミの先で輪郭線に沿って1本ずつ芽の上で切り戻す。バリカンのように一気に刈り込まない。不要な枝があれば元から切り取る。

剪定後

枝先の小枝を切り戻して半球状に輪郭線を整えた。

針金成形 12～3月

休眠期に剪定の補助として、上向きの枝を下げたり、広げたりして、バランスのとれた半球状に成形します。

植え替え 3月

ケヤキの根は深く伸びるので、樹を生長させたい若木は深めの仕立て鉢で育てます。

枝を作る段階になったら浅鉢に植え替えて引き締めます。太く長い走り根を残すと強い徒長枝が出て暴れます。植え替えは「根の剪定」と考え、太い根や長い根を切って細やかな根がそろうように心がけましょう。

浅鉢に植えつけたら保湿のために土の表面に水ゴケを張り、直射日光から細い根を保護して水切れを防ぎます。

成形前

枝が上向きで間隔が狭く、半球状でない。

成形後

全体的に枝を広げながら下げ、半球状の骨格を作った。

植え替え前

仕立て鉢で6～7年育て、骨格ができたほうき作り。今後は浅鉢で徐々に締めていく。

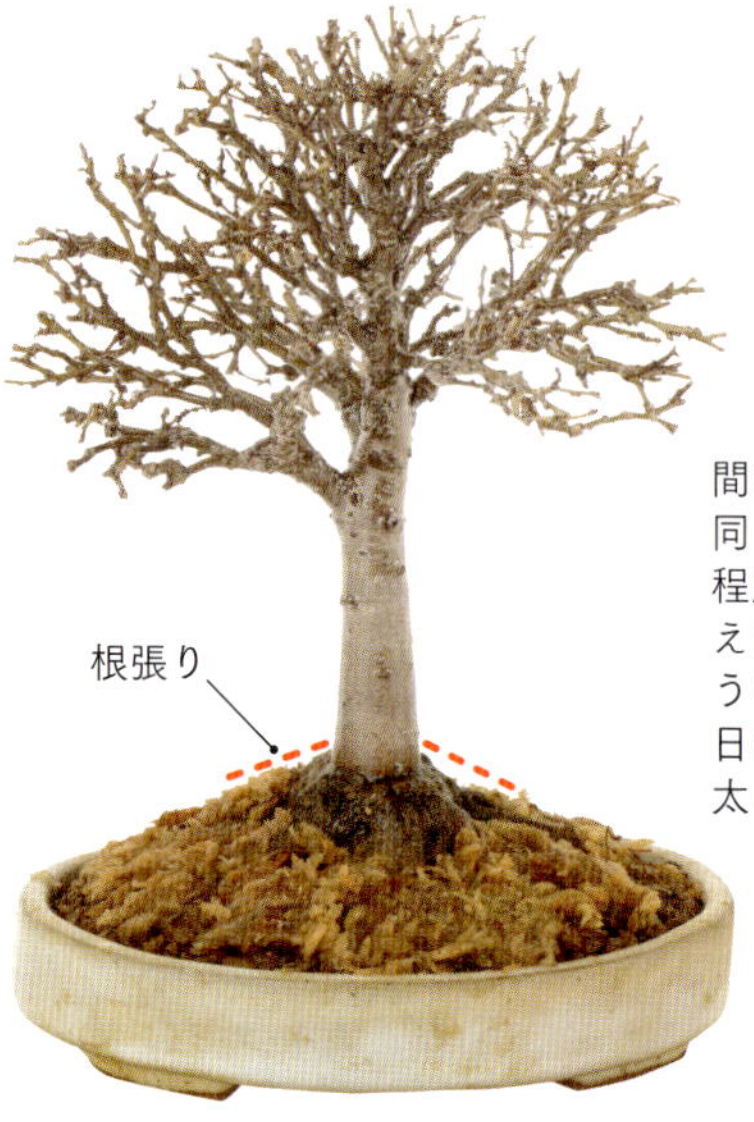

植え替え後

間口の大きさはほぼ同じで、深さが半分程度の浅鉢に植え替えた。山の裾野のような根張りを見せて日に当て、根張りを太らせていく。

植え替えの手順

❶ 仕立て鉢から樹を取り出し、根鉢の底、側面、上面の順に根かきで根をほぐしながら土を落とす。

❷ 細根の少ない太い根を又枝切りで元から切る。切り口には癒合剤(⇒p205)を塗る。

❸ 長い根を根切りバサミで⅓～½の長さに切る。

❹ 鉢の底に薄く用土を敷き、根の整理をした樹を置いて根鉢の大きさと根張りの高さを確認する。

❺ 鉢の間口の大きさに合わせて根鉢を一回り小さくする。

❻ 根張りが土の上に出るように用土を足して植えつける。竹箸で用土をついてすき間をなくす。

❼ 用土がしっかり入ったら、鉢にセットしておいた根留めのワイヤー(⇒p43)で根鉢を固定する。

❽ 土の上にはみ出した細かい根はハサミで切り取る。

❾ たっぷり水やりをして用土を落ち着かせる。細かく切った水ゴケを水に浸し、軽く絞ってから土の表面に張る。

KONARA OAK

小楢《コナラ》

生長が早く丈夫で育てやすい。雌花を残せばドングリも楽しめる。秋の紅葉は雑木林の趣

和名（別名）	コナラ（ハハソ）
分類	ブナ科、落葉高木
原産地	日本、朝鮮半島、中国、台湾
観賞期	4～5月（花）、11月（紅葉、実）
主な樹形	模様木、株立ち、懸崖、斜幹、寄せ植えなど
用土	赤玉土極小粒の単用

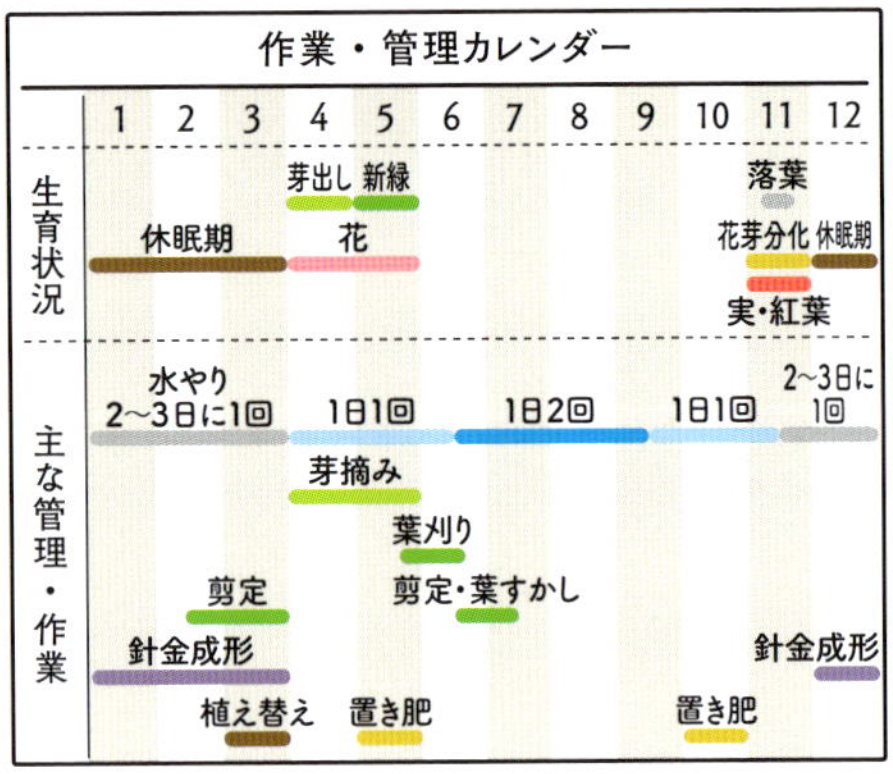

樹齢約15年、樹高75cm、斜幹（コウヤボウキ、ハコネシダ、イワウチワと寄せ植え）、オリジナル鉢

手入れのコツ

- 春に新芽の葉を2枚残して芽摘みをする
- 剪定と針金成形で枝棚を作る
- 葉水でハダニを予防する

主な作業

生長が早く、休眠期と生育期に剪定して樹形を整えます。2～3年おきに休眠期に追い込み剪定（⇒P57）をします。休眠期に針金もかけて樹形を作ります。根が太りやすいため、植え替えは2年に1回行います。

主な管理

【置き場】日当たり、風通しのよい場所に置く。夏の西日を避け、冬は日当たりのよい暖かい軒下に移す。

【水やり】乾燥に強い。鉢土が乾いたらたっぷりやる。

【肥料】5月と10月に固形肥料を置き肥する。

芽摘み、葉刈り

⇒4～6月

春に新芽が伸び出したら葉を2枚残して芽摘み（⇒P63）をします。新葉が開いて固くなったら葉刈り（⇒P63）をして葉を小ぶりにします。葉刈り後に伸びる新芽にも芽摘みを行います。

葉刈りを行わず葉が混み入っていたら、葉すかし（⇒P67）で枝のフトコロの日照と通風を確保します。

葉刈り
大きな葉を1/10程度残して切り取る。

南天

HEAVENLY BAMBOO

◉ナンテン

縁起物として古くから親しまれる。キンシナンテンは独特の糸状の葉芸を楽しむ

樹齢約10年、樹高45cm、自然樹形（キンシナンテン）、和丸下鉢

和名（別名）	ナンテン
分類	メギ科、常緑中低木
原産地	日本、中国、アジア
観賞期	通年（葉、株姿）、6～7月（花）、11～12月（実、紅葉）
主な樹形	株立ち、寄せ植えなど
用土	赤玉土極小粒の単用

作業・管理カレンダー

	1	2	3	4	5	6	7	8	9	10	11	12
生育状況						花	花				実・紅葉	実・紅葉
水やり	2日に1回	2日に1回	2日に1回	1日1回	1日1回	1日1回	1日2回	1日2回	1日1回	1日1回	2日に1回	2日に1回
剪定			剪定									
針金成形					針金成形	針金成形						針金成形
植え替え			植え替え									
置き肥					置き肥（月1回）	置き肥（月1回）				置き肥		

手入れのコツ

- 紅葉を楽しむなら秋以降日なたに置く
- 幹が間伸びしたら切り戻す
- 枝が固いので針金成形は若い枝に行う

主な作業

葉芸（⇓p204）を味わうものや実を楽しむもの、草もの風の矮性種《わいせい》（⇓p205）などがあります。下葉を落としながら幹が伸びるので、樹高を低く留めたい場合は、3月に先端の芽を切って下部からの胴吹きを促します。針金成形は枝が固くすぐに折れるので枝が若いうちに行います。植え替えは2年に1回が目安です。

剪定 ⇓3月

幹が間伸びしてきたら、葉のある部分を2～3節残して全体を切り戻します。葉が上部につき腰高になりやすいので、小さく仕立てるには毎年切り戻します。

主な管理

【置き場】日陰でも育つ。常緑性だが紅葉を楽しむなら秋以降は日当たりのよい場所に置く。寒さには強い。

【水やり】鉢土が乾いたらたっぷりやる。

【肥料】5～6月に月1回、10月に1回固形肥料を置き肥する。

短く切り戻して樹高を維持する。枯れた葉柄があれば取り除く。

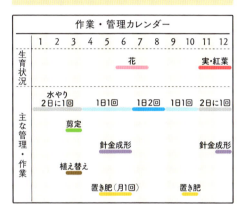

四手 ◉シデ
HORNBEAM

アカシデ、イワシデ、カナシデの総称。新緑や秋の紅葉、縞《しま》模様が入る乳白色の幹、自然な曲を打つ枝ぶりと見どころが多い

手入れのコツ

- 葉が小ぶりな素材を選ぶ
- 上に立ち上がる枝を針金成形で伏せる
- 植え替え時に太くて長い走り根を切る

樹齢約13年、樹高25cm、寄せ植え、和楕円鉢

和名（別名）	アカシデ（ソロノキ）、イワシデ（コシデ）、クマシデ（カナシデ）
分類	カバノキ科、落葉高木
原産地	日本、朝鮮半島、中国
観賞期	通年
主な樹形	直幹、双幹、斜幹、模様木、寄せ植えなど
用土	赤玉土極小粒の単用

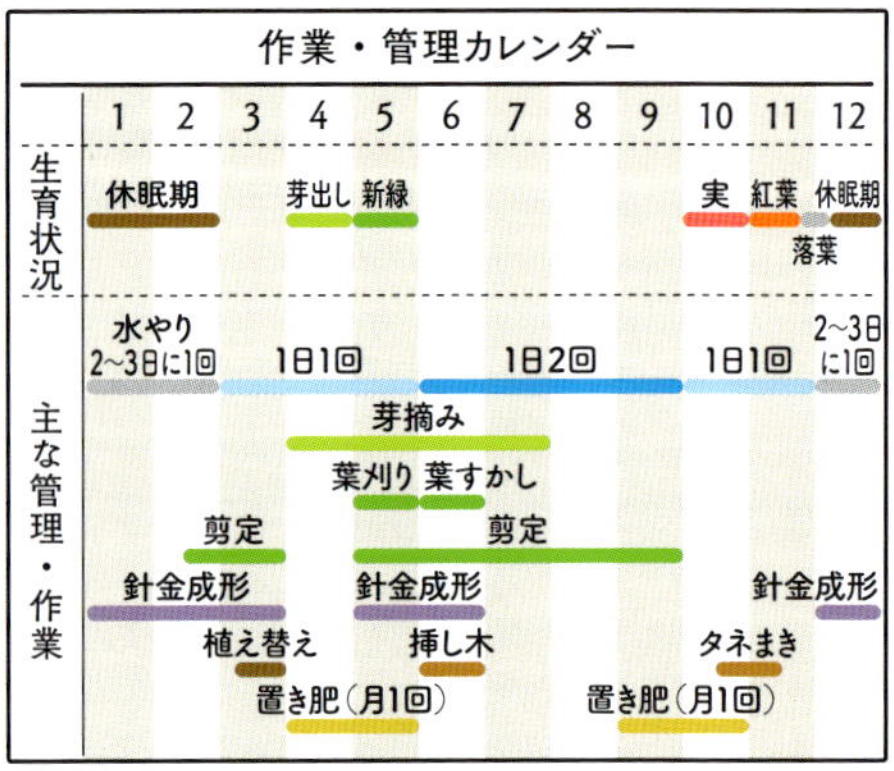

主な作業

葉が小さな素材と大きな素材があります。葉が大きなものは小枝が出にくい傾向があるので、葉が小ぶりな素材を選びましょう。

芽出し前の2～3月に樹形の輪郭線に沿って剪定を行い、全体のバランスを整えます。生長期に徒長枝が発生したら切り戻します。剪定と並行して新芽が伸びたら芽摘みをし、葉刈り、葉すかしも行います。枝の付け根に不定芽（⇒p205）が発生したら見つけ次第取り除きます。

針金成形は休眠期と生長期に立ち上がる枝に針金をかけて伏せ込みます。

植え替えは若木は1～2年に1回、成木は2～3年に1回行います。太くて長い走り根（⇒p204）を切り、徒長枝の発生を抑えます。

イワシデの果苞。

主な管理

【置き場】日当たりと風通しのよい場所に置く。夏は遮光（⇒p203）をして強光を避け、冬は日当たりのよい暖かい軒下に移す。

【水やり】根が細く水切れしやすい。水切れすると葉焼け（⇒p205）を起こしやすいので、特に夏はこまめに水やりをする。

【肥料】4～5月、9～10月に月1回固形肥料を置き肥する。

【病害虫】病害虫には比較的強い。アブラムシ、カイガラムシ、ハマキムシ、梅雨どきのうどんこ病（⇒p79）の発生に注意する。

【その他】秋に雌木《めすぎ》の果苞《かほう》（葉状の果実）からタネを取り出してまくと実生苗を作ることができる。挿し木も活着率がよく作業は6月が最適。

葉刈り ⇒5月

ほかより大きな葉を1/10程度残して切り取り、脇芽を伸ばして小枝を作ります。全体を刈り込むと枝が枯れ込むことがあるので、部分的な作業にとどめます。

大きな葉を1/10程度残して切り取る。

刈った葉のつけ根から脇芽が伸びて小枝がふえる。葉の大きさもそろう。

芽摘み、生長期の剪定、葉すかし

⇒4～7月（芽摘み）、5～9月（剪定）、6月（葉すかし）

繰り返し新芽の芽摘みを行い、脇芽を伸ばして枝先に小枝をふやします。上部は強め、下部や弱い枝は浅めに摘みます。

並行して強い徒長枝が発生したら輪郭線まで切り戻して樹形を維持します。混み入った部分は葉をすかしてフトコロ（⇒p18）への日照、通風を確保します。

作業のコツ

芽摘み
新芽を2芽残して摘み取る。ピンセットを使ってもよい。

剪定
輪郭線に沿って徒長枝を切り戻す。

葉すかし
混み入った部分の葉を葉柄で切って葉数を減らす。

作業前
休眠期に剪定と針金成形を行ったが、生長期に徒長枝が伸びて樹形が乱れている。

作業後
剪定と芽摘み、葉刈りを行った。樹形が整い、日照、通風もよくなった。

TRIDENT MAPLE

唐楓

●トウカエデ

新緑、緑陰、紅葉、寒樹姿と四季折々の景色が楽しめる。樹勢が強く萌芽力が旺盛で芽摘みや葉刈り、剪定の練習にも向く

樹齢約18年、樹高25cm、寄せ植え、和楕円鉢

◎主な作業

芽摘みと葉刈り（⇒p63）を繰り返し行い、細かく枝先を作っていきます。枝が上に伸びる性質が強く、芽摘みを行わないと徒長枝が出て間伸びし、下の枝が伸びなくなります。

カエデ類は芽（葉）が対生に吹くため三叉枝、車枝などの忌み枝（⇒p58）を生じやすく、剪定で元から間引きます。また、頭頂部は特に不定芽が多いので芽かきを並行して行います。

針金成形は休眠期が最適です。若木は枝の太りが早いので、針金が食い込む前にはずしましょう。

植え替えは2年に1回を目安に行います。走り根（⇒p204）を切って細根をふやし、鉢を締めると徒長枝が抑えられます。持ち込む（⇒p182）ほど根張りが広がり、盤根《ばんこん》状（⇒p205）になります。

手入れのコツ

- 葉が小さい素材を選ぶ
- こまめに芽摘みをして間伸びを抑える
- 葉刈りをして葉の大きさをそろえる

和名（別名）	トウカエデ
分類	カエデ科、落葉小高木
原産地	中国、台湾
観賞期	通年
主な樹形	斜幹、模様木、株立ち、寄せ植えなど
用土	赤玉土極小粒の単用

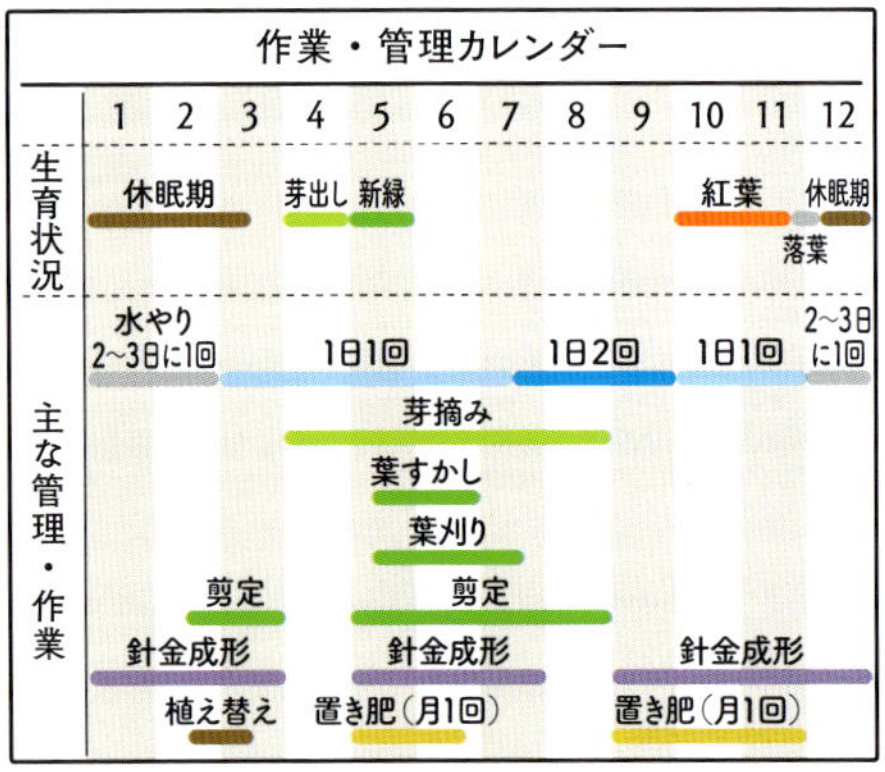

主な管理

【置き場】日当たりと風通しのよい場所に置く。夏は遮光をして葉焼けを防ぐ。冬は日当たりのよい暖かい軒下に移す。

【水やり】鉢土が乾いたらたっぷり与える。夏は水切れに注意。夕方に葉水（⇒P77）をして保湿と夜間の葉の温度を下げると秋にきれいに紅葉する。

【肥料】5～6月の梅雨入り前、9～11月に月1回固形肥料を置き肥する。肥料が多いと徒長枝が多く発生するので、樹勢を見ながら加減する。

【病害虫】ゴマダラカミキリ、アブラムシ、カイガラムシ、うどんこ病（⇒P79）の発生に注意する。

【その他】3月に実生、6月に挿し木、取り木（⇒P192）で容易に素材作りができる。

葉刈り ⇒5～7月

5月中旬～7月中旬に葉柄を残して葉を1枚ずつハサミで切り取り、脇芽（二番芽）の萌芽を促して小枝をふやします。

ほかの雑木類の葉刈りでは葉を1/10程度残しますが、トウカエデは萌芽力が強いので、葉柄を少し残せば脇芽が伸びます。

葉柄を少し残して葉を切り取る。

生長期の剪定と葉すかし ⇒5～8月（剪定）、5～6月（葉すかし）

ひこばえ、忌み枝などを元から切り、輪郭線から飛び出した枝を切り戻して樹形を整えます。葉が混み入って日照、通風が悪ければ二対の葉を全体の葉の大きさがそろうように1枚ずつ減らし、枝のフトコロが蒸れて枯れ込むのを防ぎます。

剪定前

輪郭線から枝が飛び出して樹形が乱れている。枝葉が混み入って幹が見えない。

剪定後

輪郭線まで枝を切り戻して樹形を整えた。不要な枝を間引き、葉をすかしたことで幹が見えるようになった。

剪定のコツ

1 徒長枝を切り戻す

間伸びした枝を輪郭線まで切る。

2 忌み枝の処理

三又枝は1本を元から間引いて二又にする。

3 葉すかし

混み入った部分の大きな葉を切り取る。

黄櫨

◉ハゼノキ

JAPANESE WAX TREE

燃えるような鮮やかな紅葉が見事。芽摘みと葉刈りで葉を小ぶりに仕立てる

樹齢約７年、樹高90cm、寄せ植え（根洗い）、和水盤鉢

手入れのコツ

- 間伸びしたら切り戻す
- 細く柔らかい枝に針金成形をする
- ウルシの仲間。作業は手袋を着用する

和名（別名）	ハゼノキ（ロウノキ）
分類	ウルシ科、落葉高木
原産地	中国、台湾、中国、東南アジア
観賞期	通年
主な樹形	斜幹、模様木、文人、吹き流し、寄せ植えなど
用土	赤玉土極小粒の単用

主な作業

枝が間伸びしたら休眠期と生長期に切り戻します。間伸びを防ぐために早めに芽摘みも行い、梅雨時に葉刈りをして全体的に葉を小ぶりにします（⇒P63）。寄せ植えなどで葉が混み入ってきたら対生の葉の片方を切り取るか、葉柄（⇒P205）から切って日当たりと風通しをよくします（葉すかし）。

針金成形は太い幹や枝には形がつかないので、大きく曲をつける場合は幹や枝が若く細いうちに行います。

植え替えは2年に1回が目安です。深鉢で育てると枝が伸びて間伸びするので浅鉢に植えつけます。

生長期の切り戻し剪定。割り箸以上の太さがあれば、葉がないところで切り戻しても新芽が出る。

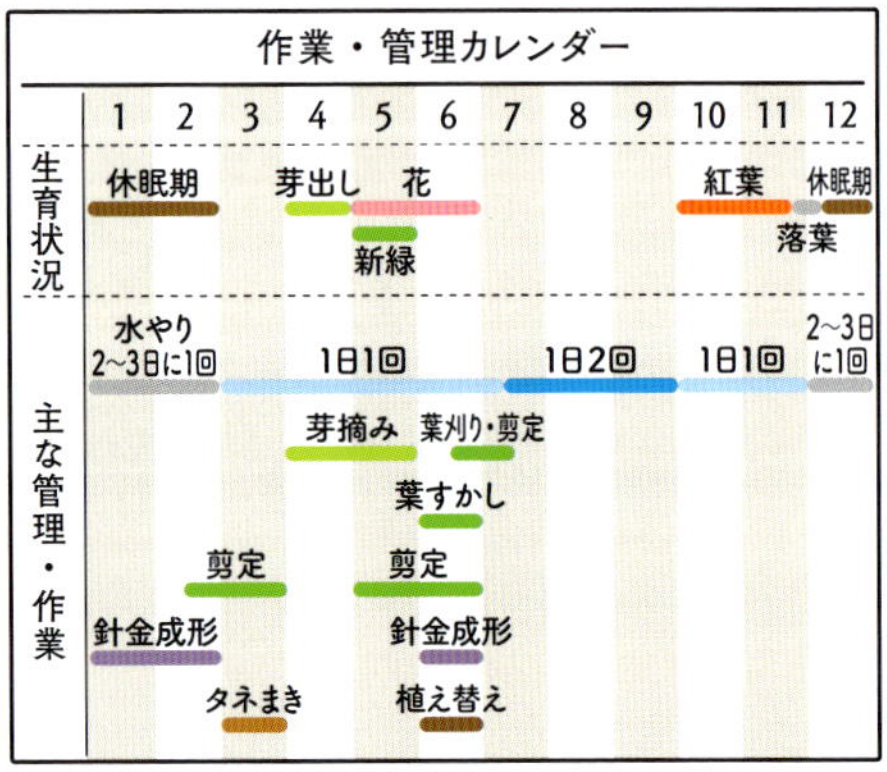

主な管理

【置き場】日当たりと風通しのよい場所に置く。夏の強光に強く葉焼けの心配はあまりないが、西日を避けられる場所がよい。秋口から特に日当たりのよいところに置き、夜露に当てると平野部でも真っ赤に紅葉する。冬は日当たりのよい暖かい軒下などに移す。

【水やり】鉢土が乾いたらたっぷり与える。寄せ植えなど本数が多いものは特に夏の水切れに注意する。

【肥料】多く与えすぎると、紅葉が遅れたり枝が徒長したりする。生育が思わしくないときのみ固形肥料を少量置き肥する。

【病害虫】カメノコロウムシ、斑点《はんてん》病に注意する。

【その他】雌雄異株《しゆういしゅ》（⇒p203）。雌木《めすぎ》からタネをとって実生素材を作ることができる。

休眠期の剪定と針金成形

⇒2～3月（剪定）、1～2月（針金成形）

間伸びした幹（枝）は休眠期と生長期に切り戻します。寄せ植えでは主、副、添の力関係で奇数本になるように不要な幹（枝）を間引きます。流れを変えたり曲をつけたりしたい場合は、剪定と並行して針金成形を施します。

作業前

長さや流れがそろわずバラバラな状態。

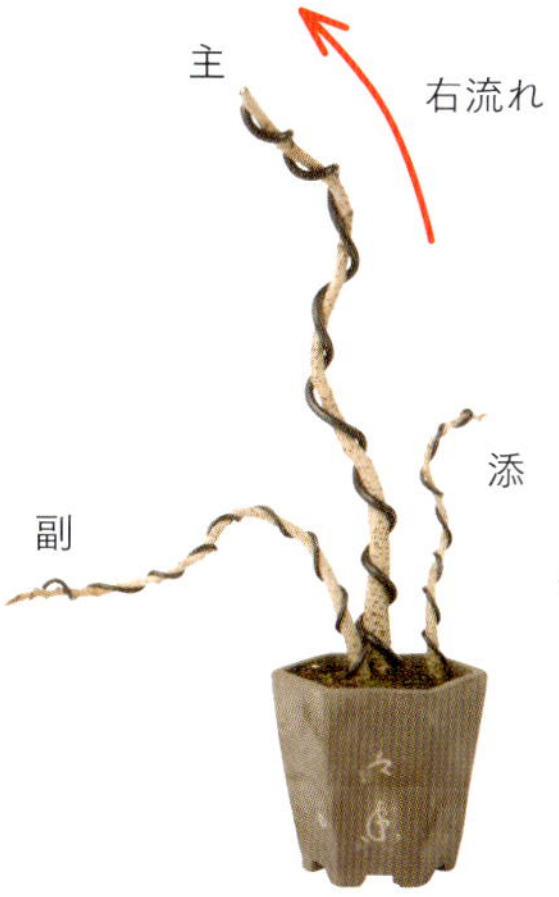

作業後

切り戻し、間引き剪定のあと針金で曲づけして右から左に流れを変えた。

作業のコツ

切り戻し

間伸びした幹を切り戻す。一番太い主の幹を三角形の頂点にする。

間引き

長さや位置の悪い株を間引いて5本から3本にした。

曲づけ

針金をかけ、全体が右流れになるよう曲をつける。

葉刈り ⇒6～7月

梅雨時に大きな葉を切り取って新芽（二番芽）を出させ、葉を小ぶりにします。梅雨明けまでに作業をすれば紅葉に間に合います。

作業のコツ

大きな葉を葉柄を少し残して切り取る。

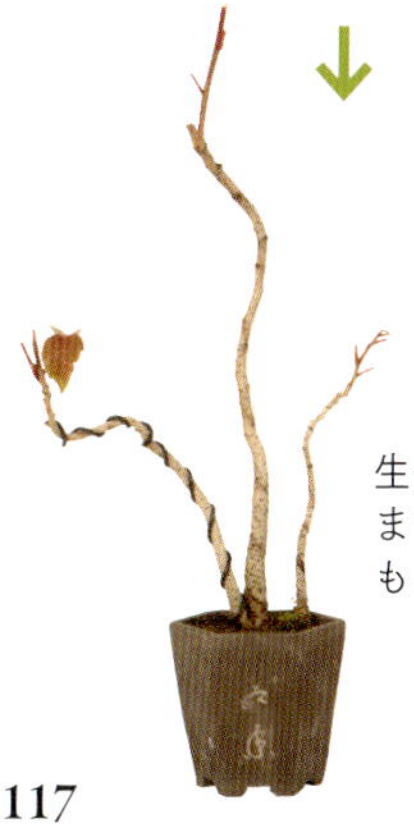

生長期ならここまで葉を刈ってもよい。

姫娑羅

TALL STEWARTIA

◉ヒメシャラ

新緑、ツバキに似た初夏の花、紅葉を観賞したあとの寒樹姿も魅力。光沢のある幹肌と繊細な枝先が冬の光に輝く

手入れのコツ

- 萌《ほう》芽《が》力が弱いので細い枝は葉刈りを見送る
- 枝を太らせたい部分は葉刈りをしない
- 植え替えで走り根を除き細根を発根させる

樹齢約20年、樹高20cm、株立ち、和白釉楕円鉢

和名(別名)	ヒメシャラ
分類	ツバキ科、落葉高木
原産地	日本、朝鮮半島
観賞期	通年
主な樹形	斜幹、模様木、株立ち、寄せ植えなど
用土	赤玉土極小粒の単用

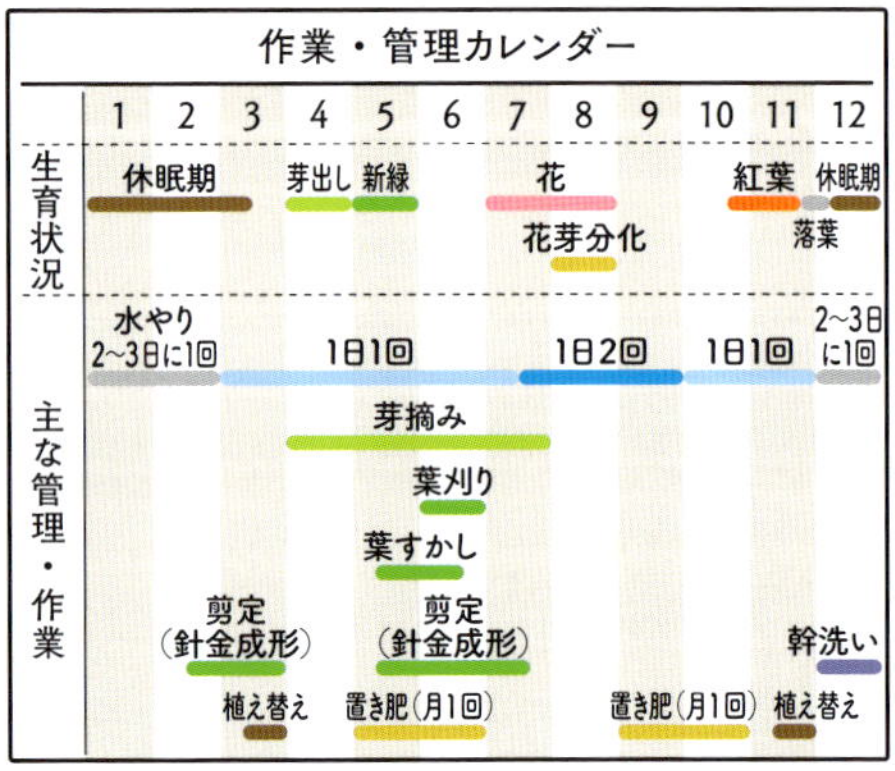

主な作業

新芽が伸びたら芽摘みを行い、小枝をふやして全体的に葉を小ぶりにします。梅雨時に日照不足になると、枝のフトコロ（⇒p18）が蒸れて葉を落とすことがあります。梅雨入り前に葉をすかして葉の量を減らします。

剪定は休眠期と生長期に不要な枝を整理し、輪郭線に沿って徒長枝を切り戻します。針金成形も剪定と同時に施せますが、樹皮が薄く幹に傷をつけるため、樹形作りは剪定を中心に行います。

美しい幹肌を観賞するために、落葉直後に幹洗い（⇒p120）をします。冬に軒下などに取り込む前に行うと、病害虫を予防する効果もあります。

植え替えは2～3年に1回行います。

主な管理

【置き場】日当たりと風通しのよい場所に置き、ときどき鉢を回して幹にまんべんなく光を当てる。高山性で強光や高温に弱いため、夏は遮光をして葉焼けと幹の黒ずみを防ぎ、室外機の温風が当たらないようにする。寒さには強いが冬は日当たりのよい暖かい軒下に移し、厳冬地では保護室などに取り込む。

【水やり】鉢土が乾いたらたっぷり与える。水を好むが与えすぎると徒長する。

【肥料】5～6月、9～10月に月1回置き肥。肥料を与えすぎると幹肌が荒れる。

【病害虫】風通しをよくしてアブラムシとカイガラムシを予防する。

【その他】6月に挿し木、取り木、3月に実生で素材作りができる。

芽摘み

4～7月

新芽が伸びて葉が4～5枚になったら、指かピンセットで2～3芽残して先端を摘み取ります。

若木は小枝作りに専念しますが、完成樹で夏に花を観賞したい場合は、その年に伸びた新梢に花がつくので芽摘みはせず、花後に切り戻すようにします。

新芽の先端を枝が固くなる前に指で摘み取る。

葉刈り、葉すかし

6月（葉刈り）、5～6月（葉すかし）

葉刈りは6月に葉の1/10程度を残してハサミで切り取ります。萌芽力が強くないのでしっかり肥培し、爪楊《つまよう》枝《じ》程度の細い枝や樹勢が弱っている年は見送ります。

葉すかしは梅雨入り前に混み入った部分の葉を切り取り、葉の量を1/3～1/2に減らします。

葉刈り前

頭部に枝葉が密集して日照や通風が悪い。放任すると下の枝が枯れ込む。枝が固まる前に作業をする。

葉刈り後

若木は全体に葉刈りを行い、写真のような成木は樹勢の強い頭部のみ抑制する。

葉すかし

混み入った部分のほかより大きな葉を葉柄で切り取る。

葉刈りのコツ

1 輪郭線から飛び出した徒長枝を切り戻して樹形を整える。

2 葉を1/10程度残してハサミで切り取る。

休眠期の剪定と針金成形

⇒2〜3月

写真のように樹形がぼやけた株は、休眠期に追い込み剪定（⇒P57）を行います。忌み枝（⇒P58）などの不要な枝元から切り、全体を切り戻して輪郭線を整えます。太い枝を抜いたら切り口に癒合剤（⇒P205）を塗って保護しましょう。全体に枝が斜め上に伸びるヒメシャラらしい枝ぶりに整えます。枝の方向が悪い場合は針金をかけて修正し、食い込む前にはずします。

作業前

株立ち樹形だが主幹（親）とほかの幹の力関係がはっきりせず、輪郭線も崩れている。不要な枝が多く幹や枝が観賞できない。

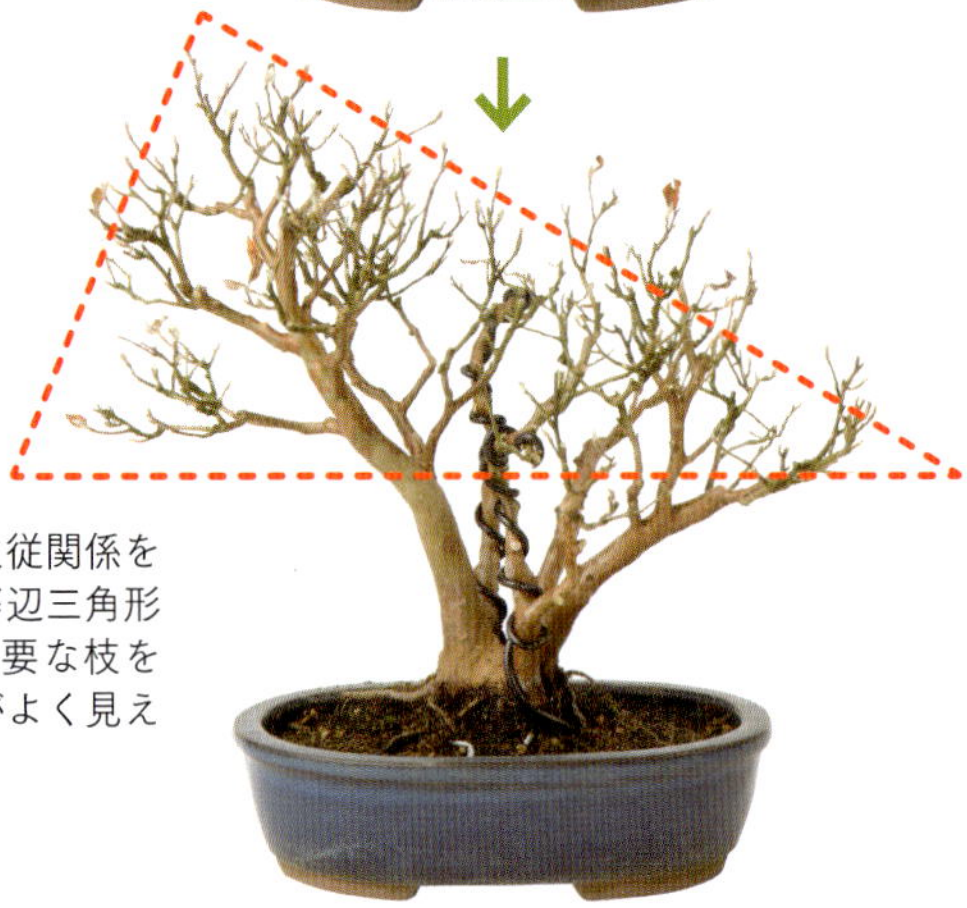

作業後

主幹とほかの幹の主従関係をはっきりさせ、不等辺三角形に輪郭を整えた。不要な枝を抜いて幹や枝ぶりがよく見えるようになった。

作業の手順

1 主幹の頭を頂点にし、不等辺三角形を描くように樹高と樹形の輪郭を決める。

2 1で決めた主幹の頭の頂点より高い枝を切り戻す。

3 忌み枝（写真は突き枝）を元から切り取る。太い枝は又枝切りで抜き、切り口に癒合剤を塗る。

4 立ち上がりをじゃまする枝を切り取る。樹高の1/3程度は枝を作らないほうが木立ち感が出る。

5 真上に立ち上がる枝は針金をかけ、斜上するように成形する。

幹洗い

幹の汚れを水で洗い、はがれかかった樹皮をピンセットでむく。幹が乾いたら椿油をつけたタオルで磨いてもよい。

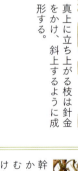

植え替え 3月

上根や太い走り根を整理し、細根の発根を促して細かな枝ぶりの土台を作ります。土が流出して根張りが陥没していたら補正します。

植え替え前 根張りが陥没し、土もつぶれて劣化している。一回り小さな鉢に植え替えて根張りも補正する。

植え替え後 山の裾野のような根張りに補正した。鉢を締めた分、地上部も一回り小さく切り戻した。

作業の手順

1 鉢から株を取り出し、根かきや竹箸で根鉢をほぐしながら土を落とす。

2 根張りより上から出る根(上根)を元から切り取る。

3 不要な太い根を整理したあと、根切りハサミで根鉢を一回り小さく切る。

4 根張りの間に詰まった土を竹箸でかいてきれいにする。

5 鉢底網の上に赤玉土小粒を薄く敷き、中央を盛り上げて極小粒を鉢底全体に敷く。

6 根の整理をした株を鉢の中にすえ、根張りの高さを調整する。

7 赤玉土極小粒を鉢縁まで入れ、根留めのワイヤーで根鉢を固定する。

8 たっぷり水やりをし、仕上げにコケを張る。鉢を締めた分、地上部も切り戻す。

増し土

植え替えをしない年は土が陥没した分、新しい土を足してもよい。翌年には植え替える。

山毛欅
◉ブナ

JAPANESE BEECH

樹齢を重ねるごとに
白く輝く幹肌に
緑色、黄色、オレンジ色、褐色に移り変わる葉色が映える。
葉が小ぶりなフジブナが盆栽に仕立てやすい

樹齢約20年、樹高25cm、株立ち、和外縁楕円鉢

手入れのコツ

- 芽摘みと葉刈りで頭部のボリュームを抑える
- 不要な不定芽はかき取る(芽かき)
- 肥料を控えめにして徒長を防ぐ

和名(別名)	ブナ(ユズリハ)
分類	ブナ科、落葉高木
原産地	日本
観賞期	通年
主な樹形	直幹、斜幹、模様木、株立ち、寄せ植えなど
用土	赤玉土極小粒の単用

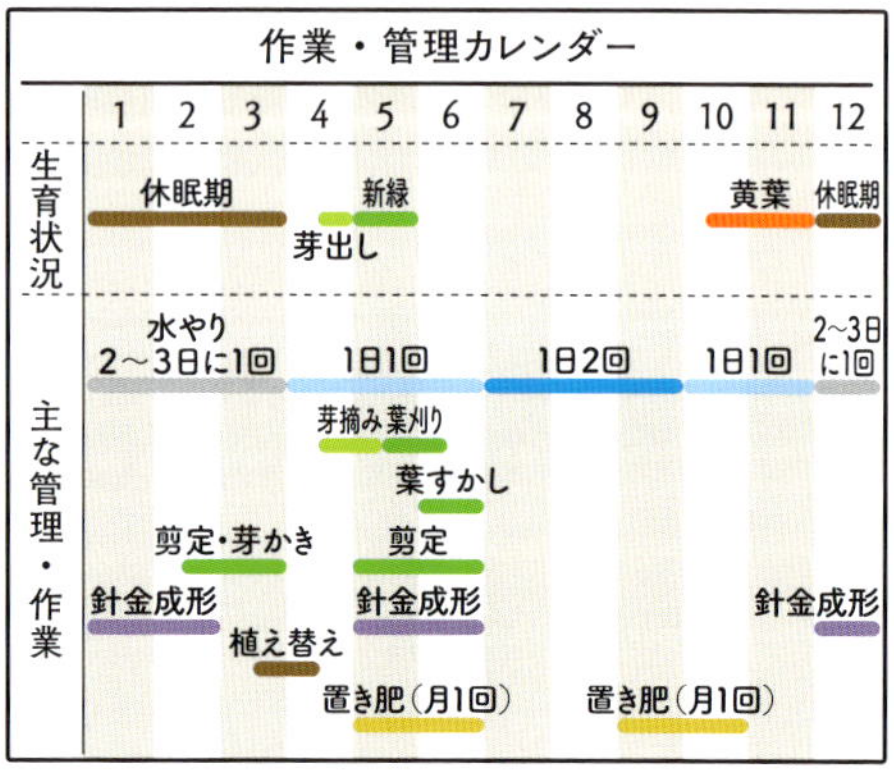

主な作業

新芽が徒長しやすいので、春に芽摘みをして細かい枝をふやします。初夏に葉刈りも行い、葉を小ぶりにします。枝葉が混み入った部分は梅雨入り前に葉をすかして日照と通風を保ちます。

剪定は休眠期に不要な枝や太くなりすぎた枝を間引き、輪郭線に沿って樹形を整えます。生長期は徒長枝を切り戻して節間の伸びを抑えます。ブナは強い枝を剪定すると不定芽(⇒P205)が出やすいため、枝が欲しい部分以外は早めにかき取ります(芽かき)。

針金成形は休眠期か生長期に行います。若木は枝の太りが早く、針金が食い込む前に2～3か月ではずします。植え替えは2年1回春に行い、走り根(⇒P204)を切って徒長枝を抑えます。

主な管理

【置き場】日当たりと風通しのよい場所に置き、夏は遮光をして葉焼け（⇒P205）を防ぐ。冬は日当たりのよい暖かい軒下などに移す。寒さには強い。

【水やり】鉢土が乾いたらたっぷり与える。水を好み、水切れすると葉が縮む。新芽の季節と夏は特に水切れに注意する。夏は夕方に葉水（⇒P77）をして保湿と夜間の葉の温度を下げると、秋の黄葉が美しくなる。

【肥料】5～6月、9～10月に月1回置き肥をする。肥料を与えすぎると夏に新芽が出たり、不定芽や胴吹き芽（⇒P204）が次々に発生して樹形が乱れる。

【病害虫】アブラムシとカミキリムシに注意する。

【その他】6月に取り木、3月にタネまきができる。

芽摘みと葉刈り

⇒4～5月（芽摘み）、5～6月（葉刈り）

ブナはほかの雑木より芽吹きが遅いものの一気に伸びるので、枝が固まる前に芽摘みをします。枝数をふやすために葉刈りも行い、葉を小ぶりにします。

芽摘み

新芽を2～3芽残して先端を摘み取る。

葉刈り

葉を1/10程度残して切り取る。

生長期の剪定と葉すかし

⇒5～6月

休眠期に整えた輪郭線から飛び出した枝を切り戻して節間を伸ばさないようにします。あわせて枝葉が混み入った部分の葉の量を½～⅔程度に減らし、フトコロ（⇒P18）への日照と通風を確保します。梅雨入り前までに作業を終え、病害虫の発生を予防します。

輪郭線から飛び出した枝を切り戻して樹形を維持する。

作業前

強い徒長枝は発生していないが、細かい枝が輪郭線から飛び出している。上部の枝葉が混み入って、枝のフトコロへの日照、通風が悪い状態。

作業後

輪郭線に沿って枝を切り戻し、混み入った部分の葉すかしを行った。日照と通風が確保され、白い幹肌もよく見えるようになった。

休眠期の剪定、芽かき、針金成形

⇓2～3月（剪定、芽かき）、12～2月（針金成形）

ブナは枯れ葉が落ちにくく、葉をつけたまま越冬します。枝ぶりが見えないので、剪定前に葉をすべて取り除きます（古葉取り）。

忌み枝（⇓P58）などの不要な枝を間引き、不等辺三角形の輪郭線に沿って全体を切り戻します。不要な不定芽はかき取りましょう（芽かき）。方向や流れの悪い枝には針金をかけて成形します。

幹が汚れていたらブラシでこすりながら水洗いをして仕上げます。

作業前

ユズリハとも呼ばれるように新葉が出るまで古葉が落ちず、冬も褐色の葉をつけている。

枯れ葉を取り除いたところ。不要な枝が多く混み入っている。輪郭線がはっきりしない。

作業後

忌み枝を取り除き、不等辺三角形の輪郭線を形作るように樹形を整えた。直線的な枝に針金をかけて流れを出した。

古葉取り
下向きに葉を引っ張ると簡単に取れる。

幹洗い
藻などがついて幹が汚れていたら洗い流す。病害虫の予防にもなる。冬越しの前に行うのがよい。

車枝の処理

ブナは太い枝を剪定すると切り口から車枝が発生しやすい性質があります。向きのよい充実した枝を2本残して二又にし、残りの枝は元から切り取ります。

切り口から複数の枝や不定芽が発生して車枝状になっている。

二又になるように2本だけ残し、残りをすべて元から切り取る。

作業の手順

1 立ち上がりをじゃまする低い位置の枝を抜く。太い枝を抜いたら切り口に癒合剤（⇒p205）を塗る。

2 下がり枝などの忌み枝を元から切り取る。

3 真上に伸びる枝は外向きに斜上する芽の上で切り戻して、ブナらしい斜上する枝ぶりを作る。

4 不定芽をピンセットでかき取る（芽かき）。枝を作りたい場合は残す。

5 方向や流れの悪い枝に針金をかける。太い枝は針金を二重に巻く。

6 太い枝はやっとこで針金をつかみ、少しずつ力をかけて曲をつける。

JAPANESE MAPLE

紅葉

◉モミジ

春の芽出し、新緑、紅葉、寒樹の繊細な枝ぶり、縞《しま》模様の入る白い幹肌と、見どころの多い定番樹種

樹齢約30年、樹高25cm、斜幹、和楕円鉢

手入れのコツ

- こまめな芽摘みで節間の伸びを抑える
- 枝分かれを二又にそろえる
- 針金成形は枝が細く柔らかいうちに行う

主な作業

細かな枝先の繊細さを出すために、新芽が伸びたら繰り返し芽摘みを行います。6月に葉刈りも行って小枝をふやします。完成樹は厚くなりがちな頭部や枝先を中心に行い、株全体の樹勢を平均化させます。

剪定は休眠期と生長期に輪郭線から飛び出した徒長枝を切り戻し、枝先が二又になるように三又枝や車枝、不定芽を整理します。枝葉が混み入ってきたら梅雨入り前に葉すかしを行います。

直線的な枝は針金で枝を伏せて柔らかな流れをつけます。太い枝は形がつきにくいので、若く柔らかいうちに成形しましょう。

植え替えは2～3年に1回、芽出し前に行います。太い走り根を切り、根を四方に広げて植えつけます。

和名(別名)	モミジ(カエデ)
分類	カエデ科、落葉高木または低木
原産地	日本
観賞期	通年
主な樹形	斜幹、模様木、株立ち、懸崖、寄せ植えなど
用土	赤玉土極小粒の単用または赤玉土極小粒8：桐生砂小粒2の配合土

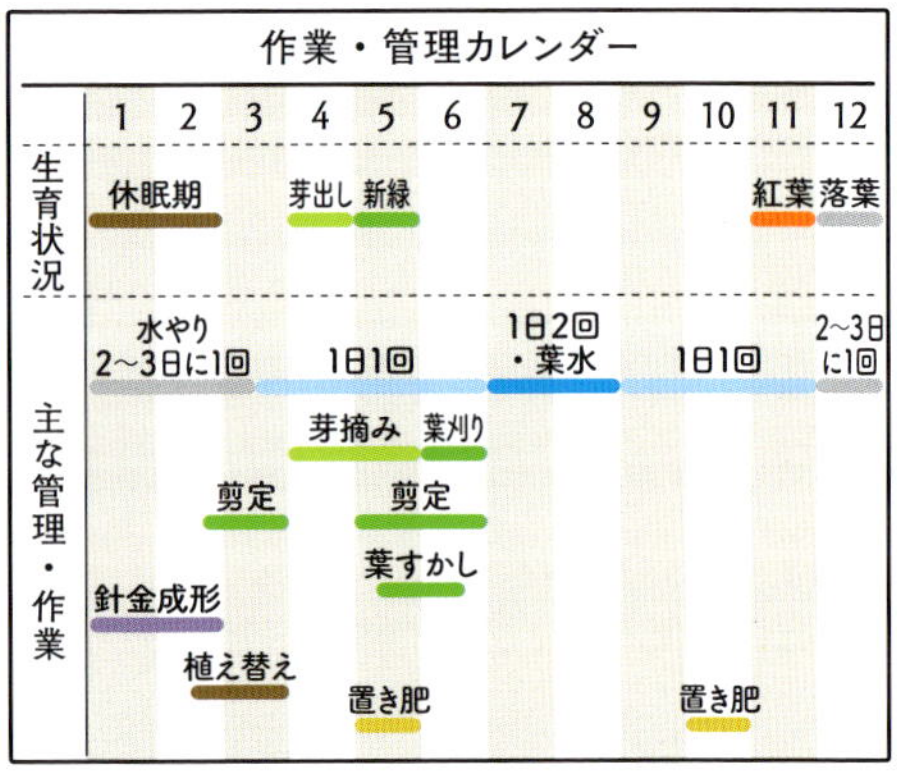

主な管理

【置き場】日照と通風のよい場所に置いてうどんこ病（⇒P79）を防ぐ。適した置き場がない場合は殺菌剤を散布して防除する。紅葉を楽しむために夏は遮光をして葉焼けを防ぐ。冬は日当たりのよい暖かい軒下に移す。

【水やり】土が乾いたらたっぷり与える。夏に水切れさせると葉先が茶色に焼けて紅葉が汚くなる。夕方に葉水（⇒P77）をする。ただし過湿が続くと間伸びする。

【肥料】5月と10月に1回ずつ置き肥をする。成木に肥料を与えすぎると不定芽が多くなり、枝がごつくなる。

【病害虫】風通しをよくしてアブラムシとうどんこ病（⇒P79）を予防する。

【その他】6月に挿し木、3月に取り木、実生で素材作りができる。

休眠期の剪定

⇒2～3月

落葉直後の剪定では切り口から樹液が流れ出て枯れ込むことがあるので、2月下旬～3月に行います。忌み枝（⇒P58）を間引き、不等辺三角形の輪郭線に沿って徒長枝を切り戻します。すべての枝分かれを二又にし、不要な不定芽や枯れ枝があれば取り除きます。真上に伸びる立ち枝は切り取るか針金で伏せます。

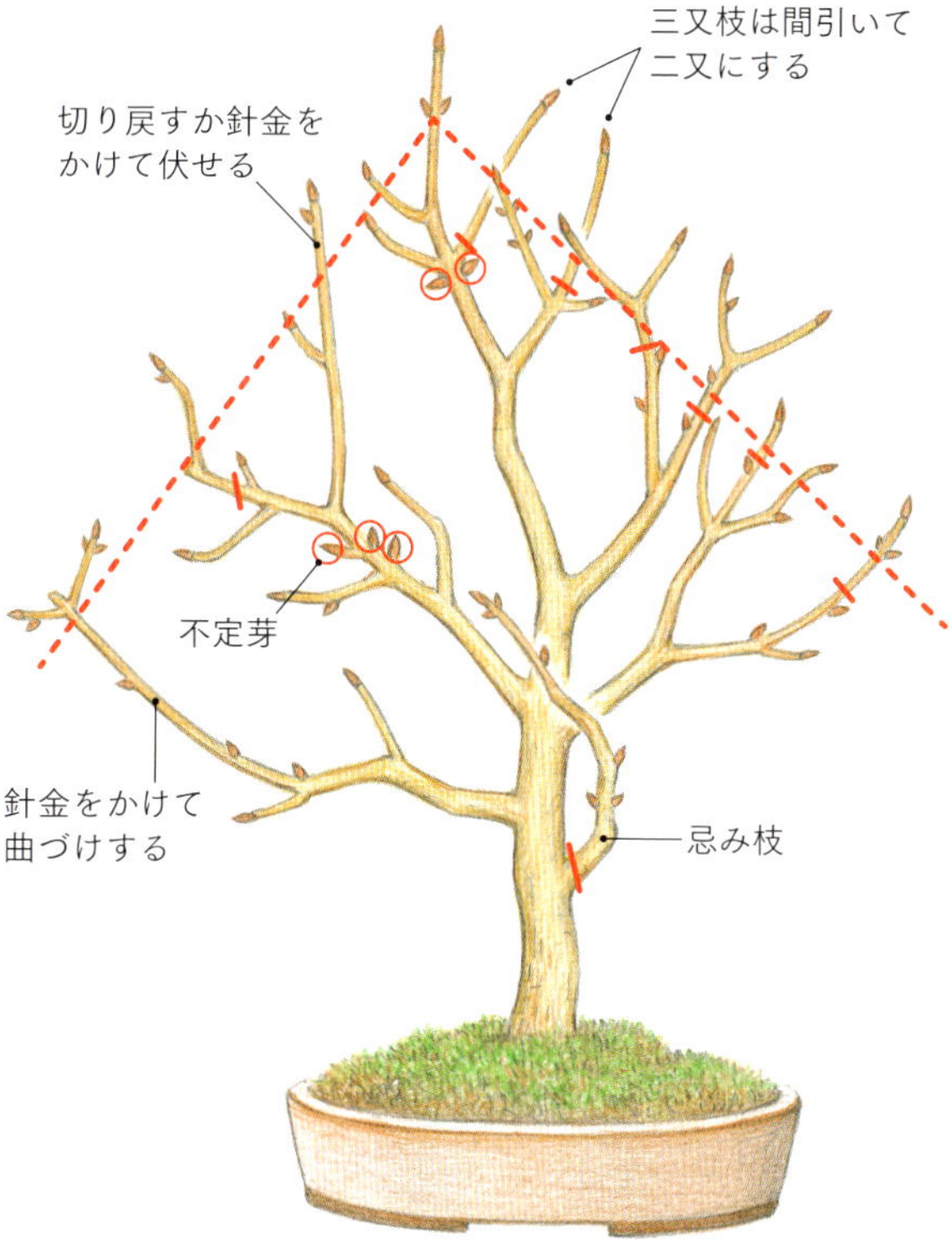

剪定のコツ

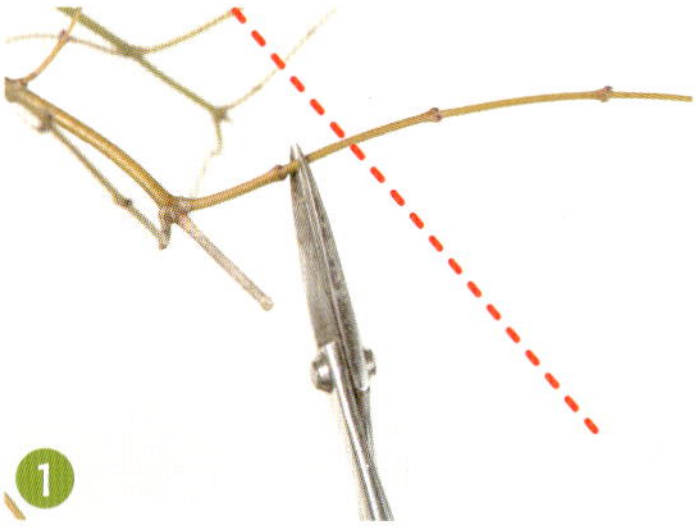
1 輪郭線に沿って徒長枝を切り戻す。

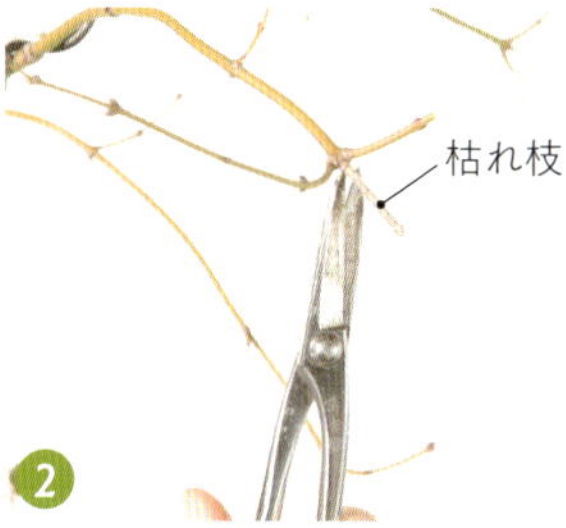

2 枯れ枝があれば切り取る。

細やかな枝先を作る

生長期に芽摘みと葉すかし、葉刈りを行い、休眠期に二又に整えて、細やかな枝先を作りましょう。

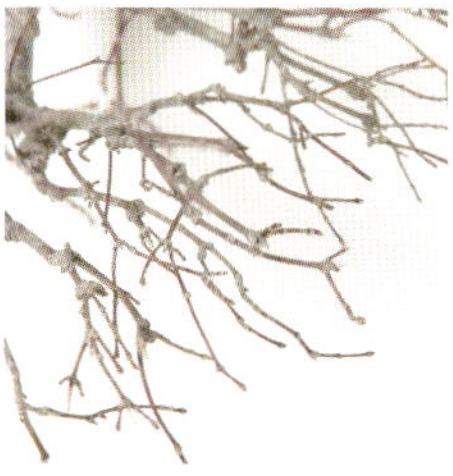
落葉期の繊細な枝ぶりもモミジの見どころ。

芽摘みと生長期の剪定

4～5月（芽摘み）、5～6月（剪定）

節間が間伸びしやすいので、新芽が伸び始めたらこまめに芽摘みを行います。早いうちにピンセットで芯を折り取ると確実に間伸びを防ぐことができます。手でも摘める柔らかいうちに作業しましょう。

芽摘みを行っても樹形が乱れてくるので整姿剪定を行い、不等辺三角形の輪郭に沿って樹形を整え、不要な枝を間引いて枝棚の境をはっきりさせます。

芽摘み

葉が展開する前にピンセットで摘み取ると効果的。5月まで繰り返し芽摘みを行う。

剪定前

強い徒長枝は発生していないが、細かい枝が輪郭線から飛び出している。上部の枝葉が混み入って、枝のフトコロへの日照、通風が悪い状態。

剪定後

全体の樹形の不等辺三角形と各枝棚の輪郭がはっきりした。幹肌や枝ぶりがよく見え、日照、通風も改善された。

剪定のコツ

① 頭の高さを決める

はじめに不等辺三角形の頂点になる頭の高さを決めてから、輪郭線に沿って飛び出した徒長枝を切り戻す。

② 枝棚を見せる

下り枝などを元から切り取って枝棚の境をはっきりさせる。

③ 枝分かれを二又にする

枝分かれが三つ又のところは1本間引いて二又にする。

葉すかし ⇓5~6月

葉が混み入りやすいヤマモミジは特に葉すかしが重要です。枝のフトコロ（⇓P.18）への日照、通風の維持、病害虫予防のために、梅雨入り前までに枝葉が混み入った部分の大きな葉を葉柄で切って減らします。それでも多い場合は½~⅔程度に葉数を減らします。

葉刈り ⇓6月

葉柄を残して葉を切り取ります。小枝をふやしたり、頭部や枝先など勢いの強い部分を抑制し、樹勢を平均化する効果があります。

樹勢の衰えた樹に行うと二番芽がまばらになる場合があるため、前年から肥料をしっかり与えて樹勢をつけておきます。

1 葉すかし前の状態。大小の葉が重なり合い、幹や枝が見えない。枝のフトコロへの日照、通風も悪い。

2 大きな葉を葉柄で切って葉の量を減らす。剪定と同時に作業してもよい。

3 葉すかしをしたところ。葉の間から幹や枝がすけて見える程度まで減らす。

1 完成樹の枝先。小枝をふやしたい部分に葉刈りを行う。

2 葉柄を少し残して葉を切り取る。すべての葉を刈るときはまとめて切ってもよい。

3 葉刈り後の状態。葉柄のつけ根から二番芽が出て小枝がふえる。

JAPANESE APRICOT

梅《ウメ》

品種によって
開花期、花色が異なる。
早春の訪れを告げる
気品のある花と香り、
老梅の趣を愛でる

樹齢約70年、樹高35cm、懸崖、紫泥輪花鉢

手入れのコツ

- 肥料をしっかり与えて花芽を促す
- 切り戻しや折りだめで徒長を抑える
- 立ち上がる枝を針金成形で伏せる

和名(別名)	ウメ
分類	バラ科、落葉小高木
原産地	中国
観賞期	1～3月(花)
主な樹形	直幹、双幹、斜幹、模様木、文人、懸崖、寄せ植えなど
用土	赤玉土極小粒単用

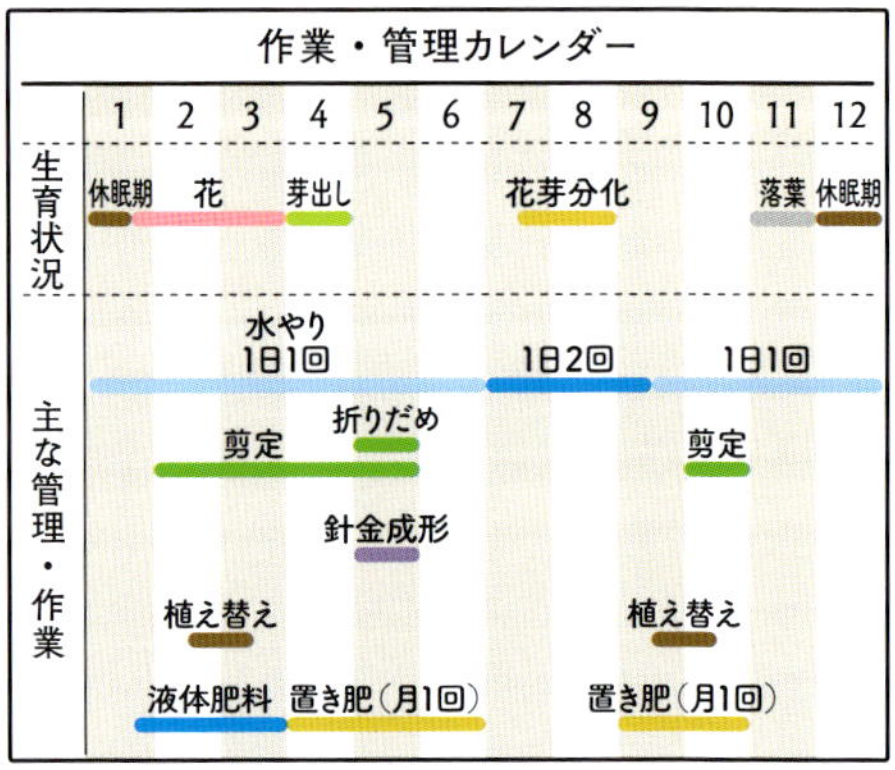

主な作業

花後すぐに花が咲いた枝を1～2芽残して切り戻します。枝元に不定芽(⇒P205)があればかき取ります。

長く伸びた新梢は途中で折るか(折りだめ)、切り戻して花芽の発生を促します。同時に柔らかい枝に針金をかけて伏せ込みます。

花芽は7～8月にできるので、秋に花芽を見ながら整姿剪定をすると整った姿で花が楽しめます。また、花がつく枝には葉が出にくいので、枝元に葉芽を持たせたい場合は、枝元の葉2枚を葉柄を残して葉刈り(⇒P63)をします。

植え替えは2～3年に1回、花後剪定と同時か秋に行います。秋の植え替えは開花を早める効果があります。根を深く切る場合は春がよいでしょう。

主な管理

【置き場】日当たりと風通しのよい場所に置く。開花前に一、二度霜に当てて開花を促す。室内で観賞するときは暖房の入らない場所に置き、キリフキで蕾に水をかけて落花を防ぐ。

【水やり】開花中と新芽の時期は特に水切れに注意する。湿潤な環境を好むが、常に土が湿っている状況は嫌う。夏の日中に水やりができない場合は遮光をする。

【肥料】真夏を除く春から秋に月1回置き肥をする。肥料が不足すると枝が太らず花がつかない。開花中は週1回液体肥料を与える。

【病害虫】アブラムシ、カイガラムシ、黒星病に注意。定期的に薬剤を散布する。

【その他】素材の多くは接ぎ木苗。接ぎ位置の低いものを選ぶ。

花後剪定

⇓2〜3月

花後は花がらを取り除いて樹が疲れないようにします。花芽は短枝（⇓P203）につきやすいので、枝元から1〜2芽残して切り戻して短枝の発生を促します。

花後すぐに花が咲いた枝を1〜2芽残して切り戻し、花芽がつきやすい短枝を発生させる。

剪定と折りだめ

⇓2〜5月（剪定）
5月（折りだめ）

初夏に新梢が旺盛に伸び出すので、葉が1枝に5〜6枚になったら枝元から1〜2芽残して切り戻すか、途中で折って花芽の発生を促します（折りだめ）。

折りだめは枝を切らずに葉を残すことで、光合成の活動量を落とさずに枝を充実させることができます。ただし、見た目がよくないので観賞前に切りましょう。

剪定
新しく伸びた枝を元から1〜2芽残して切り戻す。

折りだめ
枝や葉を減らしたくないときは新梢を途中で折る。

花もの、実ものには表年と裏年がある

ウメをはじめとした花ものや実ものには、多く花や実をつけた年の翌年は花数や実数が減る傾向があります。花や実が多くつく年を表年、少なくなる年を裏年と呼びます。この性質を利用して思い切った剪定や成形は、翌年が裏年に当たるときに行うとよいでしょう。

花がたくさんついた年の翌年は花数が減る。

成形中で切り戻しができない枝は花がらを取り除く。

剪定と針金成形

⇓5月

ウメの枝は上や真横に勢いよく伸びます。樹形の骨格に利用したい新梢は切り戻したり折りだめ（⇓p131）したりせず、針金をかけて伏せ込みましょう。作業は折りだめと同時でも構いません。先に剪定をして不要な枝を取り除いてから針金をかけると、効率よく作業することができます。

作業前

斜幹に仕立てている樹。新梢が上や横に勢いよく伸び出して樹形が乱れている。太い枯れ枝も見られる。以前にかけた針金は枝に食い込む前にはずす。

↓

作業後

枯れ枝を取り除き、骨格に利用しない新梢は切り戻すか間引いた。骨格を作る新梢は針金をかけて伏せ込んだ。

作業の手順

太い枯れ枝を抜く

1 又枝切りで枯れ枝を切り取る。一度に切れない場合は何回かに分けて切る。

2 ナイフで切り口を平らに削る。

3 ウメは切り口から傷むので、太い枝を抜いたら必ず切り口に癒合剤（⇓p205）を塗る。

徒長枝を切り戻す

針金をかけない長い新梢（徒長枝）は枝元から1〜2芽残して切り戻すか折る（⇓p131）。

忌み枝を間引く

下がり枝などの忌み枝があれば元から切り取る。

針金をかける

1 枝の直径の⅔程度の太さのアルミワイヤーを、かけたい枝の長さの1.3倍程度用意する。針金は太さが同じ近くの枝に2本ずつV字にかける。

2 片方の枝に一巻きしてから、もう片方の枝に下から等間隔に針金を巻き上げる。葉を巻き込まないようにする。

3 真上と横に直線的に伸びる2本の枝にV字に針金をかけたところ。

成形する

1 上向きの枝のつけ根をふくらませてから伏せる。

2 伏せた枝の先を上げる。ほかの枝も同じように針金をかけて成形する。

針金はずし

かけた針金が枝に食い込まないように、2～3か月したらはずします。やっとこで針金の先をつまみ、一巻きずつはずしていきます。

枝を折ったり傷つけたりしないように、片方の手で枝をおさえて作業する。

上から見たところ

すべての枝を成形したところ。枝を伏せるだけでなく、枝どうしが重ならないようにバランスよく配ることも大切。裏枝は正面と逆方向の流れをつけてバランスをとる。

WINTER JASMINE

黄梅

◉オウバイ

早春に葉より先に
ウメに似た黄色い花が咲く。
小ぶりな姿で
小品盆栽に向く

和名(別名)	オウバイ
分類	モクセイ科、落葉小高木
原産地	中国
観賞期	3～4月(花)
主な樹形	双幹、斜幹、模様木、株立ち、懸崖など
用土	赤玉土極小粒単用

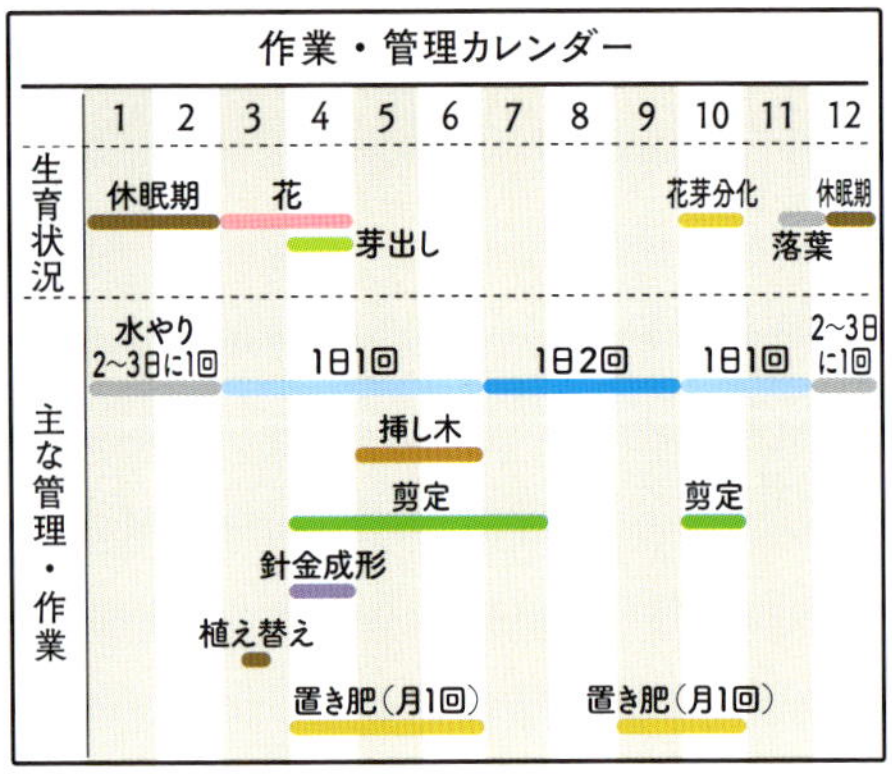

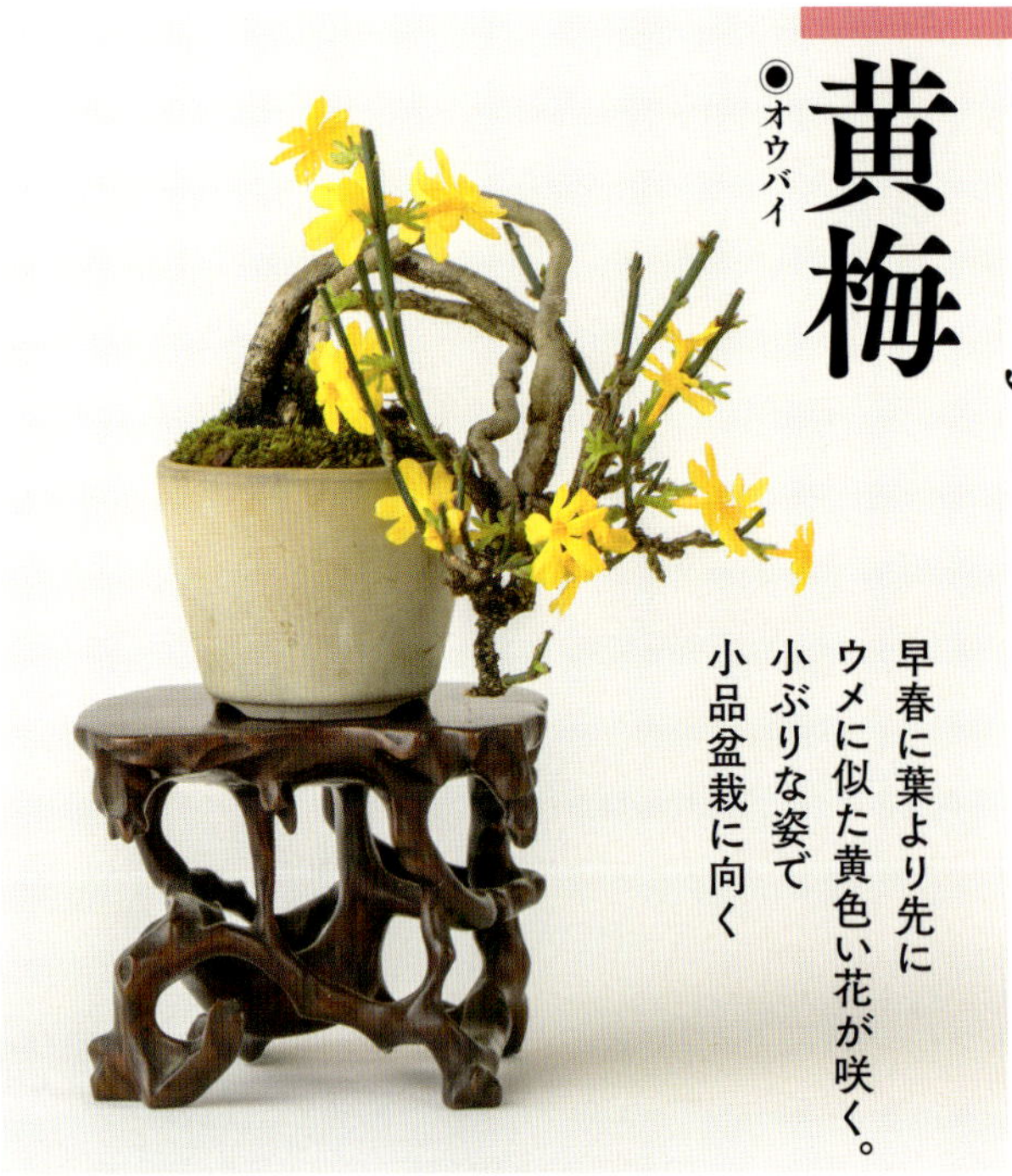

樹齢約15年、樹高12cm、半懸崖、和丸下方鉢

手入れのコツ

- 徒長枝を1～2芽残して切り戻す。
- 枝が古くなると固くなるので若いうちに針金成形して曲をつける

主な作業

花後に剪定と針金成形で整姿をします。若い枝はまっすぐ伸びるので針金成形が欠かせません。春にかけた針金は9月頃はずします。剪定した枝を挿し木するとほぼ発根します。

植え替えは2年に1回春に行います。太い根を露出させて太らせ、根上がり(⇓p204)素材に仕立てることもできます。

剪定 ⇓4～7月、10月

花後に花が咲いた枝や徒長枝を1～2芽残して短く切り戻します。不要な細かい枝やひこばえは元から切り取ります。徒長枝は5月中に切り戻し、花芽がつきやすい脇枝を伸ばします。秋に姿が乱れていたら、花芽を見ながら整姿します。

徒長枝は1～2芽残して切り戻す。

主な管理

【置き場】日当たりと風通しのよい場所に置く。夏は半日陰、冬は日当たりのよい暖かい軒下に移す。

【水やり】過湿にすると根腐れを起こしやすい。鉢土が乾いてから水をやる。夏は水切れに注意する。

【肥料】春と秋に月1回固形肥料を置き肥する。

木五倍子

KIBUSHI (*Stachyurus praecox*)

●キブシ

秋に下垂する花芽がついて春に開花する。花後の芽出しや紅葉も美しい

手入れのコツ

- 花穂《かすい》が長い雄木《おすぎ》を選ぶ
- 花後剪定と芽摘みで小枝の分枝を促す
- 5～6月に若い枝に針金成形を施す

和名(別名)	キブシ(キフジ)
分類	キブシ科、落葉低木
原産地	日本
観賞期	3月(花)
主な樹形	模様木、文人、懸崖、半懸崖など
用土	赤玉土極小粒単用

樹齢約45年、樹高60cm、半懸崖、古渡正方下方鉢

主な作業

雌雄異株《しゆういしゅ》(⇓p203)で花穂が長い(7～8cm)のが雄木、短いのが雌木です。

花後に剪定と芽摘み(⇓p63)を行い、針金成形は休眠期か5～6月に若い枝に施します。

根の回りが早く植え替えは1～2年に1回行います。

剪定 ⇓ 4月、10月

不要な枝を間引き、長い枝は切り戻して小枝を発生させます。枝元に葉がない姿になりやすいので、4月に芽摘みを行って脇芽を促します。ひこばえは元から切り取ります。秋に姿が乱れていたら整姿します。

流れの悪い枝は元から切り取る。

主な管理

【置き場】日当たりと風通しのよい場所に置く。夏は西日を避け、冬は日当たりのよい暖かい軒下に移す。

【水やり】水を好む。深鉢の懸崖などでは鉢の底まで水が浸透しないことがあるので、夏は1日1回ドブ漬け(⇓p204)をするとよい。

【肥料】花後の4～6月と秋の9～10月に月1回置き肥をする。花期に液体肥料を与え、開花中の消耗を補う。

作業・管理カレンダー

		1	2	3	4	5	6	7	8	9	10	11	12
生育状況		休眠期	休眠期	花	芽出し	新緑	花芽分化	花芽分化				紅葉／落葉	休眠期
主な管理・作業	水やり	2～3日に1回	2～3日に1回	1日1回	1日1回	1日1回	1日2回	1日2回	1日2回	1日2回	1日1回	1日1回	2～3日に1回
					剪定・芽摘み						剪定		
		針金成形	針金成形			針金成形	針金成形						針金成形
				植え替え							植え替え		
				液体肥料	置き肥(月1回)	置き肥(月1回)	置き肥(月1回)			置き肥(月1回)	置き肥(月1回)		

桜 ◉サクラ

CHERRY BLOSSOM

わが家でお花見が楽しめる日本を代表する春の花木。古木感のある幹肌も味わい深い

樹齢約60年、樹高50cm、半懸崖、和丸鉢

主な作業

短枝や枝先に花芽がつくので、春先からこまめに芽摘み（⇒P63）を行って脇芽の分枝を促します。

花後剪定で樹高と樹形を維持します。梅雨時から夏に花芽分化《かかぶんか》（⇒P202）するので、遅くとも5月末には終わらせましょう。夏以降伸びる徒長枝には花芽がつかないので、秋に短く切り戻して短枝を促します。開花前の2～3月に、芽を確認しながら整姿剪定を行ってもよいでしょう。切り口から枯れ込みやすく、太い枝を剪定したら必ず癒合剤（⇒P205）を塗布します。

針金成形は花後剪定と同時か6月頃に行います。太い枝はかかりにくいため、できるだけ枝が若いうちに成形します。

植え替えは2年に1回を目安に秋に行います。

手入れのコツ

- 繰り返し芽摘みを行い、葉を密にする
- 針金成形はできるだけ枝が若いうちに行う
- 葉水でハダニを防ぐ

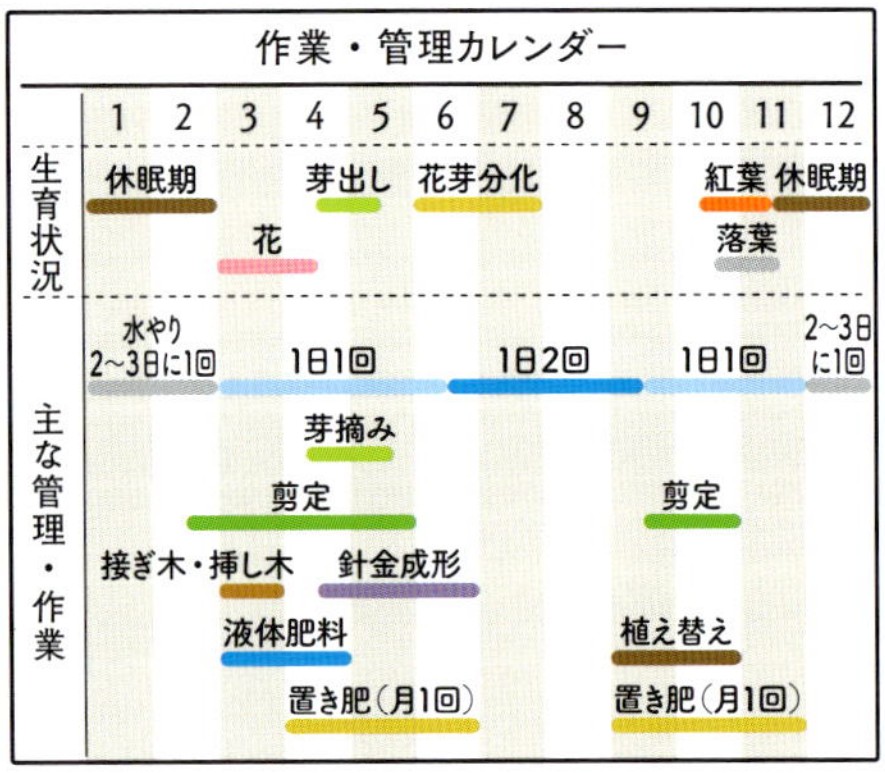

和名（別名）	サクラ
分類	バラ科、落葉高木
原産地	日本、朝鮮半島、中国
観賞期	3～4月（花）
主な樹形	斜幹、模様木、文人、懸崖、株立ちなど
用土	赤玉土極小粒単用

主な管理

【置き場】日当たりと風通しのよい場所に置く。夏は西日を避け、冬は日当たりのよい暖かい軒下に移す。

【水やり】葉が大きく蒸散しやすいので、水切れに注意して管理する。ただし過湿にすると花つきが悪くなる。

【肥料】4～6月、9～11月に月1回置き肥をする。開花中に液体肥料を与えると消耗を抑え、花もちがよくなる。

【病害虫】病害虫が多い。特にコナカイガラムシに注意する。発生したら歯ブラシなどでこすり落とし、専用の薬剤を散布する。アブラムシ、カミキリムシ、ダニ類、ケムシ類、コスカシバミノムシ、根頭がん腫病(⇒P202)などにも注意する。

【その他】3月頃の接ぎ木、挿し木で素材がふやせる。

生長期の剪定

⇒5月

新梢が伸び出す生長期の剪定が欠かせません。完成樹は樹形の輪郭線に沿って切り戻します。徒長枝は1/3くらいまで切り戻して短枝の発生を促します。

花ものは、花が多くつく年(表年)と少ない年(裏年)を交互に繰り返します。思い切った仕立て直しは、翌年が裏年のときに行うとよいでしょう(⇒P131)。

花後の株立ち樹形。伸びた新梢を放置すると全体に間伸びして樹形が乱れる。花芽分化が始まる前に輪郭線に沿って短く切り戻す。

不等辺三角形の輪郭線に沿って全体を短く切り戻した。新しく伸びた枝に梅雨頃から夏に花芽がつく。

剪定のコツ

1 三角形の頂点の高さで切り戻して樹高を決める。

2 高さを決めたら、不等辺三角形の輪郭線に沿って全体を切り戻す。手で輪郭線のあたりをつけると分かりやすい。

3 輪郭線に沿って上から下に葉(節)の上で切り戻していく。

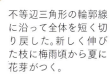

シダレザクラの花後剪定

3〜4月

シダレザクラは枝の伸びが早く間伸びしやすいので、ほかのサクラより深めに剪定します。

ただし、深く切ると花が減るので、翌年が裏年にあたるときは花より樹形を優先して思い切って深めに、表年のときは深すぎないように剪定すると、1年おきに花を楽しみながら樹形を維持することができます。

剪定後は追肥をして新芽の発生を促します。

花が古くなった状態。花がら摘みを兼ねて早めに剪定して樹を休ませる。

翌年が表年

翌年が表年の場合は花も楽しむために深く切りすぎないようにする。

翌年が裏年

翌年が裏年の場合は、花つきより樹形の維持を優先して深めに剪定する。

剪定のコツ

1年枝を剪定する

前年に新しく伸びた枝（1年枝）をつけ根から1〜2芽残して切り戻す。

外芽の上で切る

株の内部が混み合わないように、外に向かって伸びる芽（外芽）の上で切り戻す。

剪定と植え替えによる改作

⇓9～10月

植え替えは古い土や根を更新して新陳代謝を促す樹の健康維持と、現状よりもよりよく盆栽を見える美観向上の目的があります。

春に行うこともできますが、根頭がん腫病（⇓p202）の予防に秋のほうがおすすめです。ここでは、同時に正面の表と裏を入れ替える改作を行います。

太い枯れ枝が目立つため、その枝の切り口も考慮して表裏を入れ替えたい。

幹の太さに対してもう少し枝を伸ばしたいので、鉢を一回り大きくする。正面と裏も入れ替える。

表と裏を入れ替えて一回り大きな鉢に植え替えた。剪定をして根と地上部のボリュームを合わせる。

作業のコツ

1 はじめに枯れ枝を元から切り取る。枝が太い場合は又枝切りを使うとよい。

2 大きな切り口には癒合剤（⇓p205）を塗って枯れ込みを防ぐ。

3 根についた土をていねいに落とし、根張りより高い位置にある上根を切り取る。

4 根の整理が終わったら根張りの高さに合わせて鉢に植えつける。植えつけ方は44ページ参照。

5 根が少ない場合は保湿のために土の表面に水ゴケを敷く。水ゴケは細かく刻んで水につけて戻しておく。

6 植え替えで根を切ったら、地上部も剪定して根と地上部のボリュームを合わせる。

POMEGRANATE

石榴

◉ザクロ

花ザクロは艶やかな八重咲きの花を楽しむ。捻転《ねんてん》する幹肌や寒樹姿も味わい深い

樹齢約45年、樹高60cm、斜幹、古渡正方下方鉢

主な作業

花を観賞する花ザクロと実を観賞する実ザクロがあり、花ザクロは八重咲き、実ザクロは一重咲きです。

枝が直線的に伸びるため、芽摘み（⇒p63）や剪定を繰り返し行って小枝の分枝を促します。ほかの樹種に比べて芽吹きが遅く、芽摘みは5月に行います。花や実より樹形を優先する場合は6月に葉刈りもします。

花ザクロの剪定は花後の8〜9月に行い、休眠期は樹形を乱す徒長枝や枯れ枝の剪定にとどめます。実ザクロは6〜7月の花後に徒長枝の先端を切り戻します。風通しが悪ければ8月にも徒長枝を剪定します。

針金成形は枝が古くなると形がつかないので、6〜7月の幹や枝が柔らかいうちに行い、強めの曲をつけるなどして抑揚をつけます。

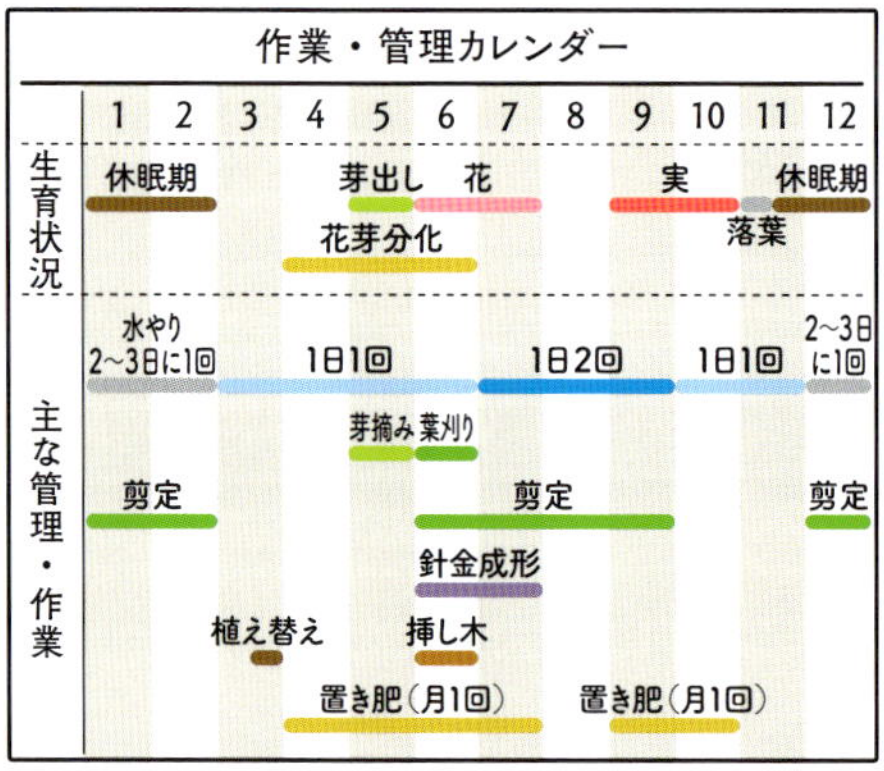

和名（別名）	ザクロ（花ザクロ、実ザクロ）
分類	ザクロ科、落葉高木
原産地	ヨーロッパ東南部
観賞期	6〜7月（花）、9〜10月（実）、12〜2月（寒樹）
主な樹形	斜幹、模様木、文人、株立ち、懸崖など
用土	赤玉土極小粒単用

手入れのコツ

- 枝が若いうちに曲づけして抑揚をつける
- 寒さに弱いので冬は防寒をする

主な管理

【置き場】日当たりと風通しのよい場所で管理する。夏は西日を避け、冬は日当たりのよい暖かい軒下に移す。寒さに弱いので寒冷地では室内に取り込む。

【水やり】過湿にすると根腐れを起こしやすい。水やりは鉢土がしっかり乾いてから行い、乾かし気味に管理する。

【肥料】4～7月、9～10月に月1回を目安に固形肥料を置き肥する。

【病害虫】新葉が奇形になったり、褐色の病斑が出るそうか病、アブラムシ、ハマキムシ、カイガラムシの発生に注意する。

【その他】6月頃に剪定した太い徒長枝で挿し木ができる。ほかにも6月に取り木（⇒p192）、実ザクロは3月に実生でも繁殖ができる。

生長期の追い込み剪定 ⇒6～9月

花後に姿が乱れていたら、樹形の輪郭に沿って長く伸びた枝を切り戻します。

忌み枝（⇒p58）は元から切り取ります。古くて太い枝を切ると枯れ込むことがあるため、切った場合は切り口に癒合剤（⇒p205）を塗りましょう。株元からひこばえが出たら切り取って幹に力を集中させます。

剪定前

花後の花ザクロ。徒長枝が伸びて樹形が崩れている。伸びた枝葉で幹や枝ぶりが見えない。

剪定後

追い込み剪定終了後。樹形が整い、株の内側への日当たりや風通しも改善された。病害虫の予防にもなる。

幹を隠す突き枝（⇒p58）は又枝切りなどで元から切り取る。

太い枝を切ったら、枯れ込み防止に切り口に癒合剤を塗る。

剪定のコツ

1 はじめに輪郭に沿って頭（芯）を切って樹高を決める。

2 輪郭に沿って全体のバランスを整えながら長い枝を切り戻す。

CRAPE MYRTLE 百日紅

●サルスベリ

盛夏に鮮やかな花が長く咲き続ける。なめらかな幹肌や春の芽出し、秋の紅葉、寒樹姿も楽しめる

手入れのコツ

- 長い枝を1〜2芽残して切り戻す
- 休眠期に内向枝を整理する
- 樹作りは剪定を中心に行う

和名(別名)	サルスベリ（ヒャクジツコウ）
分類	ミソハギ科、落葉小高木
原産地	中国
観賞期	7〜9月(花)
主な樹形	模様木、文人、斜幹など
用土	赤玉土極小粒単用

樹齢約25年、樹高25cm、斜幹、和丸鉢

主な作業

新梢に花芽がつくため、芽出し前に短く切り戻しても花がつかなくなることはありません。5月、花後、休眠期に長い枝を1〜2芽残して切り戻します。小枝を作りたい年は花をあきらめ、2週間に1回輪郭から飛び出る徒長枝を切り戻して分枝させます。

針金成形は幹を傷つけるので避けますが、必要な場合は古い枝は形がつきにくいので若い枝に行います。

植え替えは2年に1回春に行います。

花後剪定

⇓9月

花がらごと長い枝を切り戻して樹を休ませます。

花後に1〜2芽残して長い枝を切り戻す。

主な管理

【置き場】芽出し後の生長期は長く日の当たる場所に置き、花つきをよくしてうどんこ病を予防する。冬は室内か暖かい軒下に移す。

【水やり】水を好む。ただし、花芽分化期は少し乾かし気味にしたほうが花芽の形成が促される。

【肥料】初夏と秋に月1回固形肥料を置き肥する。

【病害虫】アブラムシ、すす病、うどんこ病に注意する。

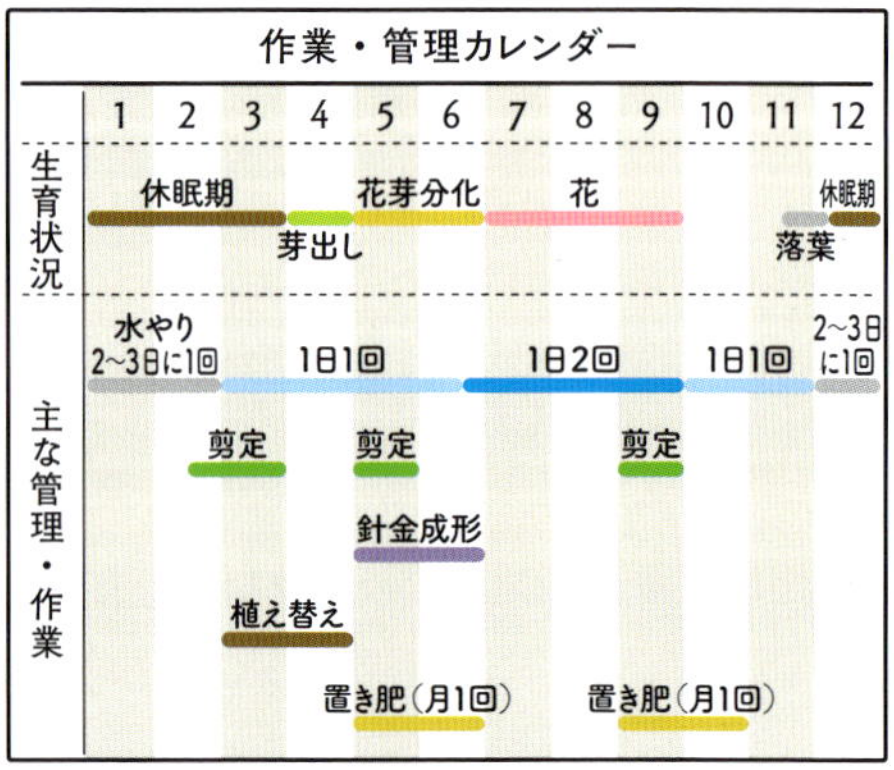

下野
JAPANESE SPIREA

●シモツケ

山地に群生する
姿を切り取って
浅鉢の中に描く。
野趣あふれる
秋の紅葉も見どころ

樹齢約15年、樹高35cm、株立ち、新渡丸鉢

手入れのコツ

- 浅鉢で仕立てて太い枝の発生を抑える
- 長く日に当てて花芽分化を促す
- 太い枝を元から切り細く柔らかい枝を残す

和名(別名)	シモツケ
分類	バラ科、落葉低木
原産地	日本、朝鮮半島、中国
観賞期	5～6月(花)
主な樹形	株立ちなど
用土	赤玉土極小粒単用

◎主な作業

2～3月か花後に太い枝を元から切り、細く柔らかな枝に更新します。徒長枝は芽の上で切り戻します。

植え替えは2年に1回を目安に3月に行います。太い根があると太い枝が発生しやすいので、太い走り根(⇓p204)を切り取ります。深い鉢に植えると地上部が伸びやすくなるため、浅めの鉢に植えつけます。

○花後剪定

⇓7月

太い枝を又枝切りなどで元から切り取り、細くて流れのよい枝に更新します。

流れの悪い太い枝を元から切り取る。

主な管理

【置き場】芽吹き後、日当たりと風通しのよい場所で管理して花芽分化《かかぶんか》(⇓p202)を促す。夏は遮光をして西日による葉焼けを防ぎ、冬は暖かい軒下に移す。

【水やり】水を好む。特に開花期から夏にかけて乾くので水切れに注意する。

【肥料】初夏と秋に月1回固形肥料を置き肥する。

【病害虫】うどんこ病(⇓p79)の発生に注意する。

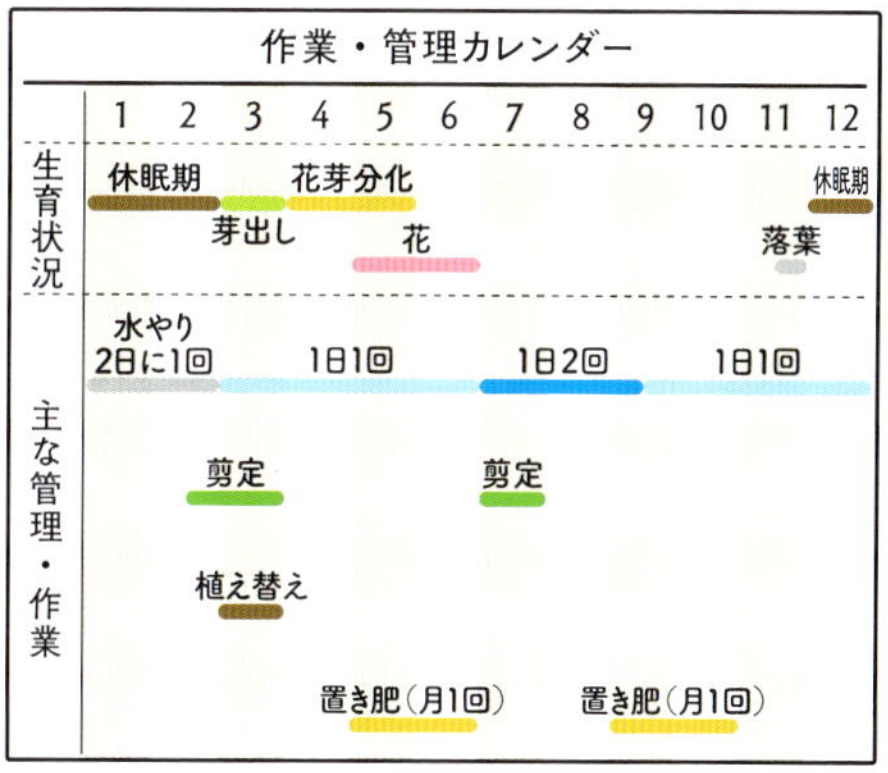

長寿梅
◉チョウジュバイ

DWARF FLOWERING QUINCE

秋から春まで咲き続けるボケの仲間。剪定を繰り返し行い、枝打ちを密に仕上げる

樹齢約80年、樹高35cm、斜幹、和長方鉢

手入れのコツ

- 生長期に徒長枝をこまめに剪定する
- 不要なひこばえを切り取る
- 開花中は置き肥と液体肥料を併用する

和名(別名)	クサボケ(コボケ、シドミ)
分類	バラ科、半落葉小高木
原産地	日本
観賞期	9～3月(花)
主な樹形	斜幹、模様木、株立ち、懸崖など
用土	赤玉土極小粒単用

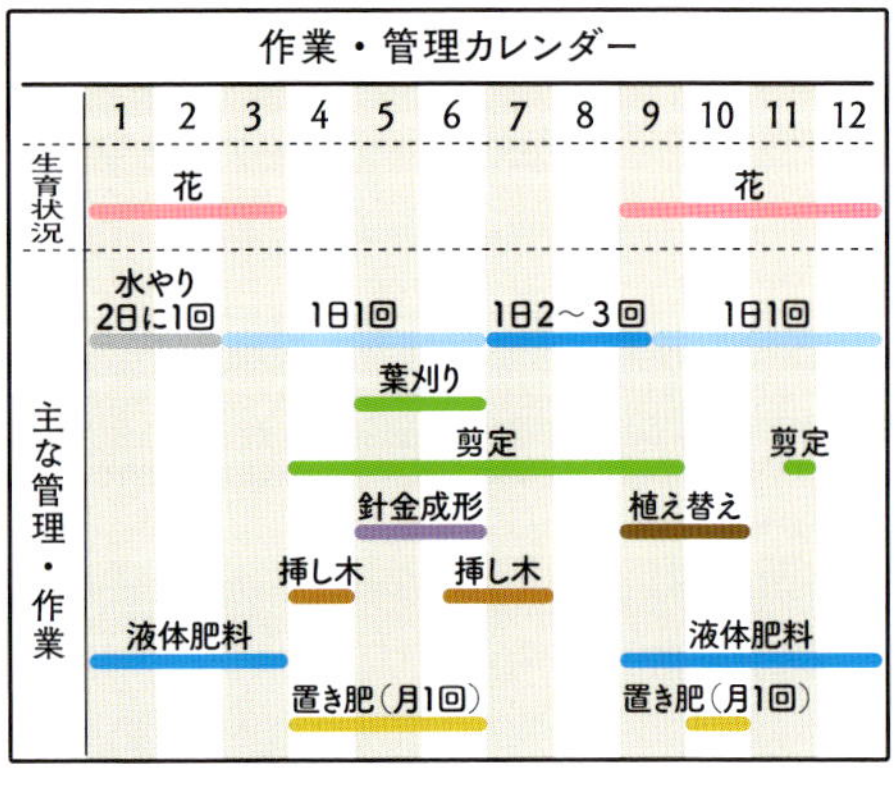

主な作業

花後に花がらを摘み取ります。摘まずにおくと黄色の実がつきます。熟すと甘い香りがしますが、樹勢が弱まるので、観賞したい場合は一鉢に対して一つ程度にします。

4～9月の生長期にこまめに徒長枝を剪定し、樹形を維持しながらフトコロ枝(⇒p205)が弱るのを防ぎます。11月にも徒長枝を切り戻して樹形を整えます。ひこばえ(⇒p205)を生かして株立ちに仕立ててもよいですが、不要な場合は元から切り取ります。

枝が欲しい場所は、長い枝を切り戻さずに針金成形で伏せ込みます。枝が古くなると形がつきにくいので、枝が若いうちに行います。

植え替えは2年に1回を目安に秋に行います。

主な管理

【置き場】日当たり、風通しのよい場所で管理する。夏は遮光をして西日を避け、葉焼けを防ぐ。冬は暖かい軒下に移す。

【水やり】水を好む。水切れさせると葉が落ちることがある。その場合は根が傷んでいる可能性もあるので、鉢土が乾いたのを確認してから水をやる。

【肥料】4～6月、10月に月1回固形肥料を置き肥する。開花中に週1回を目安に液体肥料を与えると花色がよくなる。

【病害虫】アブラムシ、カイガラムシ、根頭がん腫病に注意する。根頭がん腫病の予防には、気温が下がる秋に植え替えを行うとよい。

【その他】春または梅雨頃に爪楊枝《つまようじ》程度の太さの若い枝で挿し木ができる。

生長期の剪定と葉刈り ⇓4～9月

次々に徒長枝を伸ばすので、4～9月は徒長枝が発生したら2～3芽残してこまめに切り戻します。5～6月頃に葉刈りも行うと枝先が密になり、大木感を演出することができます。大きな葉を摘み取るか、1/10程度残して切り取ります。

作業のコツ

徒長枝を切り戻す
2～3芽残して徒長枝を切り戻す。花芽がつく短枝は残す。

ひこばえを切り取る
株立ち以外ではひこばえが発生したら元から切り取り、幹に力を集中させる。

葉刈りをする
大きな葉をピンセットで摘み取るか、1/10程度残してハサミで切り取る。

こまめに剪定する
生長期は徒長枝が発生したら繰り返し剪定を行う。

徒長枝が伸び出して輪郭が崩れている。写真は先に針金成形も施してある。

輪郭線に沿って徒長枝を全体的に切り戻した。枝棚がはっきり見えるようになった。

剪定後に葉刈りも行った。樹勢が強いので、ここまで刈っても新芽がすぐに伸びる。

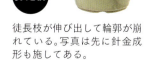

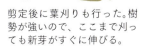

土佐水木、日向水木

SPIKE WINTER HAZEL, BUTTERCUP WINTER HAZEL

●トサミズキ ヒュウガミズキ

早春に淡い黄色の花穂《かすい》が枝先に垂れ下がる。ひこばえを生かした株立ち、すらりとした繊細な単幹どちらも楽しめる

トサミズキ、樹齢約10年、樹高30cm、斜幹、和丸鉢

主な作業

コンパクトな樹形を保つには、花後、生長期、秋に剪定を行います。

自然な状態では株元から次々にひこばえ（⇒p205）が出て株立ち状になります。盆栽でも株立ちが主流ですが、枝作りに不要なひこばえや、単幹（⇒p203）の場合は元から切り取ります。

針金成形は休眠期か5～6月の生長期が適期です。若木は新梢やひこばえに針金をかけて樹形の骨格を作ります。枝が古くなると形がつきにくいので若い枝に毎年針金をかけ、針金が食い込む前に3か月を目安にはずします。

根の回りが早く、植え替えは1～2年に1回を目安に2～3月か10月に行います。開花と植え替えが重なって時期を逃してしまう場合は秋に行いましょう。

手入れのコツ

- 花がらを早めに摘んで葉芽に力をつけさせる
- 直線的な新梢は針金成形で曲づけする
- 植え替えは秋が最適

和名（別名）	トサミズキ、ヒュウガミズキ（イヨミズキ、ヒメミズキ）
分類	マンサク科、落葉低木
原産地	日本
観賞期	3月（花）、4～5月（新緑）
主な樹形	株立ち、寄せ植え、斜幹、模様木など
用土	赤玉土極小粒単用

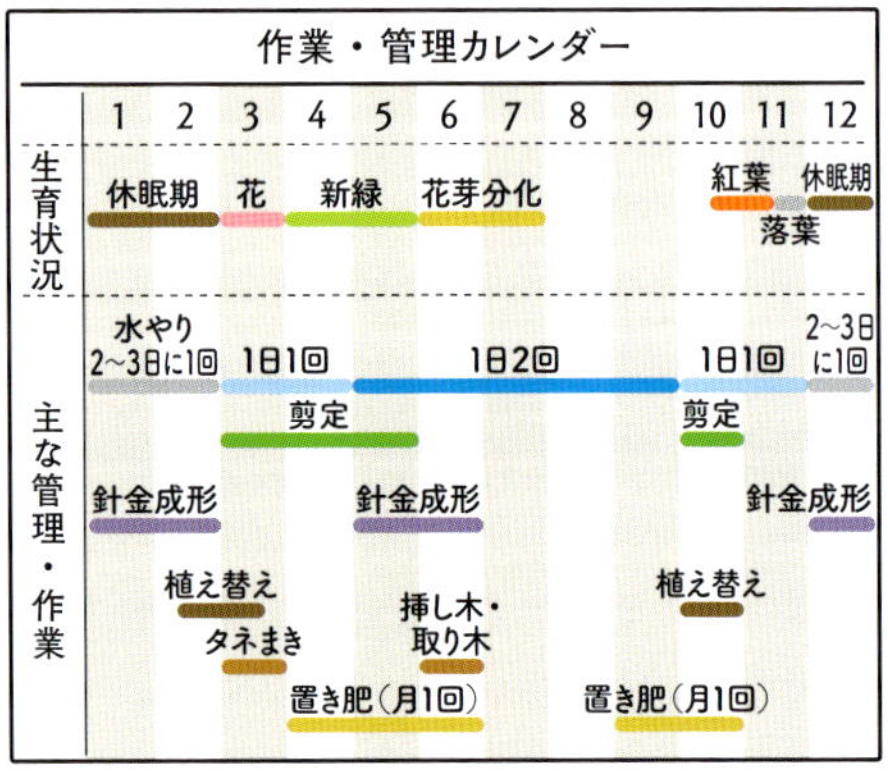

主な管理

【置き場】日当たり、風通しのよい場所で管理する。強光で葉焼けしやすいので、夏は遮光して西日を避ける。冬は強い霜に当ててから暖かい軒下に移す。

【水やり】水を好み、水切れさせると葉焼けを起こしたり、落葉したりして花芽がつきにくくなる。鉢土が乾いたらたっぷり水やりをして水切れを防ぐ。特に生長期から秋口までは1日2回水やりをする。

【肥料】4～6月、9～10月に月1回固形肥料を置き肥する。

【病害虫】日当たり、風通しが悪いとうどんこ病（⇒p79）が発生しやすい。

【その他】3月に実生、6月に挿し木、取り木ができる。特に挿し木は活着率が高くおすすめ。

花後剪定 ⇒3～4月

花穂の元に葉芽がつくので、色あせた花を早めに切り取って葉芽に力を集中させます。花がらをつけたままにすると樹勢が衰えます。

花後剪定は輪郭に沿って長い枝を切り戻します。生長期の剪定は徒長枝を3～4芽残して切り戻します。花芽は短枝につきやすいので短い枝は残します。

秋に長くてバランスの悪い枝を、花芽を確認しながら切り戻します。

花が終わりがかった状態。新葉が出始めている。

花がら摘みも兼ねて、樹のサイズを保つように切り戻した。全体で不等辺三角形を描くようにする。

剪定のコツ

1 短い枝は葉や葉芽を残すように花がらを切り取る。

2 頭（芯）を切り戻して樹高を決める。

3 全体で三角形を描くように、長い枝を葉や葉芽の上で切る。

4 忌み枝や脇枝（写真）を元から切り取る。

椿、山茶花

CAMELLIA, SASANQUA

◉ツバキ、サザンカ

常緑の照葉を背景に冬から早春にかけて艶やかな花が咲く。サザンカはツバキより早く咲き始める

手入れのコツ

- 寒冷地では冬は室内に取り込む
- 花後に切り戻して間伸びを防ぐ
- 新梢に針金をかけて樹形を作る

サザンカ、樹齢約45年、樹高35cm、斜幹、和長方隅入鉢

和名（別名）	ツバキ、サザンカ
分類	ツバキ科、落葉小高木
原産地	日本、朝鮮半島、台湾
観賞期	10～3月（花）
主な樹形	斜幹、模様木、懸崖など
用土	赤玉土極小粒単用

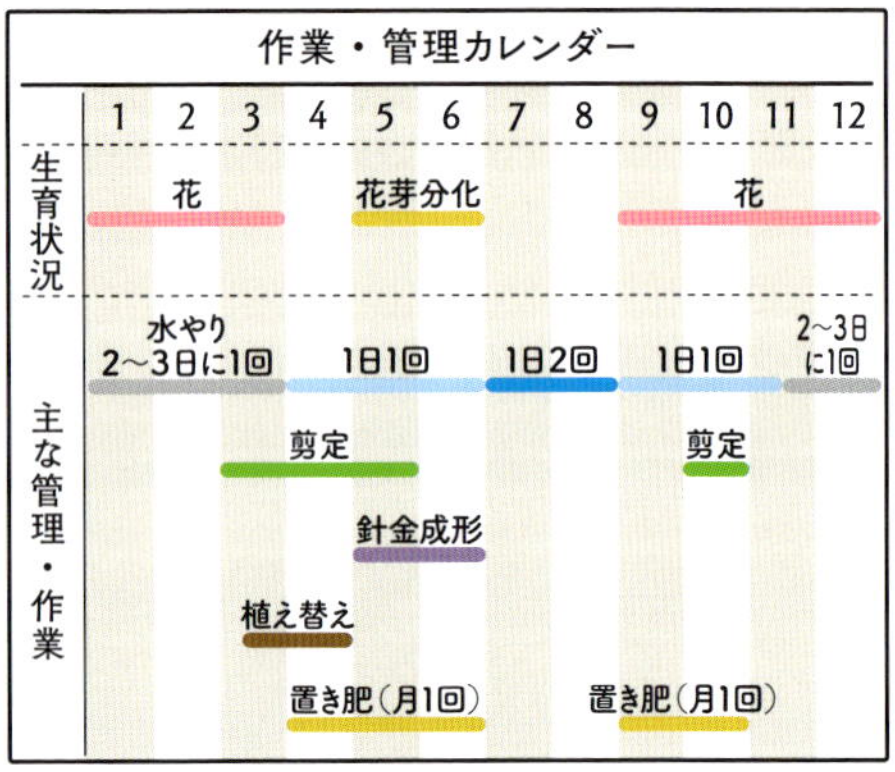

◎主な作業

ツバキ、サザンカとも花後に切り戻して全体的に一回り小さくします。花がらをつけたままにして結実させると樹勢が衰えます。

5月に伸びる新梢も切り戻して樹形を維持します。花芽は5～6月にでき、それ以降の剪定は花芽と葉芽を見極めながら行います。太い枝を切って改作（⇒p202）する場合は花後の3月下旬から4月上旬に行い、その後の生長期を回復に当てます。

枝が上に伸びる性質が強く、若木のうちは樹形作りを優先して剪定と針金成形で樹形を整えます。針金による伏せ込みは5～6月に柔らかい新梢に行います。

植え替えは2年に1回を目安に、寒さが和らぐ3～4月の花後に行います。

主な管理

【置き場】半日陰でも育つが徒長しやすい。午前中に日が当たり、午後は明るい日陰になる風通しのよい場所で管理する。夏は遮光をして葉焼けを防ぐ。冬は暖かい軒下か室内に鉢を移す。

葉焼けした葉は傷んだ部分を切り取る。

【水やり】葉が大きく乾きやすいので水切れに注意する。

【肥料】4～6月、9～10月に月1回固形肥料を置き肥する。秋の肥料を重視する。

花が開かない場合は力不足なので液体肥料を与える。

【病害虫】チャドクガ、炭疽《たんそ》病に注意。月1回薬剤を散布する。病葉は取り除く。

花後剪定 ⇓3～4月

花後すぐに3～4芽残して切り戻し、全体を一回り小さくします。剪定が遅れて先端の芽が伸び出すと間伸びします。花芽は5～6月にできるので、花後すぐなら短く切り戻しても花芽を落とす心配がありません。

花後剪定のあと新芽が伸び出したら、若い葉が4～5枚になったころに新梢を切り戻して樹形とサイズを維持します。

花後すぐに葉(芽)を3～4枚残して全体を切り戻す。

剪定前

直線的な枝先が目立ち、盆栽のサイズも大きくなってきた。

上から見たところ
樹の内側で枝と枝が交差するなど、夏へ向けて風通しも心配。

剪定後

右流れの吹き流しの樹形をしっかり見せると同時に、枝先を思い切って切り戻した。

上から見たところ
葉の重なりが改善され、サイズも二回り程度小さくなった。

間伸びした樹形の仕立て直し

⇒3〜5月

ツバキ、サザンカは新梢の先端に花芽がつくため、毎年花を楽しむとどうしても枝が間伸びします。樹形の仕上がった完成樹は、枝の徒長を抑えて樹形とサイズを保つために、数年に一度は花をあきらめてでも追い込み剪定（⇒P57）を行いましょう。

枝が上に伸びる性質があるため、追い込み剪定とあわせて柔らかい新梢に針金をかけて枝を伏せ込みます。

新梢の先端に花芽がつくので間伸びしやすい。

作業前 左流れの懸崖だが、樹冠（頭）部分が左上方向へ伸びて大きくなってきた。

作業のコツ

1 不要な枝を間引く

間伸びした弱い枝や忌み枝を元から切り取る。

2 短く切り戻す

樹形の輪郭に沿って間伸びした枝を切り戻す。

3 枝を伏せる

上向きの枝に針金をかけて伏せる。太い枝はやっとこで針金をつかんで曲げる。

4 曲をつける

枝の先端にも針金をかけて流れるような曲をつける。

針金をかけて枝を伏せ、先端に流れるような曲をつけた

寄せ植えの下草もすかして整理した

作業後 切り戻しと針金成形で枝を伏せ込み、樹冠をコンパクトに整えた。左下の枝もそれぞれ切り戻した。

花海棠

●ハナカイドウ

HALL CRABAPPLE

下垂して咲く花を観賞するリンゴの仲間。ヒメリンゴの受粉樹としても重宝する

手入れのコツ

- こまめな芽摘みで枝の間伸びを防ぐ
- 徒長枝を切り戻して小枝の分岐を促す
- 新梢に針金をかけて枝を伏せ込む

和名(別名)	ハナカイドウ（スイシカイドウ）
分類	バラ科、落葉低木
原産地	中国
観賞期	4～5月（花）
主な樹形	斜幹、模様木、懸崖、半懸崖など
用土	赤玉土極小粒単用

樹齢約100年、樹高40cm、模様木、石渡朱泥楕円鉢

◎主な作業

接ぎ跡の目立たない接ぎ木苗を入手します。

徒長枝が出やすいのでこまめに芽摘みを行い、花後すぐか休眠期に長い枝を1～2芽残して切り戻します。花芽は短枝につきます。枝が直線的に伸びやすく、生長期か休眠期に新梢に針金をかけて伏せ込みます。

花がらを残すと樹に負担がかかるので早めに摘み取ります。

●芽摘み ⇓4～5月

芽吹き後に新芽を摘み取って分枝させ、徒長枝の発生を抑えます。

柔らかい新芽の先を手で摘み取る。

主な管理

【置き場】日当たりと風通しのよい場所に置く。夏は遮光をして葉焼けを防ぐ。冬は暖かい軒下へ移す。

【水やり】乾燥を嫌うので多めに水をやる。特に開花中の水切れに注意する。

【肥料】花後と秋に月1回固形肥料を置き肥する。

【病害虫】近くにカイズカイブキがあると赤星病《あかほし》（⇓p202）が発生しやすい。3～4月に薬剤を散布する。

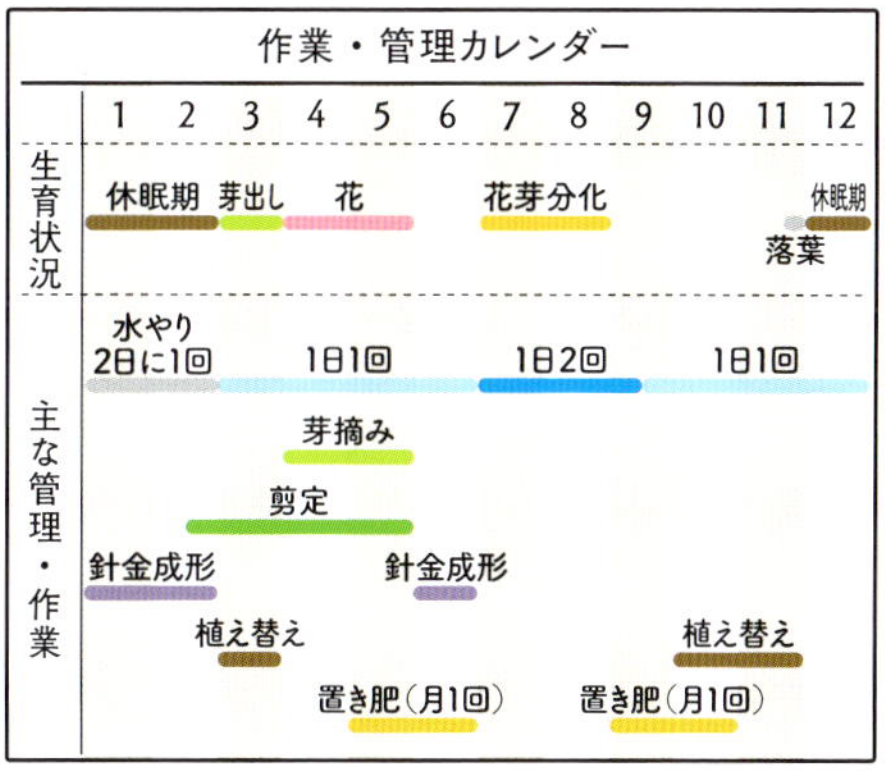

合歓木

SILK TREE

◉ネムノキ

盛夏の枝先に一日花がふんわりと咲く。文人などで軽やかな樹姿を味わう

樹齢約25年、樹高60cm、文人、和輪花鉢

手入れのコツ

- 日照、通風のよい場所で病気を防ぐ
- 花後に大胆に切り戻して樹高を抑える
- 針金成形は新梢が青く若いうちに行う

和名(別名)	ネムノキ(ネム)
分類	マメ科、落葉高木
原産地	日本、朝鮮半島、中国、台湾、ヒマラヤ、インド
観賞期	7～8月(花)
主な樹形	模様木、文人など
用土	赤玉土極小粒単用

◎主な作業

3月または花後に短く切り戻します。サイズを維持したい場合は4月に芽摘み（⇒P63）を行い、節間を伸ばさないようにします。

枝が太くなると折れやすいので、針金成形は若い枝に行います。

植え替えは2年に1回を目安に3月に行います。

◎花後剪定 ⇒8～9月

新梢の先端に花がつくので、花後に大胆に切り戻す作業を毎年繰り返さないと枝が間伸びしたり、樹高が高くなったりして樹形が崩れます。花がらも切り取って樹を休ませます。

花後に枝元から1～3芽程度残して大きな葉の上で切り戻す。

主な管理

【置き場】日照と通風のよい場所に置く。夏は西日を避ける。寒さに弱いので、冬は暖かい軒下に移すか寒冷地では室内に取り込む。

【水やり】夏の開花期は特に乾きやすいので水切れに注意する。

【肥料】4～6月、9～10月に月1回固形肥料を置き肥する。

【病害虫】カイガラムシが原因のすす病に注意する。

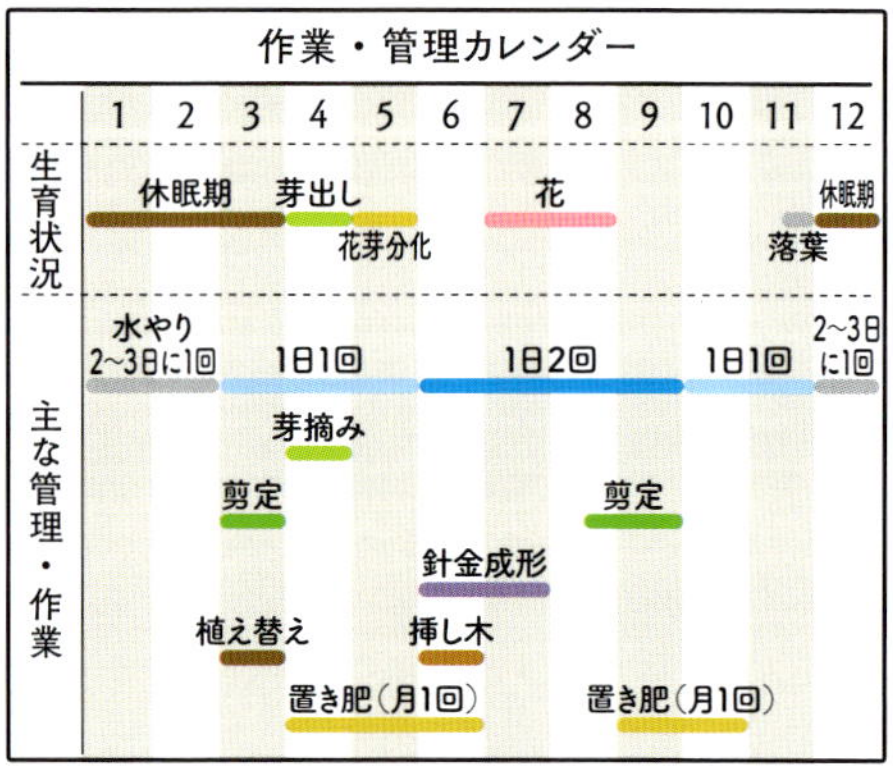

木瓜

FLOWERING QUINCE

◉ボケ

冬から咲く寒ボケ、春咲きの春ボケの素朴で野趣あふれる花で樹上が賑わう

樹齢約35年、樹高25cm、模様木、和楕円鉢

手入れのコツ

- 徒長枝を切り戻して短枝の発生を促す
- 株立ち以外はひこばえを切り取る
- 直線的な新梢に針金成形を施す

和名(別名)	ボケ(カラボケ)
分類	バラ科、落葉低木
原産地	日本
観賞期	2～4月(花)
主な樹形	双幹、斜幹、懸崖、株立ち、模様木など
用土	赤玉土極小粒単用

主な作業

花後と秋に徒長枝を切り戻して花芽がつきやすい短枝の発生を促します。3～5月頃に剪定枝を挿し木して株をふやすこともできます。直線的な新梢の針金成形は5～6月に行います。

植え替えは2年に1回、根頭《こんとう》がん腫《しゅ》病の予防に気温が下がる秋に行うのが最適ですが、植え替え直後の冬は防寒が必要です。

花がらはこまめに摘み取って樹を休ませます。

剪定 ⇓3～5月、10月

間伸びしやすいので、花後に短く切り戻して短枝を発生させます。秋以降は花芽を確認しながら剪定します。株元からひこばえが多く出るので株立ちに仕立てるか、単幹（⇒p203）の場合は元から切り取ります。

主な管理

【置き場】日当たりと風通しのよい場所に置く。夏は午後半日陰になる場所に移して乾燥を防ぐ。

【水やり】花期と夏の水切れ注意。乾燥が続くと赤星《あかほし》病（⇒p202）が出やすい。

【肥料】4～6月、9～10月に月1回固形肥料を置き肥する。

【病害虫】根頭がん腫病（⇒p202）に注意。根にコブを見つけたら切除する。

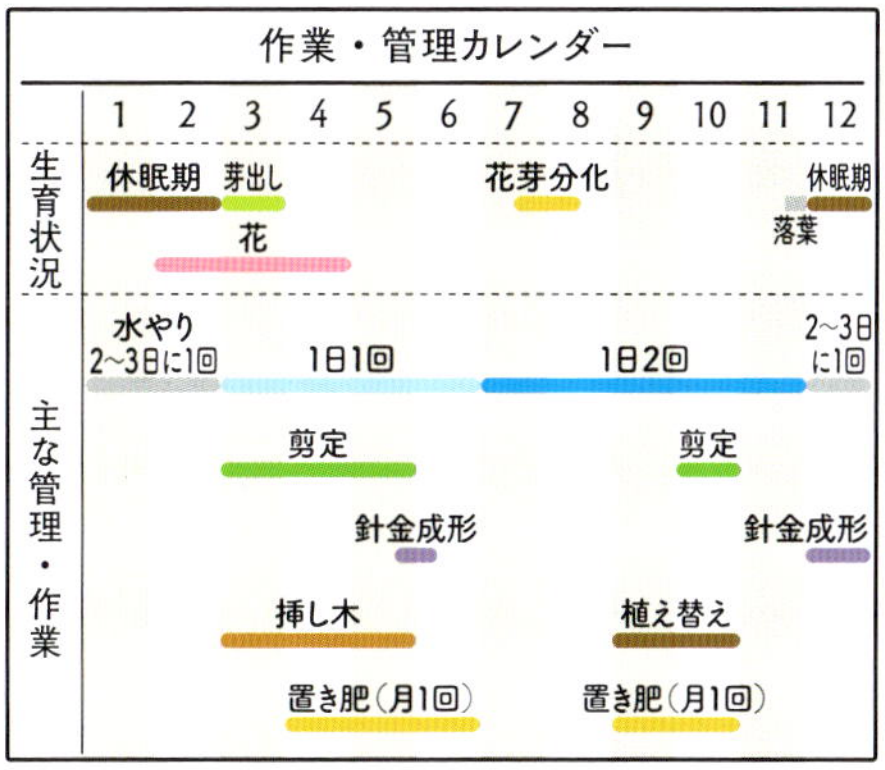

木槿 ROSE OF SHARON

◉ムクゲ

盛夏に白やピンク、底紅の一日花が次々に咲く。腰高の樹形を生かした斜幹や吹き流し、ひこばえを利用した株立ちに仕立ててもよい

手入れのコツ

- 二重鉢にして花期の水切れを防ぐ
- 花後に枝元から1~2芽残して切り戻す
- 花後から休眠期の間に剪定すると花芽を落とさない

樹齢約20年、樹高30cm、文人、和丸袋式鉢

和名(別名)	ムクゲ(ハチス)
分類	アオイ科、落葉低木
原産地	アジア
観賞期	7~8月(花)
主な樹形	斜幹、吹き流し、懸崖、株立ち、寄せ植えなど
用土	赤玉土極小粒単用

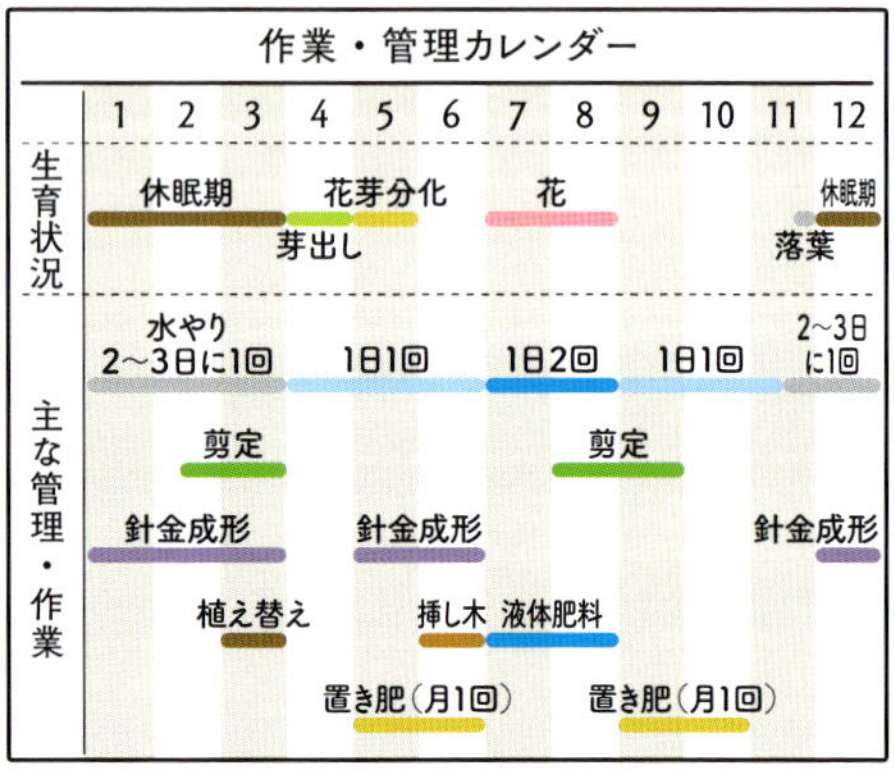

主な作業

直線的に伸びる新梢に花芽がついて開花し、夏の間も枝が旺盛に伸びて樹形が乱れるので、花後と休眠期に剪定をします。5月頃に花芽分化《かかぶんか》(⇒p202)するため、花後から休眠期にかけて短く剪定しても花芽を落とす心配はありません。

針金成形は休眠期または5~6月に行います。枝が立ち上がって伸びるので、針金で伏せ込んで樹形を作ります。

植え替えは2年に1回を目安に3月に行います。

立ち上がる枝に針金をかけて伏せ込む。

主な管理

【置き場】日当たりと風通しのよい場所に置く。夏の暑さには強いが、葉焼けや水切れを防ぐために西日を避ける。寒冷地では冬は室内に取り込む。

【水やり】開花期の夏の乾燥、水切れに注意する。水やりに不安があれば二重鉢（⇒P77）にするとよい。

【肥料】初夏と秋に月1回置き肥をする。秋に肥料を与えて樹勢をつけると翌年の花数が多くなる。開花中に液体肥料を与えると色よく咲かせることができる。

【病害虫】アブラムシ、ハマキムシ、テッポウムシがつくので月1回殺虫剤を散布する。病気には強いが、日陰で育てるとうどんこ病になることがある。

【その他】6月頃に挿し木で素材作りができる。

花後剪定 ⇓8〜9月

新しく伸びた枝の先端付近に花が咲きます。開花が一段落したら短く切り戻して樹形を整えます。

花後に1/3程度まで切り戻す。元から1〜2芽残せば翌春伸びた枝に花がつく。

剪定前

花が終わった状態。樹形は吹き流し。

↓

剪定後

元から1〜2芽以上残して全体を1/3程度まで切り戻した。

休眠期の剪定 ⇓2〜3月

花後剪定をしたあとに伸びた枝で樹形が乱れていたら、休眠期にも剪定をして樹形を整えます。

枝の分岐から1/3くらいで切り戻す。

剪定前

花後剪定のあとに伸びた枝が気になる。

↓

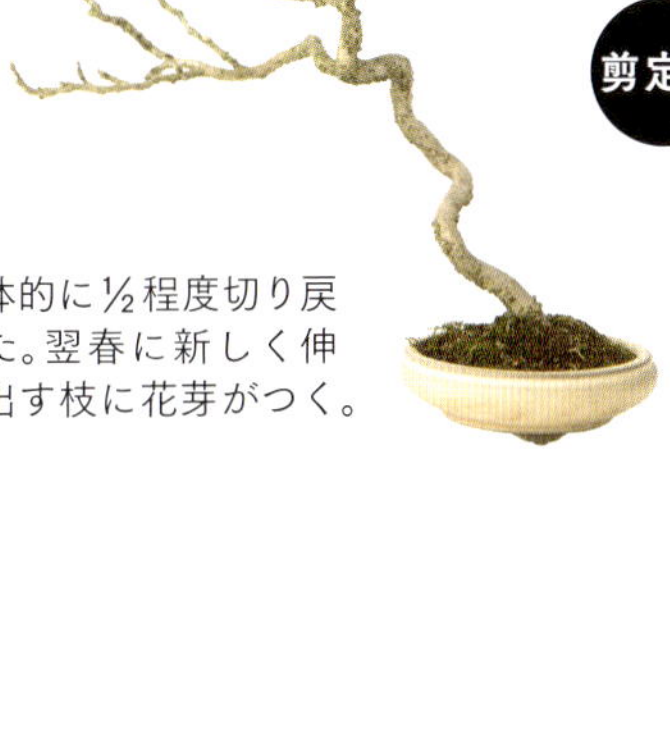

剪定後

全体的に1/2程度切り戻した。翌春に新しく伸び出す枝に花芽がつく。

THUNBERG SPIREA

雪柳

◉ユキヤナギ

春に純白の小花を枝いっぱいにつける。ひこばえを生かした自然な株立ちを楽しむ

手入れのコツ

- 浅鉢で仕立てて太い徒長枝を抑える
- 太い枝や古い枝を元から間引いて細く柔らかい枝を残す
- 切り戻し剪定はしない

和名(別名)	ユキヤナギ
分類	バラ科、落葉低木
原産地	日本、中国
観賞期	3〜4月(花)
主な樹形	株立ちなど
用土	赤玉土極小粒単用

樹齢約15年、樹高40cm、株立ち、和木瓜鉢

主な作業

剪定は花後に直線的な太い枝や古い枝を元から間引き、新しい枝に更新します。枯れ枝や弱々しい枝も元から切り取ります。

針金成形は6月または休眠期に行い、上向きの枝を伏せ込み、直線的な枝に曲をつけて流れを出します。

植え替えは2年に1回を目安に秋に行います。同時に株分けもできます。浅鉢で持ち込んで(⇒P182)根の徒長を抑えると地上部も徒長枝が出にくくなり、細く柔らかな枝ぶりになります。

花後剪定

⇒3〜4月

繊細な枝ぶりを生かすために切り戻し剪定は行わず、花後に太い枝や古い枝を間引く剪定を中心に行います。

直線的な太い枝を又枝切りなどで元から切り取る。

主な管理

【置き場】日当たりと風通しのよい場所で管理する。夏の西日を避け、冬は日当たりのよい暖かい軒下などに移す。
【水やり】水を好む。ドブ漬け(⇒P204)もよい。浅鉢では夏の水切れ防止に二重鉢(⇒P77)が効果的。
【肥料】4〜6月、9〜10月に月1回置き肥をする。

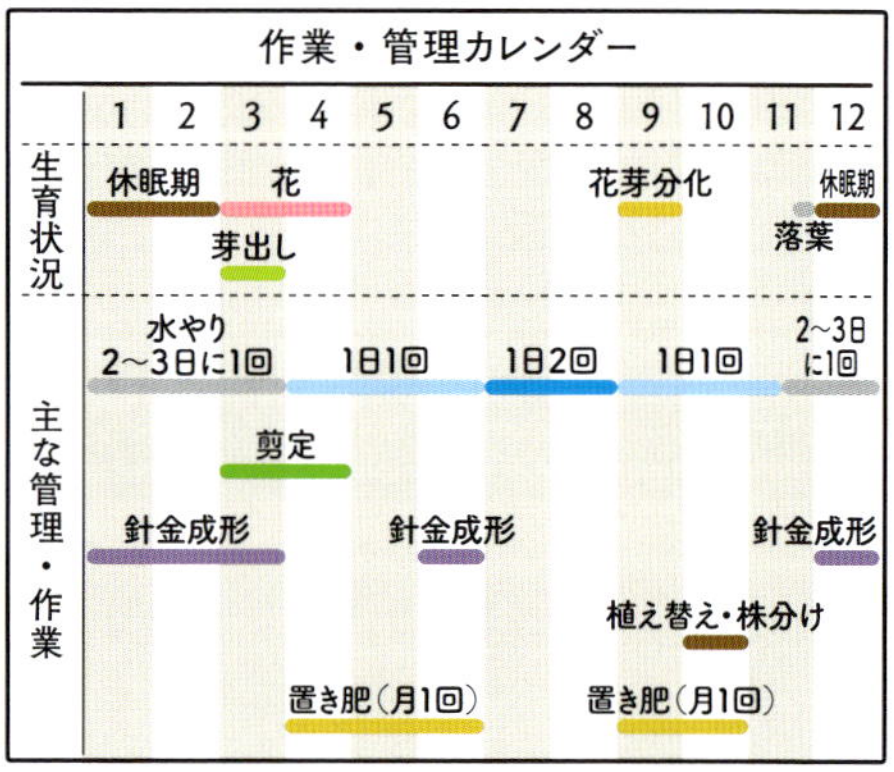

蝋梅
WINTER SWEET
●ロウバイ

蝋のように透けた芳香のよい花が他の花木に先駆けて咲く。

樹齢約45年、樹高35cm、模様木、和楕円鉢

和名(別名)	ロウバイ
分類	ロウバイ科、落葉低木
原産地	中国
観賞期	1～2月(花)
主な樹形	模様木など
用土	赤玉土極小粒単用

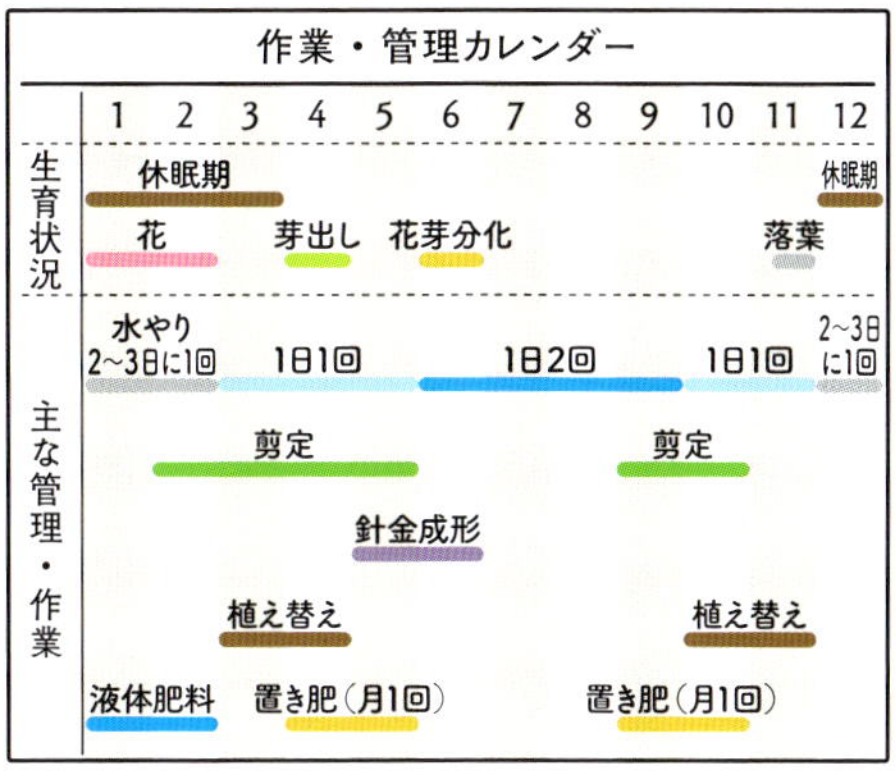

手入れのコツ

● 生長期の剪定は5月までに終わらせる
● 枝が固く折れやすい。針金成形は若い枝に行う
● 初冬に霜に当てると開花が促進される

主な作業

枝が間伸びしやすいので花後に短く切り戻します。6月に花芽分化《かかぶんか》(⇒P202)するので5月で剪定を止め、秋に花芽を確認しながら徒長枝を切り戻します。

針金成形は5～6月に行います。古い枝はとても折れやすいので、柔らかい若い枝のうちに成形します。

植え替えは2年に1回を目安に春か秋に行います。

花後剪定
⇒2～3月

花後から3月までの間に長い枝を短く切り戻し、新芽が吹いたら十分に日に当てます。生長期と秋にも整姿剪定をします。

長い枝をつけ根から1芽残して芽の上で切り戻す。

主な管理

【置き場】日当たり、風通しのよい場所に置く。夏の西日を避け、葉焼けと水切れを防ぐ。初冬に霜に当てると開花が促進される。開花後は軒下に取り込んで花が霜で傷まないようにする。

【水やり】水を好む。鉢土が乾いたらたっぷり与える。

【肥料】4～5月、9～10月に月1回置き肥。開花中は週1回液体肥料を与える。

連翹
◉レンギョウ

GOLDEN BELLS

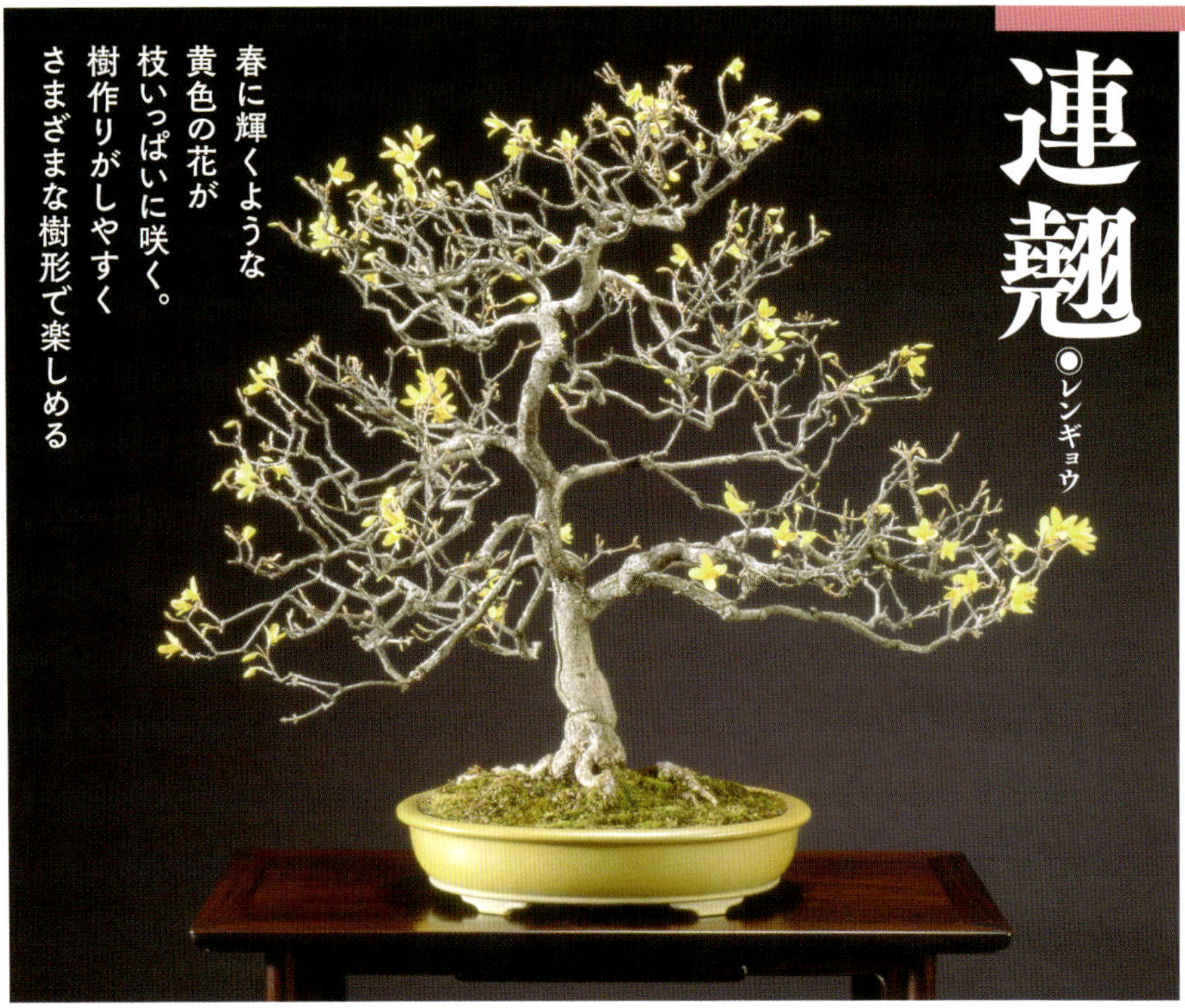

春に輝くような
黄色の花が
枝いっぱいに咲く。
樹作りがしやすく
さまざまな樹形で楽しめる

樹齢約35年、樹高50cm、模様木、常滑楕円鉢

手入れのコツ

- 花後と5月に1～2芽残して剪定する
- 胴吹きした芽やひこばえを切り取る
- 根の回りが早く毎年か2年に1回植え替える

和名(別名)	レンギョウ
分類	モクセイ、落葉低木
原産地	中国
観賞期	3～4月(花)
主な樹形	懸崖、模様木、株立ち、斜幹など
用土	赤玉土極小粒単用

主な作業

花をつけたままにすると芽吹きが悪くなるので、古い花は早めに摘み取ります。全体の花が終わったら花後剪定をし、5月にも新梢を切り戻して樹形とサイズを維持します。

針金成形は6月か休眠期に行います。成形は比較的容易ですが、古い枝は形がつきにくいので、立ち上がった1～2年目の若い枝に針金をかけて伏せ込み、曲げつけします。

レンギョウは根の回りが早く、植え替えは毎年か2年に1回必ず行います。2年以上植え替えをしないと根詰まり（⇒p204）を起こして樹勢が衰えます。植え替えで根を切ったら地上部の徒長枝も切り戻して、根と地上部のボリュームが均等になるようにします。

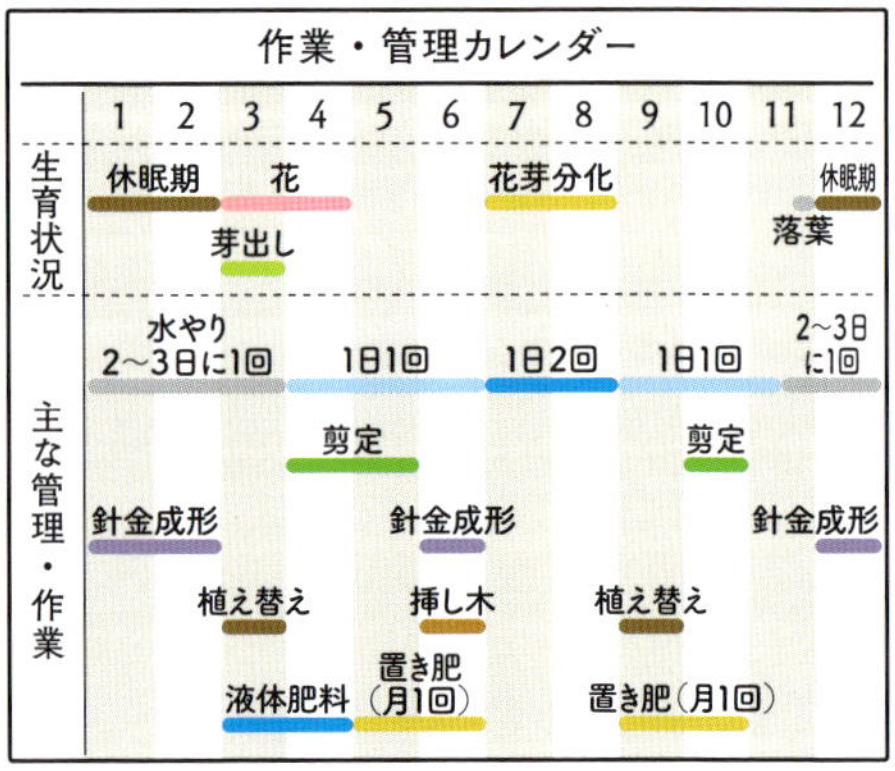

主な管理

【置き場】日当たりと風通しのよい場所に置く。夏は西日を避け、冬は日当たりのよい暖かい軒下に移す。

【水やり】鉢土が乾いたらたっぷり水をやる。

【肥料】5～6月、9～10月に月1回置き肥をする。開花中は液体肥料を与えると樹勢が衰えない。

【病害虫】まれにカイガラムシがつくことがある。早期発見、早期駆除を心がける。

【その他】挿し木で容易に素材をふやすことができる。成功率が高く挿し木の練習にもおすすめ。6月に挿した素材を1年半後の春に仕立て鉢に鉢上げする。根を地上部に出して植えつければ、根上がり(⇒p204)の素材になる。安価な鉢物素材も多く流通するので、改作の練習にもなる(⇒p188)。

新梢の剪定

⇒5月

花芽は新しく伸びた枝に夏頃つきます。そのため、5月中に短く切り戻しても花を落とす心配はありません。樹形の輪郭線に沿って1～2芽残して切り戻し、樹形とサイズを維持します。

自然樹形では株立ちになりますが、単幹(⇒p203)の場合は、胴吹きした芽やひこばえ(⇒p205)は見つけ次第元から切り取ります。

剪定のコツ

1 主幹の頭の高さ(三角形の輪郭線の頂点)で樹高を止める。

2 主幹の輪郭線に沿って1～2芽残して長い枝を切り戻す。

3 株の内側の枝も輪郭線に沿って切り戻す。

4 主幹と同様にほかの枝も切り戻す。胴吹きやひこばえがあれば元から切り取る。

剪定前 新梢が伸び出して樹形が崩れた立ち上がり双幹。主幹(右)と副幹(左)の三角形の輪郭線に沿って短く切り戻す。

剪定後 輪郭線に沿って全体を剪定した。新しく伸びた枝に夏頃花芽がつく。

FIRETHORN

常盤山査子《ときわさんざし》、橘擬《たちばなもどき》

●ピラカンサ

手入れのコツ

- こまめな芽摘みで短枝の発生を促す
- 枝棚を意識して剪定する
- 枝が細く若いうちに針金成形する

素材が入手しやすく実つきもよい人気樹種。秋から冬に橙黄色や赤い実が鈴なりにつく

樹齢約70年、樹高30cm、双幹、新渡木瓜鉢

和名(別名)	トキワサンザシ、タチバナモドキ(ピラカンサ)
分類	バラ科、常緑低木
原産地	ヨーロッパ、アジア
観賞期	5～6月(花)、10～12月(実)
主な樹形	斜幹、双幹、株立ち、模様木、半懸崖など
用土	赤玉土極小粒単用

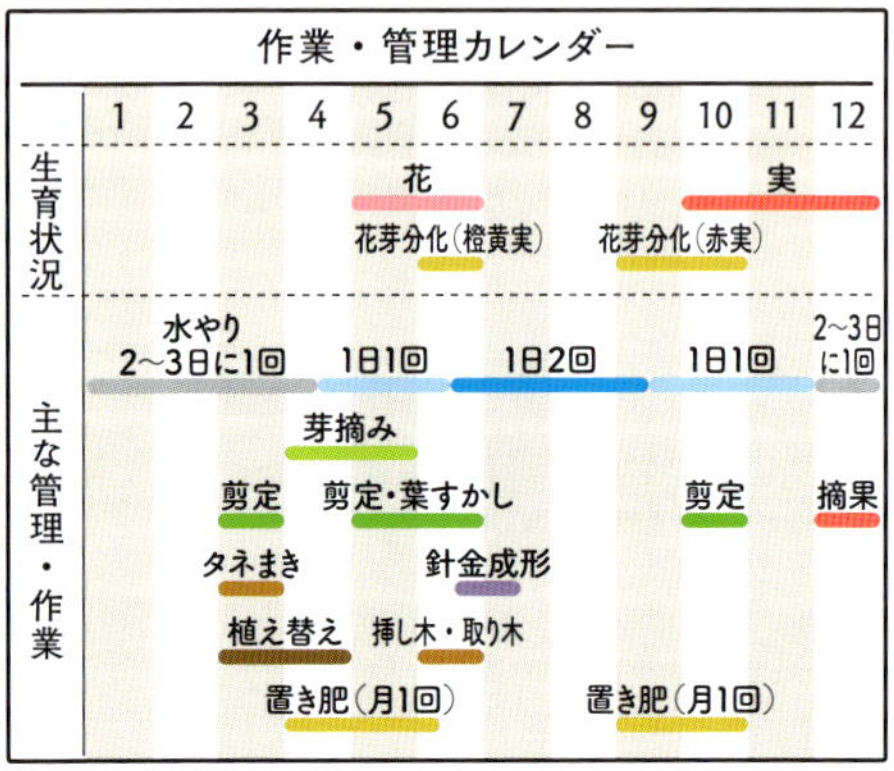

主な作業

生長期に新梢の先端の芽摘みをこまめに行い、花芽がつく短枝を発生させます。

枝が徒長しやすいので、生長期に樹形を一回り小さくする追い込み剪定を行って樹形とサイズを維持します。花芽分化以降の剪定では不要枝を間引いて、フトコロへの日照、通風を確保します。若木は実つきよりも樹作りを優先します。摘果後と観賞期は整姿剪定を行って樹形を整えます。

針金成形は梅雨時に柔らかい新梢にかけて樹形の骨格を作ります。2年目以降の枝は固くて曲がりにくいので剪定で枝を作ります。

秋から実を観賞し、年明けまでに摘果をして樹を休ませましょう。

植え替えは2年に1回、春に行います。

主な管理

【置き場】日当たり、風通しのよい戸外で管理する。半日陰でも育つが、日に当てたほうが実つきがよい。暑さに強く夏も遮光の必要はない。寒さにも強い。

【水やり】乾燥に強い。鉢土がしっかり乾いてから水をやる。開花結実期、観賞期は水切れに注意する。開花中は花に水をかけない。

【肥料】肥料を好む。春から初夏と秋に月1回置き肥をする。

【病害虫】カイガラムシ、アブラムシに注意する。

【その他】摘果した実の果肉を水洗いし、取り出したタネを湿った砂と混ぜて冷蔵庫で保存する。春にタネをまき、発芽したら摘心して脇芽を伸ばす。4年目の春に花と実が楽しめる。6月に挿し木、取り木もできる。

芽摘み 4～5月

徒長枝には花芽がつかず、短枝に花芽がつきます。生長期に新梢の先端を摘んで徒長を抑え、短枝の発生を促します。短枝の花芽が翌春に開花して実がつきます。

樹勢が強く次々に新芽が伸び出す。早めに先端を摘み取る。

指で摘めない固さになったら、整姿剪定を兼ねてハサミで切り取る。

追い込み剪定 5～6月

生長期に樹形を一回り小さくする追い込み剪定を定期的に行い、サイズと樹形を維持します。輪郭線から飛び出た枝を切り戻し、不要な枝は間引きます。混み入った部分は枝葉をすかして減らします。じゃまなトゲは切り取って構いません。

剪定前
枝葉が茂って幹や枝が見えない。放任するとフトコロ枝（⇒p 205）や下葉が枯れ込む。

剪定後
幹の模様や枝棚が見えるようになった。日照や通風も改善された。

剪定のコツ

1 **頭の高さを決める**
輪郭線の頂点になる頭の高さを決める。

2 **輪郭線に沿って切り戻す**
樹形全体と各枝棚の輪郭線から飛び出した枝を切り戻す。

3 **枝葉をすかす**
混み入った部分の枝葉をすかして減らす。枝元の脇枝や突き枝（⇒p58）などの不要な枝があれば間引く。

摘果、整姿剪定

⇓ 12月（摘果）、3月（剪定）

橙黄実のタチバナモドキは10月、赤実のトキワサンザシは11月頃から実が楽しめます。実は鳥の大好物なので鳥除けが必要です。年明けまでに摘果をして樹を休ませます。

摘果後は生育期に比べて骨格や不要枝が見やすいので、整姿剪定を行います。

植え替え

⇓ 3～4月

樹勢が強く何年も植えたままにすると根詰まりします。2年に1回植え替えましょう。

樹を大きくしたい若木は仕立て鉢で育て、ある程度樹形ができたら二回り程度小さな観賞鉢に植え替えて引き締めます。鉢の大きさを維持するなら、根の整理をして同じ鉢に植え直します。詳しい手順は44ページも参照してください。

植え替え前

2年間植え替えていない状態。用土の粒がつぶれ、水やりで土が流出して根張りが沈んでいる。樹と鉢のバランスは現状を維持したい。

植え替え後

同じ鉢に植え直した。根張りから鉢縁にかけてなだらかな裾野を描くように植えつける。根を切った分、地上部も剪定をする。

摘果

年が明けたらハサミで実を切り取る。

整姿剪定

輪郭線に沿って樹形全体と枝棚を整える。鉢を傾け、株の内側に不要な枝や不定芽（⇒p205）がないか確認する。

脇枝などの不要な枝や不定芽があれば元から切り取る。日照や通風を改善して病害虫の発生を防ぐ効果もある。

植え替えの手順

❶ 鉢から樹を取り出す。根鉢を鉢から抜きにくいときは、根かきで鉢と根鉢の間をかく。

❷ 根かきや竹箸で根鉢をほぐしながら、根についた古い土をていねいに落とす。

❸ 根切りバサミで根鉢を切って一回り小さくする。

❹ 洗った鉢に鉢底網と根留めのワイヤーをセットし(⇒p43)、中央を盛り上げて用土を薄く敷く。

❺ 樹を鉢に入れて根張りの高さを調節する。鉢縁より根張りが上にくるようにする。

❻ 高さが決まったら用土を入れて植えつける。竹箸で用土をついてすき間ができないようにする。

❼ 鉢縁まで用土が入ったら、根留めのワイヤーで根を固定する(⇒p45)。

❽ 根張りから鉢縁にかけてなだらかな斜面になるように用土を足し、コテで押さえる。

❾ たっぷり水やりをして用土の中の微塵《みじん》を洗い流す。水が切れたら根張りの周囲に乾燥防止と美観にコケを張って終了。

梅擬 ◉ウメモドキ

JAPANESES WINTERBERRY

樹いっぱいに密につく
小さな真紅の実が
秋から冬の景色を華やかに。
小形の小性梅《コショウバイ》も人気

手入れのコツ

- 雌《し》雄《ゆう》異《い》種《しゅ》。雌木《めすぎ》と雄木《おすぎ》で受粉させる
- 開花期は肥料を止める
- 芽摘みと剪定で分枝させる

和名（別名）	ウメモドキ
分類	モチノキ科、落葉低木
原産地	日本、中国
観賞期	9～1月（実）
主な樹形	双幹、斜幹、模様木、株立ち、寄せ植えなど
用土	赤玉土極小粒単用

樹齢約35年、樹高25cm、株立ち、和楕円鉢

◎主な作業

翌年の花つきをよくするために年明けに摘果（⇓p204）をして樹を休ませます。葉が4～5枚出たら芽摘み（⇓p63）を行います。

針金成形は休眠期または5月に行い、上向きの枝を下げて樹形を整えます。

樹勢が強く根詰まりしやすいので、植え替えは毎年行うのが理想です。

◎剪定 ⇓3月

花芽は新しく伸びた短枝につきます。3月に徒長枝を切り戻して短枝を多く発生させます。ひこばえは見つけ次第切り取ります。

ひこばえを切り取って幹に力を集中させる。

主な管理

【置き場】開花中は雨の当たらない場所に移す。真夏は半日陰に置いて実焼けを防ぐ。冬は軒下などに移す。新芽を遅霜に当てない。

【水やり】実が見え始めたら水を多めに与えて水切れを防ぐ。

【肥料】開花中に肥料を与えると花が落ちることがある。秋に実がついたのを確認したら、11月まで月1回置き肥をする。

作業・管理カレンダー

		1	2	3	4	5	6	7	8	9	10	11	12
生育状況		休眠期	休眠期				花	花芽分化	花芽分化			落葉	休眠期
		実			芽出し	芽出し				実	実	実	実
主な管理・作業	水やり	2～3日に1回	2～3日に1回	1日1回	1日1回	1日1回	1日2回	1日2回	1日2回	1日2回	1日1回	1日1回	2～3日に1回
	芽摘み				芽摘み	芽摘み							
	摘果・剪定	摘果		剪定							剪定		
	針金成形	針金成形	針金成形			針金成形							針金成形
	植え替え			植え替え									
	置き肥									置き肥（月1回）	置き肥（月1回）	置き肥（月1回）	

実もの

ウメモドキ／カマツカ

鎌柄

● カマツカ

ORIENTAL PHOTINIA

初夏の花、秋の赤い実、紅葉が楽しめる。
樹が硬く鎌の柄に使われたことが名の由来

和名(別名)	カマツカ（ウシコロシ）
分類	バラ科、落葉低木
原産地	日本、朝鮮半島、中国
観賞期	4～5月（花）、10～11月（実、黄葉）
主な樹形	斜幹、模様木、株立ち、懸崖、寄せ植えなど
用土	赤玉土極小粒の単用

作業・管理カレンダー

	1	2	3	4	5	6	7	8	9	10	11	12
生育状況	休眠期			花 芽出し		花芽分化				実 落葉 紅葉		休眠期
主な管理・作業	水やり 2～3日に1回			1日 1回			1日2回			1日1回		2～3日に1回
	摘果	剪定		芽摘み 剪定 針金成形	葉刈り				植え替え	剪定 針金成形		摘果
				置き肥（月1回）						置き肥（月1回）		

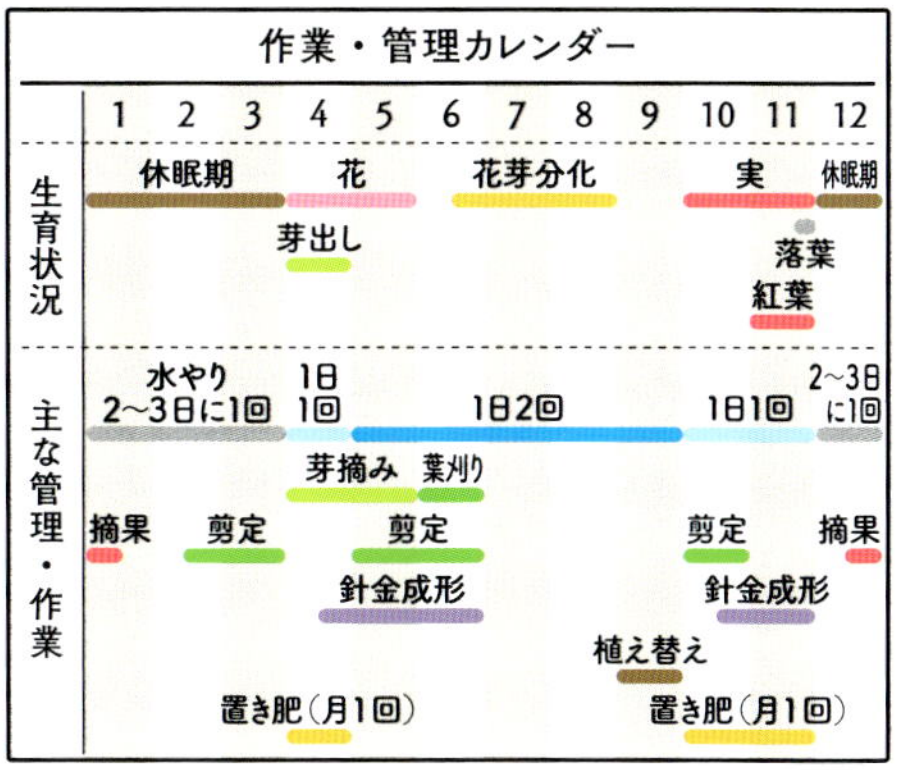

樹齢約20年、樹高10cm、模様木、和丸鉢

✂ 手入れのコツ

- 枝が若いうちに針金成形を施して曲づけする
- 芽吹き後に1～2芽残して芽摘みをする
- 3～4年に一回、花後に追い込み剪定をする

◎ 主な作業

花後に新芽を1～2芽残して摘み取ります（芽摘み）。短枝に翌年の花芽がつくので、花後に徒長枝を切り戻して短枝を発生させます。間伸びしやすく枝打ちが粗いので、数年に一度実をあきらめて追い込み剪定（▶P57）をしてサイズを維持します。ひこばえは見つけ次第切り取り、株立ちの場合も年に1～2本ふやす程度にします。

枝が立ち上がって伸びるため針金成形が欠かせません。枝が太ると固くてかけにくいため、枝が若く柔らかいうちに曲づけします。

小枝の分枝を促すには6月に葉刈りをします。

◎ 摘果 ⬇ 12～1月

実をつけたままにすると翌年の実つきが悪くなります。年明けまでに実を摘み取って樹を休ませます。

花芽を落とさないように摘果する。花芽は葉芽に比べて大きいので見分けがつく。

葉芽
花芽

主な管理

【置き場】日当たりのよい場所に置く。夏は西日を避け、冬は暖かい軒下に移す。
【水やり】開花期から結実期、夏の水切れに注意する。
【肥料】開花前と結実後に月1回置き肥をする。

CHINESE QUINCE

花梨

●カリン

和名(別名)	カリン(カラナシ、キボケ)
分類	バラ科、落葉低木
原産地	中国
観賞期	4月(花)、10～1月(実)
主な樹形	斜幹、模様木、株立ち、懸崖など
用土	赤玉土極小粒単用

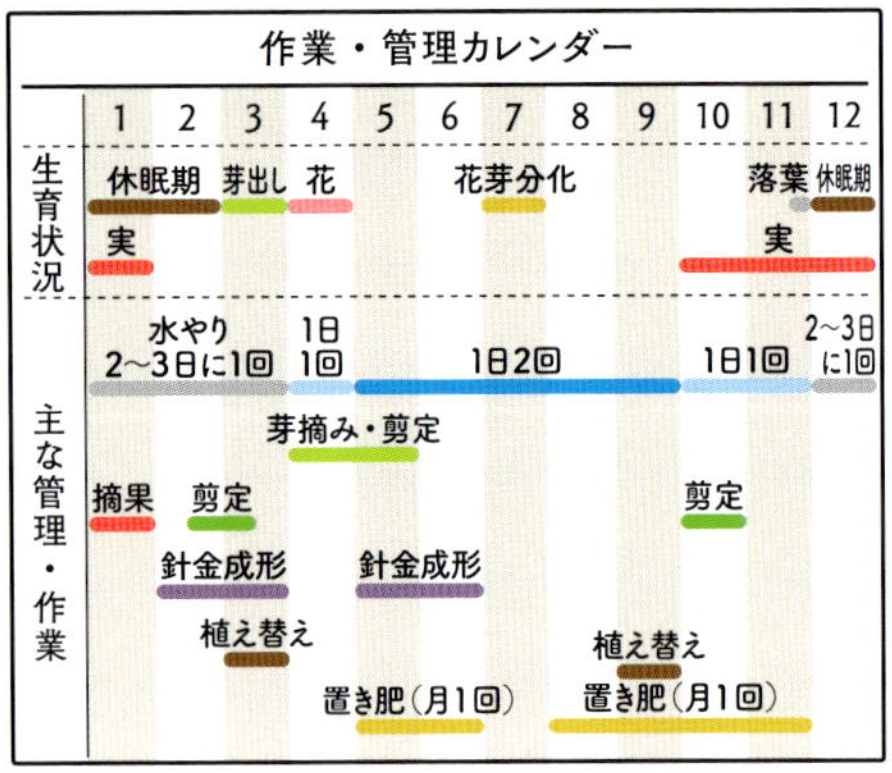

香りのよい大実を
太い幹が支える
雄々しい実なり姿を味わう。
古木になると
樹皮に独特の光沢が生じる

樹高100cm、直幹、広東長方鉢

写真：ピクスタ

手入れのコツ

- 春先の芽摘みで徒長を抑える
- 夏の西日を避けて水切れを防ぐ
- 剪定や針金成形で短枝の発生を促す

主な作業

芽出し前に不要な枝を間引き、長い枝を切り戻して樹形を整えます。

花芽は新しく伸びた短枝につきます。5～6月に針金成形で枝を伏せたり、花後の切り戻し剪定や、4～5月に芽摘みを行って短枝を多く発生させると実つきがよくなります。

植え替えは2年に1回春か秋に行います。

芽摘み ⇓4～5月

新芽の先を摘んで脇枝を促し、徒長枝の発生を抑えます。樹勢が強い場合は7月まで繰り返し芽摘みを行います。

1～2芽残して新しい芽を摘み取る。

主な管理

【置き場】日当たりのよい場所に置く。耐寒性が強い。

【水やり】水を好み、乾燥させると実つきが悪くなるので、多湿気味に管理する。花には水がかかると受粉しにくくなる。

【肥料】開花中は肥料を施さない。結実した実がウズラの卵大になったら月1回置き肥をする。

カリンの花。開花中は肥料を施さない。

HONG KONG KUMQUAT
金豆
◉キンズ

庭先のミカンを思わせるキンカンの仲間。
花つき、実つきがよく育てやすい

樹齢約45年、樹高35cm、直幹、和楕円鉢

和名(別名)	マメキンカン(ヒメキンカン)
分類	ミカン科、常緑高木
原産地	中国
観賞期	6〜8月(花)、8〜12月(実)
主な樹形	直幹、双幹、斜幹、模様木、寄せ植えなど
用土	赤玉土極小粒単用

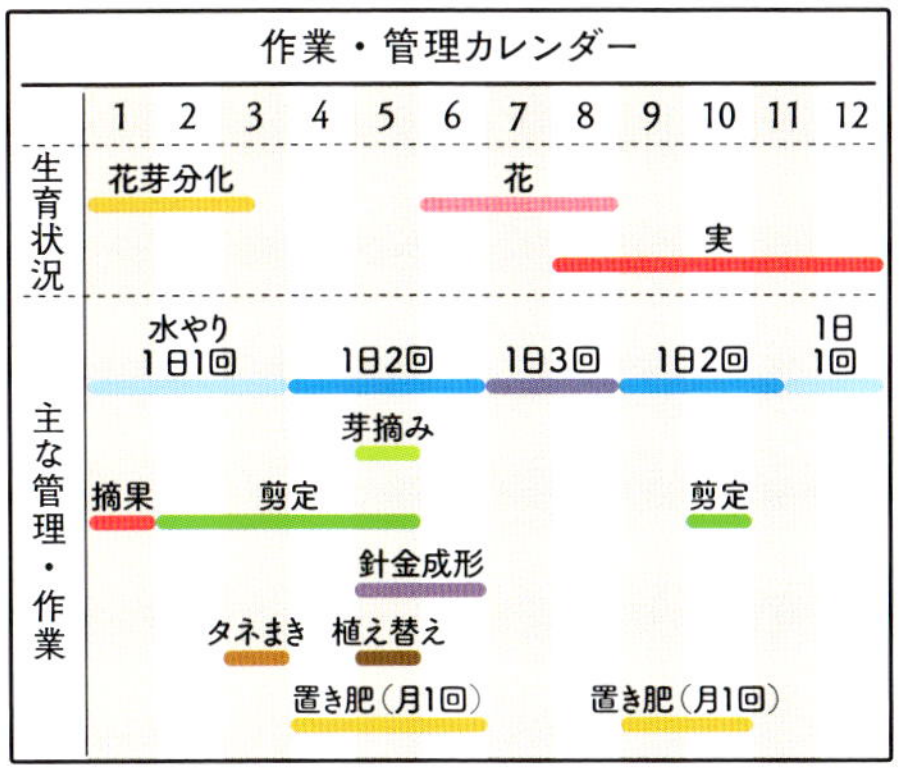

手入れのコツ

- 耐寒性が弱い。冬は防寒が必要
- 徒長枝や不定芽をこまめに剪定する
- 針金成形で枝を伏せて左右に広げる

◎主な作業

若木は生長期に芽摘みをして枝数をふやします。

枝が上方向に直線的に伸びるため、5〜6月に針金成形で枝を伏せて樹形を左右に広げます。成形時にトゲを切っても樹は弱りません。

実を楽しんだら1月いっぱいに摘果をして樹を休ませます。3月にタネをまけば実生苗を作ることができます。

植え替えは2年に1回、遅霜の心配がなくなってから5月に行います。

トゲがじゃまな場合は元から切ってよい。

◎剪定 ⇓ 2〜5月、10月

2〜3芽残して葉のすぐ上で徒長枝を切り戻し、樹形を整えます。

徒長枝を切り戻して樹勢と樹形のバランスを整える。

主な管理

【置き場】暑さには強いが寒さに弱い。12月に室内か簡易温室などに取り込む。
【水やり】土が乾いたらたっぷり与える。結実後に水切れさせない。
【肥料】真夏を避けて生長期に月1回置き肥をする。

梔子

CAPE JASMINE

◉クチナシ

芳香のある純白の花も美しい。
実なりを楽しむなら一重咲き種を

樹齢約25年、樹高15cm、斜幹、和楕円鉢

手入れのコツ

- 株立ち以外はひこばえを切り取る
- 水を好む。夏に水切れさせない
- 寒さに弱い。冬に防寒する

和名(別名)	クチナシ
分類	アカネ科、常緑低木
原産地	日本、中国、台湾、インドシナ
観賞期	6〜7月(花)、11〜12月(実)
主な樹形	模様木、株立ち、斜幹など
用土	赤玉土極小粒単用

主な作業

2〜5月に剪定して樹形を整え、4〜5月に新芽を摘んで(芽摘み)徒長を抑えます。針金成形も芽摘みと同時に行いましょう。

年明けまでに摘果をして樹を休ませます。

植え替えは2年に1回、4〜5月に行います。

剪定

⇓ 2〜5月、10月

実を観賞した後、2〜5月と秋に花芽を確認しながら樹形を整えます。花後に思い切った切り戻し剪定をしてサイズを保ちましょう。5月頃なら剪定した枝で挿し木もできます。

不定芽(⇒p205)が出やすいので見つけたら元から取る。

主な管理

【置き場】夏は遮光をして葉焼けを防ぐ。冬は室内か簡易温室などに取り込む。

【水やり】夏の水切れに注意。水が浸透しにくい場合はドブ漬け(⇓p204)をする。

【肥料】肥料が多いと実がつかない。控えめに与えるか無肥料でもよい。

【病害虫】5〜9月にオオスカシバの幼虫がつくと葉を食べ尽くす。水やり時にフンがないか確認する。

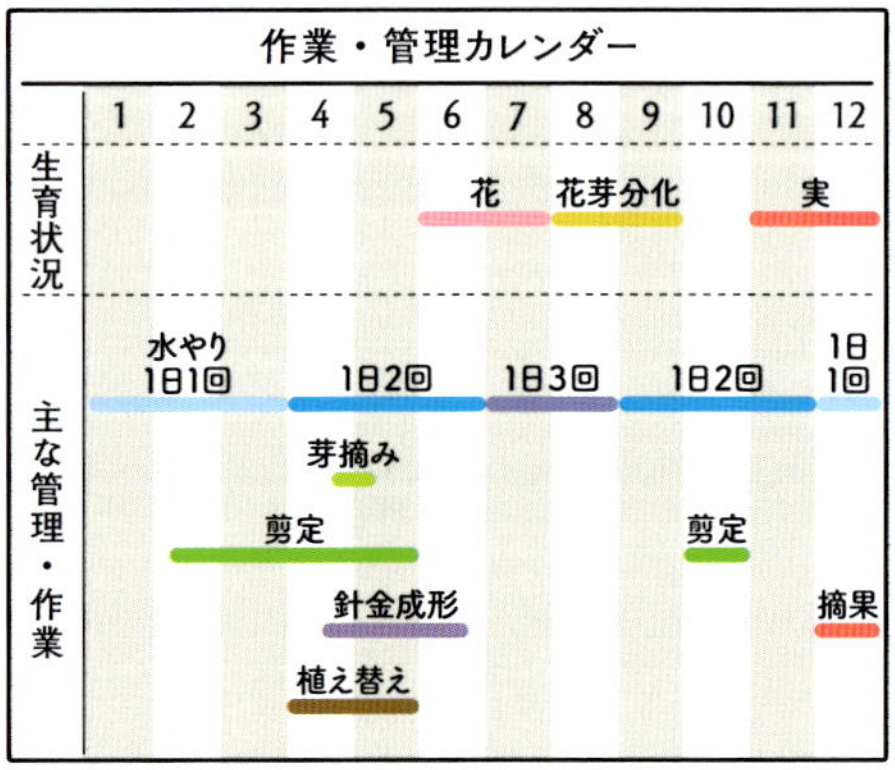

小真弓 ◉コマユミ

KOMAYUMII (*Euonymus alatus var. alatus f.striatus*)

ニシキギの変種。秋に赤い実がはぜてオレンジ色の実が飛び出す。紅葉も見どころの一つ

樹齢約25年、樹高15cm、半懸崖、和楕円鉢

和名（別名）	コマユミ
分類	ニシキギ科、落葉低木
原産地	日本、中国
観賞期	5月（花）、9～11月（実）、10～11月（紅葉）
主な樹形	双幹、斜幹、模様木、株立ち、懸崖、寄せ植えなど
用土	赤玉土極小粒単用

手入れのコツ

- 休眠期と生長期に徒長枝を切り戻して短枝を発生させる
- 枝が若く柔らかいうちに針金成形する

主な作業

雌雄同株で一鉢でも実がなります。花芽は新しく伸びた短枝の先端につきます。休眠期と生長期に徒長枝を1～2芽残して切り戻し、短枝を発生させると実つきがよくなります。根詰まりしやすいため、2年に1回3月に植え替えます。

針金成形

⇓6月、11月

ニシキギ科の樹木（コマユミ、ツリバナ、マユミなど）は枝が古くなると固くて曲がりません。枝が若くて細いうちに成形します。

右側の緑色の若い枝が直線的に立ち上がっている。

針金をかけて枝を伏せた。半年くらいで針金をはずす。

主な管理

【置き場】日当たり、風通しのよいところで管理する。夏は遮光をして葉焼けを防ぐ。冬は暖かい軒下に移す。

【水やり】過湿にすると根腐れ（⇒p204）を起こしやすい。土が乾いてからたっぷり水やりする。

【肥料】真夏を避け、初夏と秋の生長期に固形肥料を月1回置き肥する。

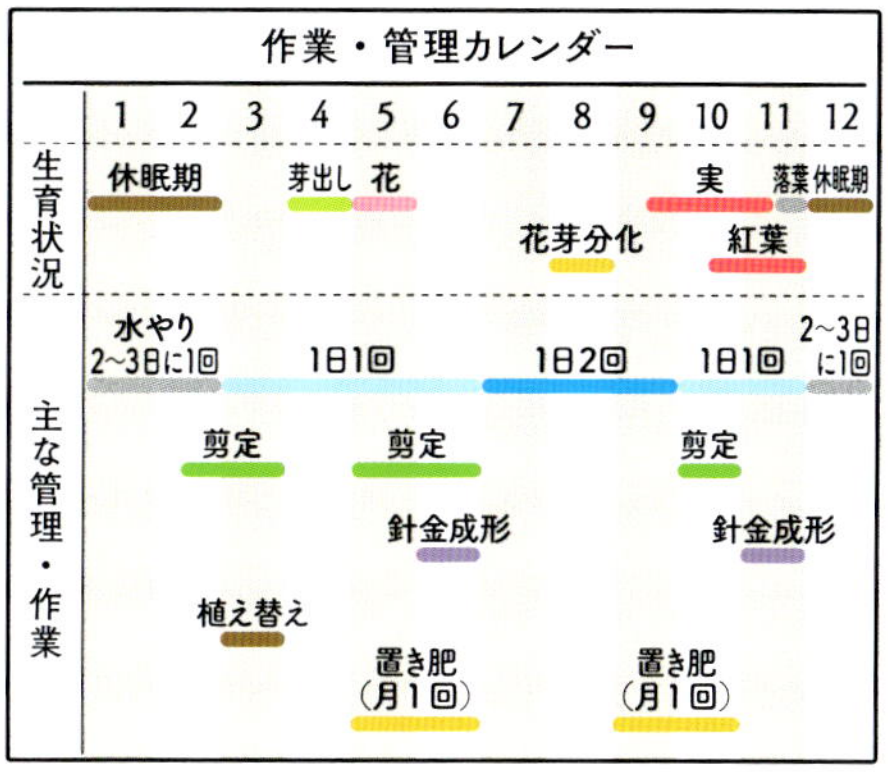

PURPLE BEAUTYBERRY, JAPNESE BEAUTYBERRY

小紫、紫式部

◉コムラサキ、ムラサキシキブ

コムラサキは枝《し》垂《だ》れる枝に実が固まってつく。ムラサキシキブは実がまばらで野趣あふれる印象

ムラサキシキブ、樹齢約20年、樹高25cm、半懸崖、新渡鉢

和名(別名)	コムラサキ(コシキブ、コムラサキシキブ)、ムラサキシキブ
分類	シソ科、落葉低木
原産地	日本、朝鮮半島、台湾、中国
観賞期	6～7月(花)、10～11月(実)
主な樹形	模様木、懸崖、半懸崖、寄せ植えなど
用土	赤玉土極小粒単用

手入れのコツ

- 落葉直後に1～2芽残して切り戻す
- コムラサキは5月上旬にも切り戻して脇枝に開花、結実させる

◎主な作業

枝がよく伸びるので1～2芽残して徒長枝を切り戻します。特にコムラサキは枝が長く伸びるので、5月上旬に切り戻して脇芽を吹かせます。秋は実を確認しながら整姿します。針金成形は6月に直線的な新梢に施して枝を伏せます。

植え替えは2年に1回、3月に行います。

●摘果、剪定 ⇓12月

落葉したら摘果をして樹を休ませ、長い枝を1～2芽残して切り戻します。

1～2芽残して長い枝を切り戻す。写真はムラサキシキブ。

落葉後に実を切り取る。実が落ちた果《か》柄《へい》も整理する。

主な管理

【置き場】日当たりか半日陰に置く。夏は西日を避け、冬は暖かい軒下に移す。

【水やり】水を好む。開花から結実まで水を切らさないようにする。

【肥料】初夏と秋に月1回固形肥料を置き肥する。

コムラサキ。本来は別種だがムラサキシキブの名で流通することが多い。

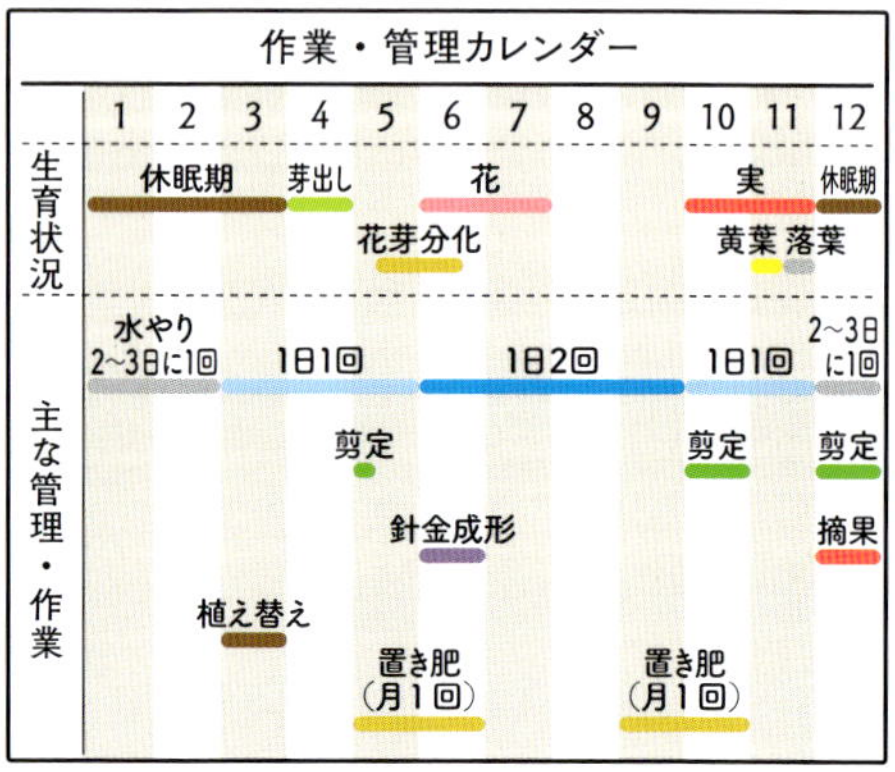

HAWTHORN
山査子
●サンザシ

春の白い花、秋の赤実、紅葉と見どころの多い樹種

和名（別名）	サンザシ
分類	バラ科、落葉低木
原産地	中国
観賞期	4～5月（花）、9～12月（実）
主な樹形	斜幹、模様木、文人、懸崖など
用土	赤玉土極小粒単用

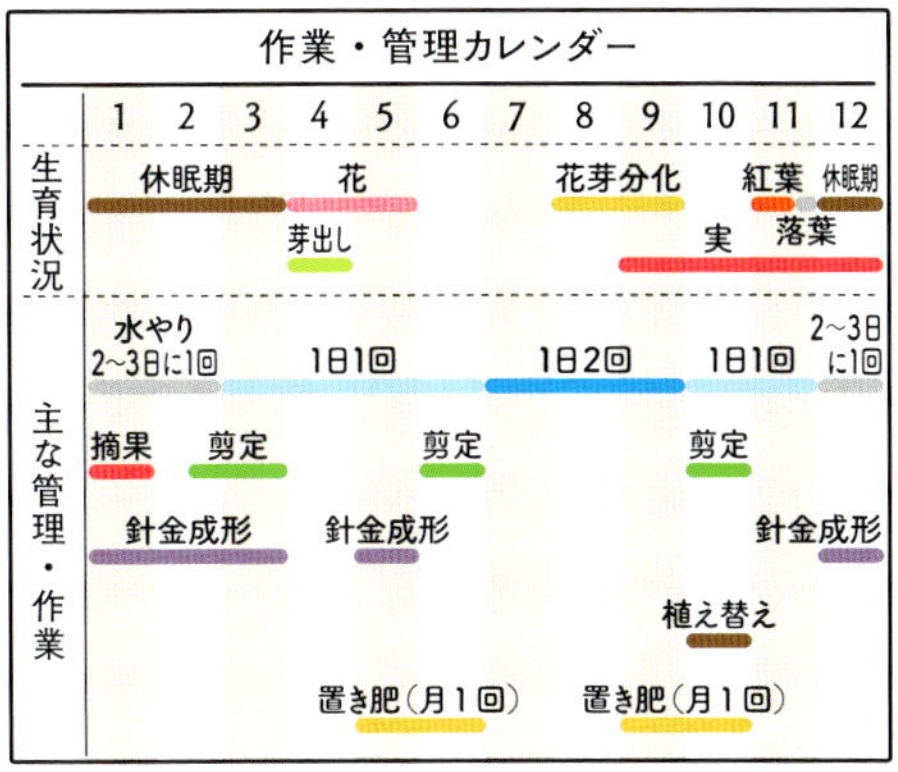

樹齢約25年、樹高45cm、斜幹、和楕円鉢

手入れのコツ

- 枝が細く若いうちに針金成形する
- 3～4年に一回追い込み剪定をする
- 休眠期の剪定は花芽を確認して行う

主な作業

花芽は短枝につきます。枝がよく伸びるので、実を観賞した後に短く切り戻して短枝を発生させます。また、3～4年に一度は実をあきらめて追い込み剪定（⇒p.57）をし、盆栽のサイズを維持します。

植え替えは2年に1回行います。切り取った太い根を根伏せ（⇒p.204）して素材をふやすことができます。

針金成形
⇒5月、12～3月

枝が古くなると曲げにくいので、枝が若く細いうちに行います。トゲを切っても樹は傷みません。

直線的に立ち上がる枝で枝ぶりが見えない。日当たり、風通しも悪い。

忌み枝など不要な枝を間引いた後、針金成形を施した。

主な管理

【置き場】日当たり、風通しのよい場所に置く。半日陰に置くと徒長する。夏は遮光をして葉焼けを防ぐ。耐寒性は強い。

【水やり】開花期に水切れさせない。花には水をかけないようにする。

【肥料】初夏と秋に月1回固形肥料を置き肥する。

蔓梅擬

ORIENTAL BITTERSWEET

◉ツルウメモドキ

手入れのコツ

- 5月で肥料を止めて実つきをよくする
- 夏は半日陰で管理して葉焼けを防ぐ
- 落葉期に長く伸びた枝（つる）を切り戻して間伸びを防ぐ

秋の深まりとともに黄色の実がはぜて朱色の種子が顔を出す。黄葉も美しい

樹齢約20年、樹高20cm、根上がり、黄釉丸鉢

和名（別名）	ツルウメモドキ
分類	ニシキギ科（落葉つる性）
原産地	日本、朝鮮半島
観賞期	9～11月（実）
主な樹形	斜幹、半懸崖、懸崖など
用土	赤玉土極小粒単用

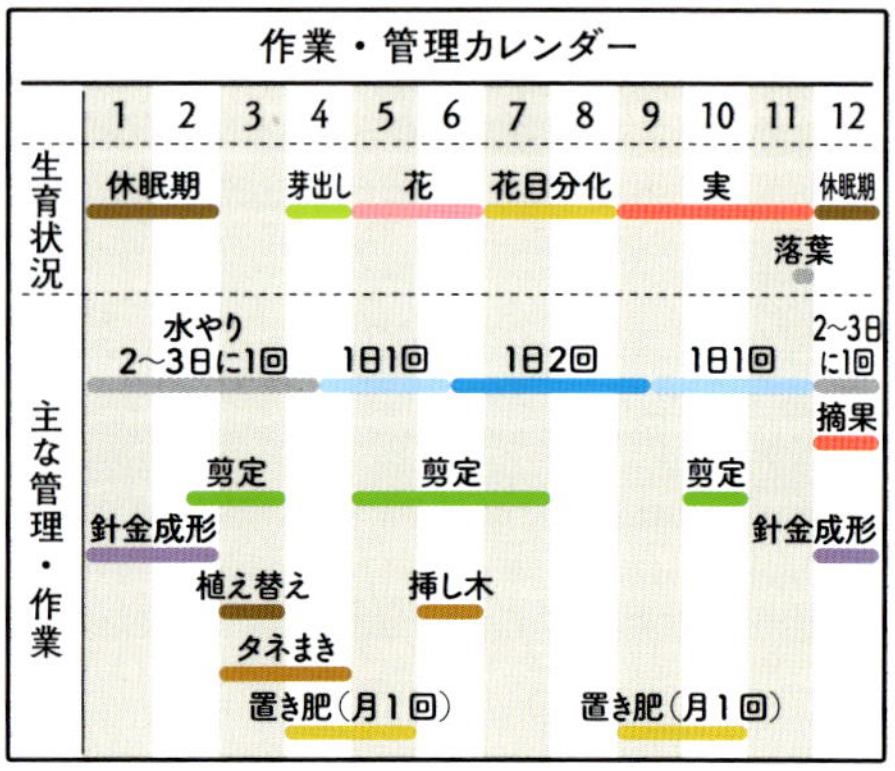

主な作業

雌木《めすぎ》と雄木《おすぎ》に分かれた雌《し》雄《ゆう》異《い》株《しゅ》です。確実に実をつけさせるには雌木と雄木をそろえ、開花期に雌木の近くに雄木を置いて受粉させます。

5～6月に咲く花はあまり目立ちませんが、秋に橙色の実がつき、晩秋に実が三つに裂けて朱赤のタネが顔を出します。実をつけたままにすると翌年の実つきが悪くなります。実を観賞したあと早めに摘果をして樹を休ませましょう。

摘果
実の観賞後は早めに摘み取る。年内に摘果したほうがよい。

主な管理

【置き場】日当たり、風通しのよい場所で管理する。夏は強光や水切れで葉焼けしやすいので半日陰に移す。冬は暖かい軒下などに移し、乾燥させないようにする。

【水やり】実が見え始めたら水を多めに与えて水切れを防ぐ。

【肥料】結実をよくするために5月いっぱいで肥料を止める。実がついたのを確認したら秋に再開する。

【植え替え】1年おきを目安に春に行う。

【病害虫】アブラムシ、ハダニに注意。定期的に薬剤を散布するか早期発見を心がける。

【その他】実生、挿し木、根伏せ(⇒P204)で繁殖できる。雄木の株が入手しにくい場合は、実生で雄木を得ることができる。

針金成形

⇒12～2月

骨格ができていない若木は、摘果後に針金成形を施して樹形を作ります。

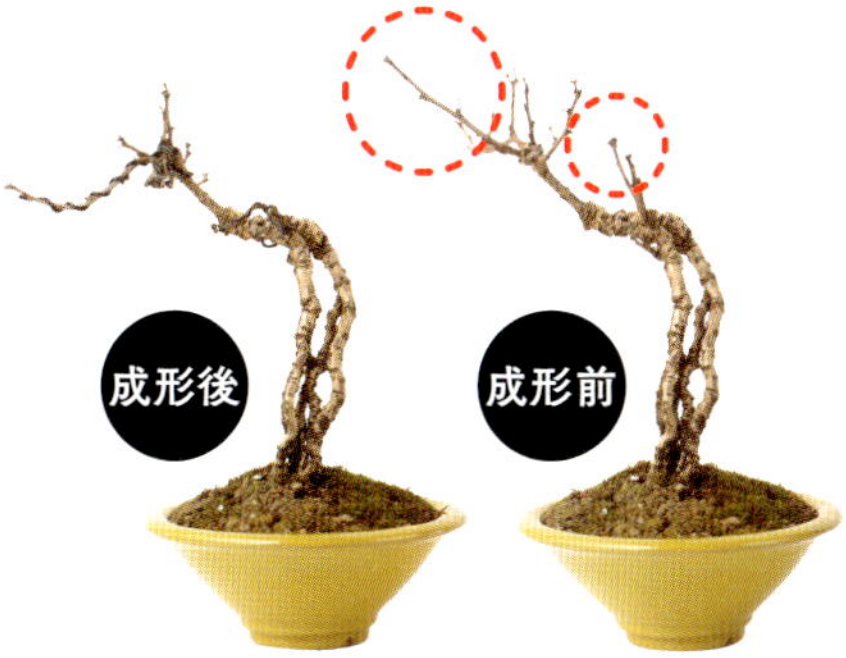

直線的な枝が立ち上がっている。 ← 上向きの枝に針金をかけて伏せ込んだ。

剪定

つる性植物で長く枝が伸びます。骨格のできている完成樹は、摘果後の休眠期に樹形の輪郭に合わせて2～3芽残して短く切り戻します。

生長期に枝葉が伸びて樹形が乱れていたら、追い込み剪定を行って整姿します。

休眠期の剪定 ⇒2～3月

1 実をほぼ摘果した半懸崖の完成樹。

2 骨格は維持して、長く伸びた小枝を2～3芽残して切り戻す。

3 剪定したところ。春に新しく伸びた枝に花や実がつく。

追い込み剪定 ⇒5～7月

1 生長期の7月の状態。枝葉が茂って枝ぶりが見えない。

2 忌み枝や曲がった枝などを元から間引く。

3 長い枝を切り戻して整姿する。盆栽では実が減っても樹形作りを優先する。

SPINDLE TREE

吊花

◉ツリバナ

秋に赤い種子をのぞかせた実が垂れ下がる。繊細な細い幹にも風情がある

手入れのコツ

- 針金成形は枝が若く緑色のうちに施す
- 植え替えは2年に1回。根を切り詰めて枝の間伸びを防ぐ

和名(別名)	ツリバナ(ツリバナマユミ)
分類	ニシキギ科(落葉小低木～低木)
原産地	日本、朝鮮半島、中国
観賞期	5～6月(花)、10～11月(実)
主な樹形	文人、吹き流し、懸崖など
用土	赤玉土極小粒単用

樹齢約15年、樹高15cm、吹き流し、和丸鉢

主な作業

樹形を作る剪定は休眠期に行います。徒長した枝を切り戻しますが、実が吊り下がるように、枝ぶりのよいものは残します。生長期は節間を伸ばさないように徒長枝を切り戻し、花芽のつきやすい短い枝の発生を促します。秋は花芽を見ながら整姿剪定をします。

根の回りが早いため、2年に1回植え替えを行い、長い根を切り戻して根詰まりと枝の間伸びを防ぎます。

針金成形

12～2月、4～6月

ほかのニシキギ科の樹木(コマユミ、マユミなど)同様、枝がすぐに固くなります。針金成形は枝が若く緑色のうちに行い、間伸びしやすい枝を生かして、文人、吹き流し、懸崖などの軽やかな樹形に仕立てます。

主な管理

【置き場】本来は日陰でも育つ樹のため、強光に当たると葉焼けをする。夏は遮光をして風通しのよいところに置く。冬は日当たりのよい暖かい軒下などに移す。

【水やり】土がしっかり乾いてから水やりをする。実がつき始めたら水切れさせないようにする。

【肥料】4～6月、9～10月に月1回置き肥をする。

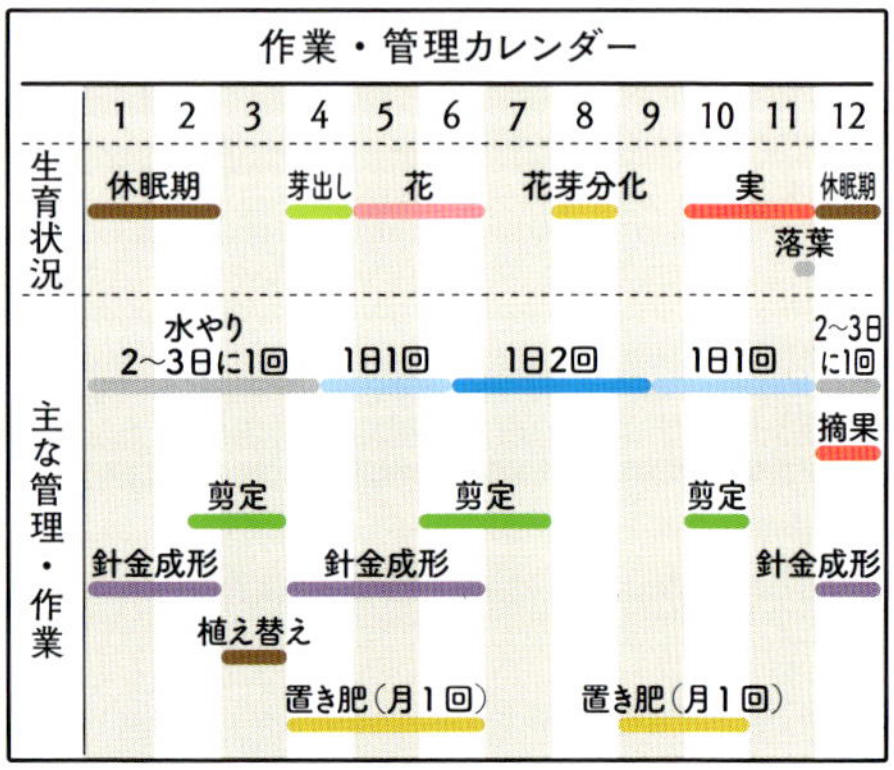

CHECKERBERRY 姫柑子

◉ヒメコウジ

秋に実る球状の赤い実と濃い緑の葉のコントラストが洋風の趣

樹齢約5年、樹高10cm、寄せ植え、和創作鉢

手入れのコツ

- 開花期の過湿を避け花に水をかけない
- 2~3月に1~2芽残して切り戻す
- 2年に1回植え替える

和名(別名)	ヒメコウジ、オオミコウジ(ゴールテリア、チェッカーベリー)
分類	ツツジ科、常緑低木
原産地	北米
観賞期	10～11月(実)
主な樹形	単植、寄せ植えなど
用土	赤玉土極小粒1：鹿沼土小粒1の配合土

◎主な作業

実を摘み取らずに残しておくと、翌年の花の上がりが悪くなります。遅くとも年明けには摘果しましょう。

2年に1回水はけのよい土に植え替え、過湿にしないように管理すると株がよくふえます。

年明けまでに摘果をする。

◎剪定 ⇓ 2~3月、10月

小さく仕立てるには、2~3月に1~2芽残して短く切り戻します。秋は実を確認しながら整姿します。

1～2芽残して切り戻す。

主な管理

【置き場】日当たりと風通しのよいところで管理する。開花期に過湿にすると花が落ちて実がつかなくなるので、梅雨時は軒下などに移して雨を避ける。冬も日当たりのよい暖かい軒下などに移す。

【水やり】水はけのよい土に植え、土がしっかり乾いてから水やりをする。

【肥料】4~5月、9~10月に月1回置き肥をする。

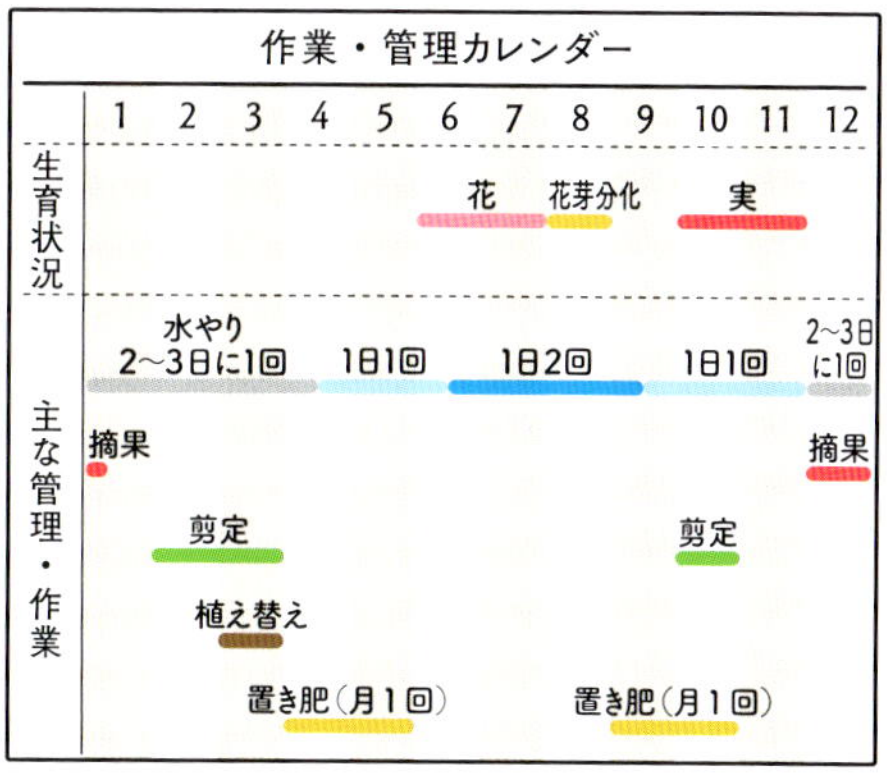

姫林檎

PLUM-LEAVED CRABAPPLE

◉ヒメリンゴ

秋に赤く色づいた小さなリンゴが実る。春に枝いっぱいに咲く清楚な花も美しい

樹齢約15年、樹高15cm、斜幹、彩花オリジナル鉢

手入れのコツ

- カイドウの花と人工授粉をする
- 針金成形で枝を伏せ短枝の発生を促す
- 月1回の薬剤散布で病害虫の発生を防ぐ

和名(別名)	ヒメリンゴ、エゾリンゴ、イヌリンゴ
分類	バラ科(落葉低木)
原産地	中国
観賞期	4～5月(花)、11月(実)
主な樹形	斜幹、模様木、懸崖など
用土	赤玉土極小粒単用

主な作業

リンゴ属は同じ品種同士では受粉しにくいので人工授粉(⇒p203)をします。

黒星病、赤星病、胴枯れ病、アブラムシ、カイガラムシなどが発生するので、薬剤を散布して予防します。

剪定は5月と休眠期に徒長枝を切り戻し、実がつきやすい短枝の発生を促します。秋にも実を確認しながら整姿します。実の観賞後は早めに摘果をして樹を休ませます。

植え替えは毎年または1年おきに行います。

針金成形

⇒5～6月

生長期の剪定とともに、立ち上がる枝を針金成形で伏せて曲づけすることで、花芽がつきやすい短枝の発生を促す効果があります。

主な管理

【置き場】日陰では実がつきにくい。日当たりのよい場所に置く。夏は西日を避け、冬は暖かい軒下に移す。ときどき鉢を回してどの実も赤く色づくようにする。

【水やり】水を好む。人工授粉後から夏の水切れに注意。花には水をかけない。

【肥料】生長期に月1回置き肥。人工授粉後は肥料を止め、実が肥大を始めたら再開する。

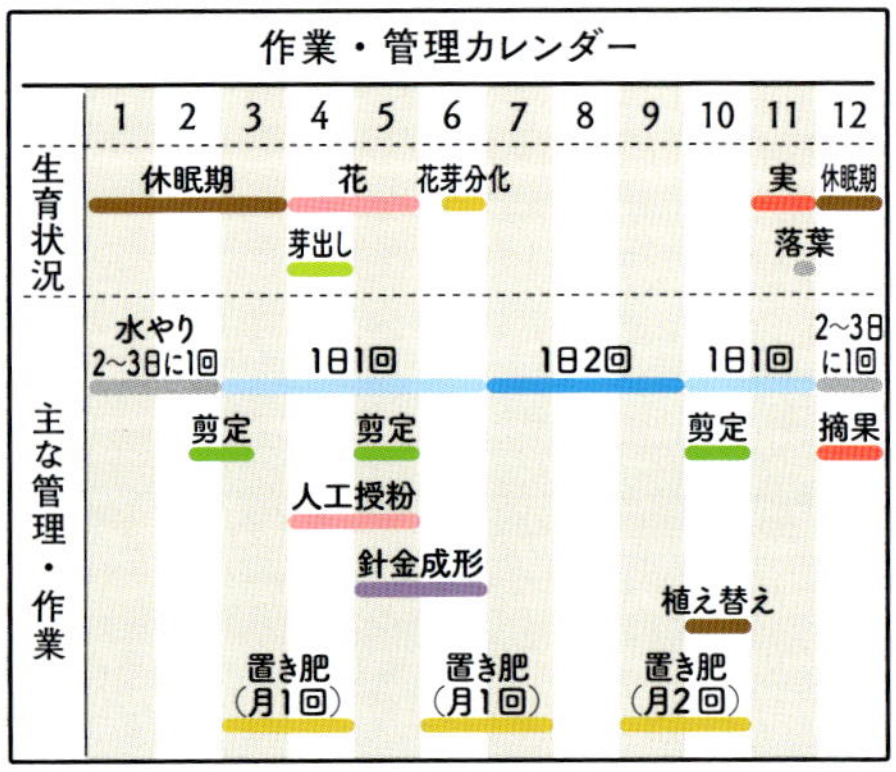

紅紫檀、白紫檀

ROCK COTONEASTER

●ベニシタン、シロシタン

花つき、実つきがよく小粒の実が愛らしい。ベニシタンの枝変わりのシロシタンも人気

手入れのコツ

- 枯れ葉を掃除して日照、通風をよくする
- 夏以降に伸びた徒長枝を切り戻す
- 年明けまでに摘果をする

和名(別名)	ベニシタン、シロシタン(コトネアスター)
分類	バラ科、常緑・落葉低木
原産地	中国
観賞期	5月(花)、11月(実)
主な樹形	斜幹、模様木、懸崖、寄せ植えなど
用土	赤玉土極小粒単用

白紫檀、樹齢約25年、樹高15cm、斜幹、和正方鉢

主な作業

若木は6月に新しい枝に針金をかけて枝ぶりを作ります。不要な徒長枝は切り戻して小枝を分枝させます。

植え替えは2年に1回、春は根頭がん腫病(⇒p202)が発生することがあるので、秋の彼岸頃が最適です。

年明けまでに摘果(⇒p204)をして樹を休ませます。

剪定

⇒2～3月、5～7月、10月

樹勢が強く枝の長短を問わず葉の脇に花芽がつき、休眠期に短く切り戻しても実がつかなくなる心配はありません。夏以降に伸びた徒長枝は秋に切り戻します。

夏以降に伸びた枝には実がつかないので切り戻す。

主な管理

【置き場】長く日の当たる場所に置く。寒さにやや弱いため、冬場は鉢土が凍らない温かい軒下などに移す。

【水やり】結実後の夏の水切れに注意する。

【肥料】4～6月、9～10月に置き肥。肥料を忘れなければ毎年実をつける。

【その他】実生、挿し木、取り木などで株をふやすことができる。特に挿し木は太い枝でもよく活着する。

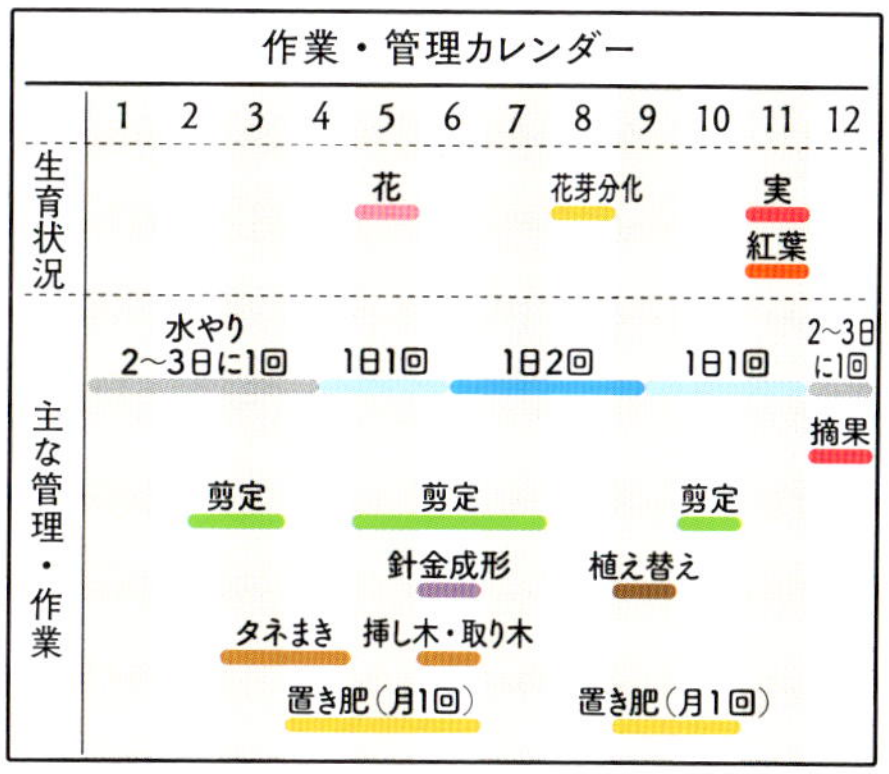

SIEBOLD'S SPINDLE

真弓

◉マユミ

実が熟すと三つに裂けて赤いタネがのぞく。淡紅色の個性的な実なりと秋の紅葉を観賞する

手入れのコツ

- 開花中に雌木《めすぎ》の近くに雄木《おすぎ》を置く
- 花に雨を当てない
- 枝が細く若いうちに針金で伏せる

樹齢約20年、樹高25cm、吹き流し、和古鏡鉢

和名(別名)	マユミ(ヤマニシキギ)
分類	ニシキギ科、落葉低木
原産地	中国
観賞期	11月(実)、11月(紅葉)
主な樹形	斜幹、模様木、文人、懸崖、吹き流しなど
用土	赤玉土極小粒単用

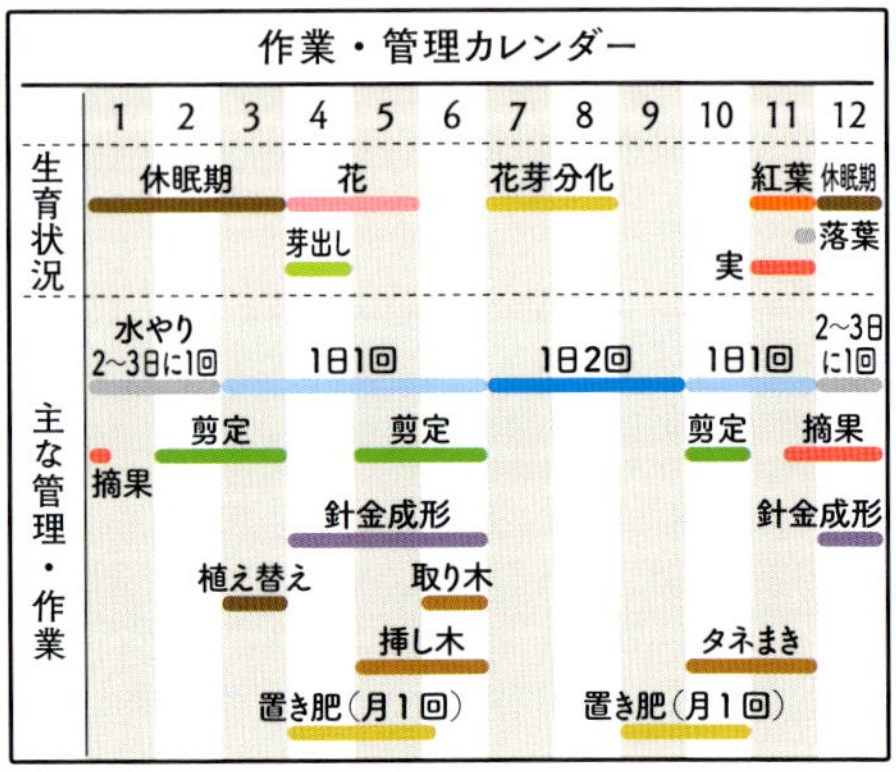

主な作業

雌木と雄木があり、実を多く楽しむには両方育てて開花中に雌木の近くに雄木を置きます。

枝が太くなると針金をかけても形がつきにくいので、針金成形は4~6月に若く細い枝に施します。立ち気味に伸びる枝に針金をかけて伏せるようにします。

摘果は12月中か遅くとも年明けに行って樹を休ませます。

根の生育が旺盛で、植え替えは1~2年に1回春に行います。直根(⇒P204)や走り根(⇒P204)を整理し、根を1/3程度まで切り戻してから植え直します。

摘果

年明けまでに実を摘み取る。

主な管理

【置き場】日当たり、風通しのよい場所で管理する。花に雨が当たると受精しにくくなる。開花中に雨が続く場合は雨の当たらない場所に移す。冬は日当たりのよい暖かい軒下などに移す。

【水やり】鉢土が乾いたらたっぷり与える。開花中の花に水をかけない。水を好むので、四季を通じて水切れさせないようにする。

【肥料】4～5月、9～10月に月1回置き肥をする。肥料が不足すると落果する。

【その他】実が熟し始めたら鳥除けをする。繁殖は雌木の剪定枝を利用して5～6月頃挿し木をするとよい。6月頃に取り木をすると、9月頃には切り離せる。秋の実をとって果肉を水洗いし、秋のうちにまくと実生も容易。

剪定

枝の先端付近に花芽がつくため、全体を切り戻すと実がつかなくなります。忌み枝を間引き、徒長枝を切り戻して、花芽のついた充実した短い枝は残します。

ただし、実をつけた枝は先端にしか葉芽を持たない傾向があり、毎年実をつけると枝が間伸びして樹姿が乱れます。サイズを維持するなら実を楽しむのは一年おきにして、実をつけさせない年は生長期に追い込み剪定(⇒p57)をして小枝を作り、樹形を維持します。

休眠期の剪定 ⇒2～3月

骨格のできた完成樹のため、摘果後に小枝の整理をする。実を多く楽しんだ年(表年)の翌年(裏年)は、実より樹形の維持を優先して全体を切り戻す。

忌み枝を間引き、長い枝を全体的に切り戻した。上向きの若い枝は針金をかけて伏せるとよい。

剪定のコツ

1 株の内側に伸びる内向枝を間引く。

2 枝の流れと逆向きに伸びる逆向枝を間引く。

3 間伸びした長い枝を元から2～3芽残して切り戻す。

生長期の剪定 ⇒5～6月

徒長枝を切り戻す。花芽分化すると、写真(左)のように先端に花芽ができる。

深山海棠

TORINGA CRABAPPLE

◉ミヤマカイドウ

紅色や黄色の小果が鈴なりにつくリンゴの仲間。ヒメリンゴの受粉樹にもなる

樹齢約30年、樹高30cm、斜幹、和正方鉢

手入れのコツ

- 繰り返し芽摘みを行い、葉を密にする
- 剪定と針金成形で枝棚を作る
- リンゴ属の別種を側に置く

和名(別名)	ズミ
分類	バラ科(落葉低木)
原産地	中国
観賞期	4月(花)、11月(実)
主な樹形	斜幹、模様木、懸崖など
用土	赤玉土極小粒単用

主な作業

1本では実がつきにくく、開花期にヒメリンゴ(⇒p176)を近くに置くと結実しやすくなります。昆虫が少ない場所では、人工授粉(⇒p203)をすると確実です。

細根がよく発生し、何年も植え替えないと根詰まりを起こします。2年に1回植え替えて根を更新します。

遅くとも年明けまでに摘果をして樹を休ませます。

剪定

⇒2〜3月、5月、10月

短枝に花芽がつきやすいので、長く伸びた枝を2芽程度残して切り戻して短枝の発生を促します。忌み枝があれば切り取ります。

休眠中と秋は花芽を確認しながら長い枝を切り戻す。

主な管理

【置き場】日当たり、風通しのよい環境で管理してうどんこ病(⇒p79)を防ぐ。近くにシンパクやイブキがあると赤星病《あかほし》(⇒p202)が発生しやすい。冬は暖かい軒下に移す。

【水やり】湿潤な土地に自生するため水を好む。特に真夏の水切れに注意する。

【肥料】結実後の5〜6月、8〜11月に月1回置き肥をする。

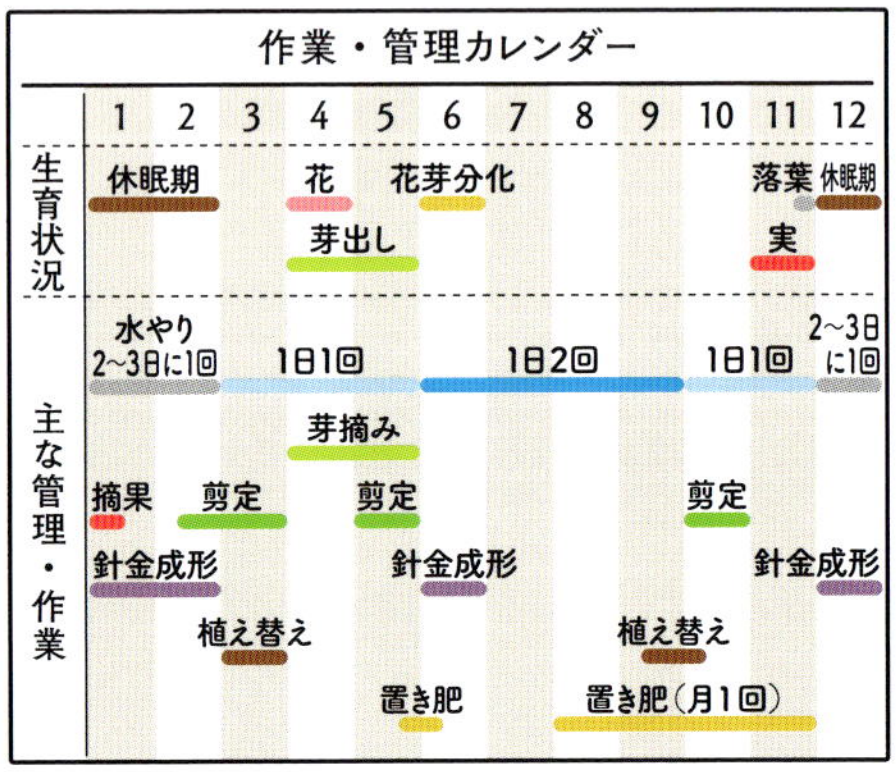

老鴉柿

●ロウヤガキ

CHINESE PERSIMMON

小さな柿の実が秋の景色を描く。生育旺盛で短期間で風情のある樹姿に仕上がる

和名(別名)	ロウヤガキ(ツクバネガキ、ヒメガキ)
分類	カキノキ科、落葉低木
原産地	中国
観賞期	5月(花)、10月(実)
主な樹形	斜幹、模様木、文人、懸崖、寄せ植えなど
用土	赤玉土極小粒単用

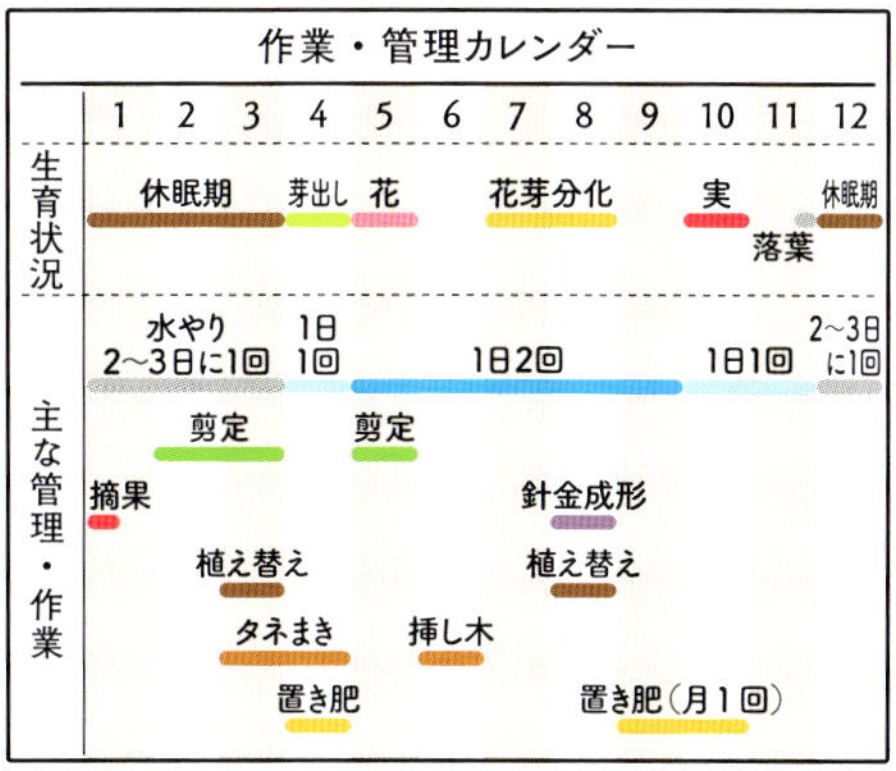

樹齢約15年、樹高20cm、斜幹(カマツカ、ハナセキショウと寄せ植え)、和丸鉢

手入れのコツ

- 雌木《めすぎ》と雄木《おすぎ》を用意する
- 水やりと施肥で自然落果を減らす
- 枝が若いうちに針金成形を施す

主な作業

雌木と雄木を用意して開花中に近くに置きます。受粉できないと落果します。

剪定は2～3月と5月に長い枝を短枝の上か、元から2芽程度残して切り戻します。ひこばえは元から切り取ります。剪定枝で6月頃挿し木もできます。年明けに摘果をして樹を休ませます。

植え替えは1年おきに3月または8月に行います。

針金成形

⇩8月

古い枝は固くて曲がりにくいので、直線的な枝は若くて柔らかいうちに針金をかけて伏せ込みます。

枝を作りたい場所は、徒長枝を切り戻し、針金をかけて伏せ込む。

主な管理

【置き場】長雨で根腐れすると落果を招く。梅雨時は雨の当たらない軒下などに移す。夏は遮光をして涼しい場所に、冬は暖かい軒下などで管理する。

【水やり】過湿、水切れともに落果の原因になる。

【肥料】4月と結実後の9～10月に月1回置き肥をする。

ミヤサマカエデの株立ち。盤根《ばんこん》（⇒p205）の根張りが薄鉢で長年持ち込まれたことを物語っている。

持ち込み

盆栽では、長年の丹精を付加価値として評価する「持ち込み」という考え方があります。持ち込みとは、ある程度鉢を小さく締め、盆栽として長年育てられた状態をさします。

樹木の盆栽では数年に一度の植え替えの際に鉢をやや小さくしたり、浅めの鉢に入れることを「鉢を締める」といい、根域《こんいき》制限をすることで地上部の徒長を抑えます。こうして長年育てられた盆栽は枝葉が密になり、根張りも発達して、持ち込み感のある盆栽になります。

盆栽を観賞する際にはこうした枝葉の細やかさや根張りの有無などを観賞して、時の経過がなせる美の世界を楽しみましょう。

第五章
盆栽を高める

盆栽の基本的な管理作業を覚えたら、
大胆な施術で樹形を作り変えたり、
素材作りから挑戦してみるなど
盆栽ならではの遊びにも挑戦してみましょう。
美しく仕上げるコケ張りのコツも紹介します。

ツルウメモドキ

RESHAPING_1 CHINESE JUNIPER

改作① 真《シン》柏《パク》

整姿と成形、角度変更で躍動感のある斜幹へ

改作は、大胆な剪定や針金成形、正面や植えつけの角度などを変更して、樹形を大きく作り替える作業のことを言います。技巧を駆使して樹の新しい魅力を引き出す、盆栽ならでは面白みがあります。一気に施術をすると樹に負担がかかるため、時間をかけて思い描いた樹形に近づけていきましょう。

改作前

頭部が重たく平坦。シンパクらしい捻転《ねんてん》する幹を枝葉が横切り、流れを分断している。枝葉をすかして軽やかにし、枝棚も整えたい。

改作後

不要な枝を抜いて全体的にすかし、剪定と針金成形で樹形を不等辺三角形に整えた。右に傾けて植え替えたことで立ち上がりの迫力が強調され、流れと躍動感が生まれた。

剪定

幹を横切る枝や混み入った小枝などを間引き、針金成形前の整姿をします。針金成形で枝を伏せることを想定して作業しましょう。

適期 2〜3月、10〜11月

※シンパクの場合

作業のコツ

不要な枝を抜く

幹の流れをじゃまする突き枝（⇒p58）を又枝切りで元から切る。切り口には癒合剤（⇒p205）を塗る。

混み入った枝をすかす

混み入った部分の脇枝などの細かい枝を間引いてすかす。

頭部と枝棚の境を作る

頭部と枝棚（⇒p18）を分ける。境目の枝を間引いてすき間を作る。

④ **ジンを削る**

ジン（⇒p203）がやや強すぎるので又枝切りで削り取り、紙やすりをかけてなじませる。

⑤ **輪郭線を決める**

針金成形で枝を下げる位置の見当をつけ、不等辺三角形の輪郭線を決める。

⑥ **追い込み剪定をする**

⑤の輪郭線に沿って枝を切り戻し、樹形を整えながら全体を一回り小さく追い込む。

ポイント

- 太い枝は又枝切りで抜く
- 針金成形後の姿を想定しながら剪定する
- 追い込み剪定で一回り小さくする

針金成形

適期 12～2月

※シンパクの場合

剪定後は、針金成形を行って枝棚を作ります。右流れの樹形では右の枝棚を長く作り、全体で不等辺三角形の輪郭になるように成形します。

成形前

剪定で重たい印象は解消できたが頭が平らのまま。頭が不等辺三角形の頂点になるように左右の枝を下げる。

成形後

不等辺三角形の輪郭線を描くように左右の枝を伏せた。右流れの樹形なので右の枝を長くする。

ポイント

- 流れ側の枝棚を大きくする
- 伏せた枝の先端を上げる
- 不等辺三角形の輪郭線を意識する

作業のコツ

針金をかける

伏せたい枝に針金（アルミワイヤー）をかける（⇒p72）。

枝を伏せる

曲げにくい太くて固い枝は、やっとこでワイヤーをつかんで枝を伏せる。

枝先を上げる

伏せた枝の先端を上向きにする。

整姿する

枝棚から飛び出した枝を切り戻し、下向きの枝は元から切る。

植え替え

適期 10月、2〜3月

植え替えと同時に角度変更を行いましょう。右にやや傾けて植え替えることで右への流れを強調します。

※シンパクの場合

作業のコツ

正面と角度を決める
深さは同じで、間口が二回り小さな観賞鉢に植え替える。鉢を傾け、正面と植えつける角度を決める。

根の整理をする
鉢から取り出して根の整理をする。上根（⇒p202）や傷んだ根、走り根（⇒p204）を元から切る。

根を切りそろえる
根を全体の⅓程度に切って長さをそろえる。

用土を盛る
鉢に用土を入れる。樹の角度を右に傾けるために、左側に高めに盛る。

植えつける
角度を調整したら植えつける。角度が変わらないように片手で株元を押さえて作業する。

根留めのワイヤーで固定する
縁まで用土が入ったら、根張りの上をワイヤーが横切らないように根の下を通して固定する。水やり後にコケを張って終了（⇒p199）。

ポイント

- 二回り小さな鉢に植え替えて締める
- 不要な根を切り取って整理する
- 流れ側に用土を高めに盛って樹を傾ける

※植え替えの手順は101ページも参照してください。

RESHAPING_2 GOLDEN BELLS

改作② 蓮翹《レンギョウ》

安価な鉢物素材を愛嬌のある盆栽に

園芸店やホームセンターの園芸コーナーで販売される安価な鉢物も、盆栽の技巧を生かして手を入れることで、個性的な盆栽に作り変えることができます。レンギョウのように樹勢が強く枝が出やすい樹種は、初心者が改作に挑戦するのに格好の素材です。

改作前

ホームセンターで入手した取り木の鉢物。無骨な幹や枝を抜き、どっしりとした立ち上がりを生かせば、古木感のある多幹の盆栽に作り替えることができる。

⇓

改作後

不要な幹と枝を抜き、針金成形で枝に曲をつけたことで個性的な双幹の盆栽に生まれ変わった。植え替えて鉢を締めたことで大木感も加わった。

枝抜き

適期 2~3月

※レンギョウの場合

幹や太い枝を抜く作業は休眠期に行います。はじめに中央から真上に伸びるゴツゴツした幹を抜き、幹から吹いた徒長枝を切り戻して、脇枝などの不要な小枝を間引きます。

ポイント

● 太い枝(幹)を抜いたら、切り口をえぐって癒合剤を塗る
● 不等辺三角形の輪郭線に沿って切り戻す

枝抜きのコツ

① **無骨な幹を抜く**
中央のゴツゴツした幹を刃の細い小型のノコギリで元から切り取る。

② **切り口をきれいにする**
又枝切りでノコギリの切り跡を切り取って平らにする。

③ **癒合剤を塗布する**
切り口の中央をややえぐり、すぐに癒合剤(⇒p205)を塗る。

④ **徒長枝を切り戻す**
不要な徒長枝を元から間引く。残した徒長枝は輪郭線が不等辺三角形になるように全体的に切り戻す。

⑤ **小枝を間引く**
脇枝などの不要な小枝を間引く。

枝抜きと整姿が終わったところ。主幹の頭を頂点に、不等辺三角形の輪郭線に沿って枝全体を切り戻した。

針金成形

適期 12～2月

※レンギョウの場合

枝抜き、剪定で姿を整えたら、残した枝に針金をかけて成形しましょう。剪定と同時に行っても構いません。

成形前

レンギョウは上向きの直線的な枝が多い。固い枝は形がつきにくいので、成形したい若い枝に針金をかける。

成形後

枝を伏せ、曲をつけて右への流れを強調した。盆栽としての樹形の骨格ができた。

ポイント

- 若くて柔らかい枝に針金をかける
- 直線的な枝に曲をつけて流れを出す

植え替え

適期 3月、9月

※レンギョウの場合

安価な鉢物は根詰まりしていることもあります。根の剪定を兼ねて仕立て鉢か観賞鉢に植え替えましょう。

ポイント

- 鉢を小さくして樹を引き締める
- 根を剪定して徒長枝の発生を抑える

植え替えのコツ

樹形の骨格ができたので、今後は鉢を小さくして樹を引き締める。間口が二回り小さく、深さも半分の観賞鉢（和正方隅入鉢）に植え替える。黄色の花と反対色の青い鉢を合わせることで花色がいっそう映える。

1 **根鉢をほぐす**

鉢から樹を取り出し、固まった根鉢を根かきでほぐす。

2 **根の固まりを切る**

ほぐしきれない固まりは根切りバサミで切る。

根鉢の土を落とす

新しい用土が入るように、根鉢の内部の土もできるだけ落とす。

根を剪定する

鉢に入る長さまで根を切り詰める。

上根を切り取る

細根のない上根を元から切り取る。

根張りの高さを決める

鉢の中に置いて根張りの高さを確認してから植えつける。

根を留める

鉢縁まで用土が入ったら根を固定する。根張りの上をワイヤーが横切らないように根の下を通す。

地表の根の整理をする

地表に出た上向きの根を切り取る。下向きの根はそのまま。水やり、コケ張りをして終了。植えつけ後の姿は188ページ。

根張りの向上

植え替え後に新芽が伸び出して樹勢が落ち着いたら、流れの途切れた根張りの先端を削り、株元から鉢縁にかけてなだらかな裾野《すその》を描くようにします。

根張りの先端が途切れて流れが止まっている。

根張りの先端を又枝切りで斜めに切り取る。切り口には癒合剤(⇒p205)を塗る。

RESHAPING_3　SILK TREE

改作③ 合《ネ》歓《ムノ》木《キ》

間伸びした文人を取り木で樹形を作り替える

下葉を落としながら伸びるネムノキは、こまめに切り戻し剪定をしても、年数とともに間伸びしがちです。腰高な文人などに向きますが、上方で大きく葉を広げるため、重心の悪い不安定な印象になったら取り木で改作しましょう。

取り木前

文人のネムノキ。幹が間伸びして高いところで葉が大きく広がり、重心のバランスが悪い。

⇓

取り木後

枝分かれした部分を利用して取り木をし、文人から双幹に改作中。取り木をした年は蕾《つぼみ》がついたら摘み取って養生させる。

環《かん》状《じょう》剥《はく》離《り》法《ほう》

適期 5〜6月

作業のコツ

取りたい部分の樹皮(形成層)をはぎ、養分や水分の通り道を遮断して発根を促す手法です。樹皮をはいだ部分には湿らせた水ゴケを巻きます。

ポイント

- 樹皮とともに形成層をはぎとる
- 切り口に発根促進剤を処理する
- 水ゴケを乾燥させずに管理する

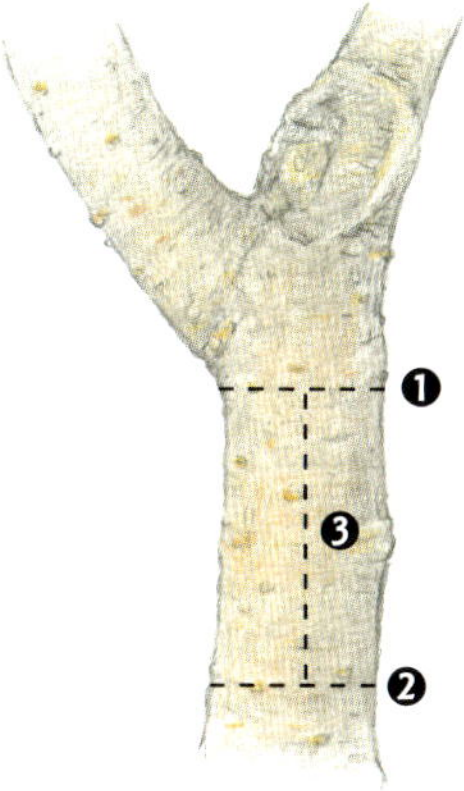

1 切り込みを入れる

❶発根させたい部分にナイフで1周切り込みを入れる。

❷幹の直径の1.5倍ほど下に、同様にして1周切り込みを入れる。

❸ ❶から❷に縦に切り込みを入れる。

2 樹皮をはぐ

❶〜❸の切り込みに沿って樹皮をはぐ。形成層を残さないように木質部が見えることが重要。

3 発根促進剤を処理する

発根させる部分に発根促進剤を処理する(写真は粉衣する粉状のタイプ)。

4 ポットをはめる

ビニールポットを縦に切り開き、底の穴を幹にはめる。切った部分を重ねてホチキスで留め、水ゴケ用のカップにする。

5 水ゴケで保護する

湿らせた水ゴケをポットに詰めて剥離した部分を保護する。作業後は通常の管理をし、水やり時に水ゴケにも水をかけて乾燥させないようにする。

切り離しと植えつけ

適期 9～10月

新芽が伸び出したら親木から切り離して、仕立て鉢に植えつけます。今回は分岐を生かして双幹に改作するのが目的ですが、親木も再生して楽しみましょう。

作業前
環状剥離した部分より上の枝からも新芽が伸び出しているので、発根して切り離しができる状態。

作業後
切り離した部分は仕立て鉢に植えつけて双幹に仕立てる（左）。親木は枝を針金で成形して文人として再生する（右）。

ポイント

- 発根を確認したら親木から切り離す
- 仕立て鉢に水ゴケをつけて植えつける

切り離しのコツ

①
根を確認する
ポットの上から根の張り具合を確認する。根がしっかり張っていたら切り離してよい。

②
親木から切り離す
ポットの下でノコギリで切断する。

③
親木を切り戻す
親木も再生する場合は、頭にする枝のところまでノコギリで切り戻す。

④
癒合剤を塗る
親木の切り口に癒合剤を塗って保護する。

植えつけのコツ

ポットを取る

ポットをはずす。水ゴケに根が回って根鉢ができている。

植えつける

黒ずんだ水ゴケだけむしり取り、残りの水ゴケはつけたまま仕立て鉢に植えつける。水ゴケは次の植え替えで取り除く。用土は赤玉土極小粒を単用する。

ひもで固定する

根がしっかり張るまで、十字にひもで縛って固定する。

樹形の変更

双幹をめざして取り木をしたものの、残念ながらどちらかの幹が枯れてしまったなどの場合は、枯れた幹を元から切り取れば、斜幹に樹形を変更することができます。

切り離し後に葉が展開した様子。副幹からは発芽せず枯れている。

主幹の上部の枯れ込みを、頭にする枝の上で切り取る。切り口には癒合剤を塗る。

副幹を切り取り、双幹から斜幹に樹形を変更した。

GROWING FROM CUTTINGS

素材作り① 挿し木

徒長枝から挿し木素材を作る

挿し木素材は実生素材に比べて生長が早く、親木と同じ性質を持つ樹を作ることができます。剪定した徒長枝を利用して、挿し木に挑戦してみましょう。シンパクを例に紹介しますが、ほかの樹種にも応用できます。

適期 2~5月

※シンパクの場合

シンパクの挿し木

1 勢いよく伸びた徒長枝を剪定して挿し穂をとる。

2 先端を切り落として挿し穂の長さを10cm程度にそろえる。

3 下葉を元から切って半分程度に減らす。

4 活力剤を入れた水の中で切り口を斜めに切り、そのまま30分程度浸けておく。

5 仕立て鉢に赤玉土極小粒を入れ、水やりをして湿らせる。葉が触れない程度の間隔で4のさし穂を斜めに土にさす。

6 発根するまで簡易温室などに入れてできるだけ保湿する。1年後に1株ずつ鉢上げする。

GROWING FROM SEED

素材作り② タネまき

摘果した実から実生素材を作る

実生素材は形になるまで時間がかかりますが、立ち上がりにクセがなく、長い目で見れば最も盆栽に適した素材です。松柏類、雑木類は市販のタネを入手するとよいでしょう。実ものは、摘果した実からタネを取り出してまくことができます。

適期 3～4月

※ロウヤガキの場合

ロウヤガキのタネまき

❶ 摘果した実を室内で保存して春にタネを取り出す。または、摘果後すぐにタネを取り出して果肉を水で洗い、空き瓶に湿らせた砂とタネを入れて春まで冷蔵庫で保存する。

❷ 仕立て鉢に赤玉土極小粒を入れ、水やりをして湿らせておく。一昼夜水に浸けたタネを2～3cm間隔に置く。

❸ タネ1個分の厚みに赤玉土極小粒で覆土をする。

❹ たっぷり水やりをして乾燥させないように管理する。2～3週間で発芽する。

葉が重なり合わないように、太くしっかりした苗を残しながら何回か間引きをし、1年後の春に1株ずつ鉢上げをする。

MOSS

苔《コケ》

美観と保湿効果を高める名脇役

美しい緑のコケは盆栽になくてはならない存在です。苔むした大地は老木感、古木感をたたえた樹と一体となって、景色の演出に一役買います。盆栽でよく使われるコケや、美しくコケを張るテクニックを紹介します。

コケの種類

コケは種類が非常に多く、日本だけでも1700種以上が知られていますが、専門家でないと種類の同定は難しいのが現状です。盆栽鉢の中に美しいコケが自然に生えてくることもあります。ここでは、盆栽園や園芸店で販売される代表的なコケを紹介します。

ホソバオキナゴケ

山ゴケとも呼ばれる。半日陰を好む。コケむした景色を描くのに向く。

ハイゴケ

明るい緑色から黄色で、毛足が長くふかふかしている。コケ玉にもよく使われる。

スナゴケ

水を含むと星のように葉が広がる。暑さや乾燥に強く、日当たりのよい場所を好む。

コケ張りの基本

コケ張りは単純なようで奥の深い作業です。何年もそこでコケむしたかのように見せるのが腕の見せどころ。美しく張るコツを覚えましょう。

ポイント

- コケを小分けにして張る
- 根張りをコケで隠さない
- 鉢縁のコケは縁の中に押し込む

作業のコツ

水やりをして土を湿らせ、コテで土を軽く押さえてならす。

コケの裏の土が厚い場合は、根切りバサミで切り取って薄くする。

コケを500円玉程度に小分けにする。大きなコケを乗せるより、細かく張っていったほうが張りたてに見えない。

土の上にコケを置き、ピンセットの先で押しつけるようにして張る。

同じ要領ですき間がないように張っていく。根張りを覆わないのがコツ。

全体にコケを張ったらコテでならして密着させる。鉢縁のコケは縁の中に押し込む。

寄せ植えのコケ張り

複数の株が鉢の中に林立する寄せ植えでは、主木や副木の株元から自然にコケが広がったように裾野《すその》に向けて張っていくと自然に仕上がります。

弧を描くように主木や副木周辺の用土を盛り上げ、高いところから低いところへコケを張っていく。

寄せ植えは大きな景色に見せるために薄い鉢に植えることが多い。鉢におさまらない地表の細かい根はコケで覆うとよい。

養生中の水ゴケ張り

緑のコケはきれいですが、通気性が悪い面もあります。植えつけ、植え替え直後や養生中の鉢は、水ゴケのほうが通気性がよく、根の回復も早まります。

作業のコツ

❶ 乾燥水ゴケをハサミで細かく切り、30分程度水に浸しておく。

❷ ❶の水ゴケを手の平で平らに押しつぶして水を切る。

❸ 水やりをして土を湿らせ、❷の水ゴケを土の表面に指先で押しつけながら張る。根張りの上には張らない。

❹ 作業終了。鉢縁近くは張らずにあけておくと、保湿と通気の両方が確保できる。

コケの張り替え

コケは湿潤な環境では再生能力が高いですが、乾燥しやすい環境で黒くなったコケは回復が難しいので、はがして新しいコケに張り替えましょう。

作業のコツ

❶ 黒くなったコケをコテではがす。

❷ 新しいコケの裏の土が厚ければ、ピンセットなどで取り除く。

❸ 古いコケをはがしたところに新しいコケを張り直す。

❹ 作業終了。遊びで部分的に川砂などを敷くと水辺の景色になる。

盆栽を飾る

半懸崖のゴヨウマツ。盆栽が左流れの場合は床の間の右側に寄せて置き、流れを受け止めるように左側に下草を飾る。

盆栽には「飾って愛でる、観賞する」楽しみもあります。長い歴史の中で飾りの作法も洗練されました。床の間に飾る際には、掛け軸、盆栽、下草（水石や添配《てんぱい》）の3点または掛け軸を除いた2点で構成し、盆栽は卓《しょく》（木製の台）や地板《じいた》（木製の敷板）に乗せて飾ります。下草には飾り全体に季節感を添えたり、草丈の低いものを飾ることで盆栽の大木感を引き立てる役割があります。

リビングなどに飾る場合もこの作法を踏まえ、周りにできる限り物を置かず、すっきりした壁を背景に、陶板や地板、季節感のある置物などを添えて飾りましょう。

高さのあるものを卓（写真上）、板状のものを地板（写真下）と呼ぶ。地板の代わりに陶板を使用してもよい。

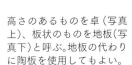

盆栽用語

同 同義語　関 関連用語

あ

赤玉土《あかだまつち》
粒状の盆栽の基本用土。粒の大きさで極小粒、小粒、中粒、大粒などに分かれる。

赤星病《あかほしびょう》
葉に赤褐色の斑点ができて落葉する。ビャクシン類が宿主になる。

浅鉢《あさばち》
間口に対して高さが半分以下の鉢。関 薄鉢、中深鉢、深鉢、下方鉢

頭《あたま》
盆栽の頂部。同 芯、樹芯

い

一の枝《いちのえだ》
立ち上がりに最も近い一番下の役枝。関 役枝

一番芽《いちばんめ》
最初に伸びる新芽。関 二番芽

忌み枝《いみえだ》
樹形を乱す不要な枝。

色鉢《いろばち》
釉薬のかかっている観賞鉢。同 化粧鉢　関 泥もの

う

植え替え《うか》
植えつけて数年たった盆栽を鉢から抜き、根の整理をして新しい用土で植え直すこと。関 植えつけ

受け枝《うえだ》
流れ側の効き枝の反対側に配して全体のバランスをとる枝。関 効き枝

薄鉢《うすばち》
浅鉢の中で特に底の浅い鉢。多幹もの、寄せ植えに向く。関 浅鉢、中深鉢、深鉢、下方鉢

裏《うら》
盆栽の後ろ側。関 裏枝、表、正面

裏枝《うらえだ》
裏側に配して奥行きを引き出す役枝のこと。関 役枝

上根《うわね》
土の表面に出して根張りにする根。根張りより上にある上根は元から切り取る。関 根張り

え

液体肥料《えきたいひりょう》
液状の化成肥料。固形肥料より速効性があり、花ものの開花中に与えると効果的。関 置き肥、固形肥料

枝打ち《えだう》
枝配りの様子。幹に対して枝がバランスよく配置された盆栽を「枝打ちがよい」という。

枝配り《えだくば》
枝の配置。

枝順《えだじゅん》
根張りから頭までの枝の並び、間隔、太さ、長さのこと。盆栽の見どころの一つ。

枝棚《えだだな》
枝の先端の枝葉の固まり。

お

追い込み剪定《おこせんてい》
樹形の大きさを維持するために全体的に一回り小さくする剪定。関 切り戻し剪定、整姿剪定、間引き剪定

置き肥《おひ》
土の上に置く固形肥料。同 玉肥　関 固形肥料、液体肥料

遅霜《おそじも》
気温が高くなってから急に寒さが戻って降りる霜。

落とし枝《おえだ》
懸崖、半懸崖樹形で下に下げる主幹。関 受け枝

か

改作《かいさく》
正面や角度の変更、大胆な剪定や針金成形、取り木などで現状の樹形から大きく作り替えること。

花芽分化《かがぶんか》
花芽のもとができること。はなめぶんか。関 花芽

化成肥料《かせいひりょう》
化学的に成型加工された肥料。関 液体肥料

株立ち《かぶだ》
一つの株元から3本以上の幹が出る基本樹形。関 基本樹形

株分け《かぶわ》
植え替え時に根(芽)をつけて株を小さく分ける繁殖法。

寒樹(姿)《かんじゅ》
落葉後の落葉樹の冬枯れの姿。細かな枝打ちや幹肌を観賞する。同 裸樹

観賞鉢《かんしょうばち》
観賞用の盆栽鉢。同 色鉢、泥もの　関 仕立て鉢

完成樹《かんせいじゅ》
樹形の骨格ができ上がった盆栽。関 半完成樹

寒冷紗《かんれいしゃ》
遮光用の資材。色や網目によって遮光率が異なる。関 夏越し

き

効き枝《きえだ》
役枝のうち最も太くて長い枝。一の枝になることが多い。同 差し枝　関 役枝、一の枝、受け枝

基本樹形《きほんじゅけい》
盆栽の樹形の定型。本書では9種類の基本樹形を紹介。関 直幹、双幹、斜幹、模様木、吹き流し、文人、懸崖、株立ち、寄せ植え

休眠期《きゅうみんき》
冬期や夏期に生育を一時的に休む期間。関 生長期

曲づけ《きょく》
針金成形で枝や幹に曲模様をつけること。関 針金成形、模様

切り戻し《きもど》
盆栽の大きさを維持するために枝や茎を短く剪定すること。関 追い込み剪定、整姿剪定、間引き剪定

桐生砂《きりゅうずな》
硬質の粒状の用土。松柏類で水はけをよくするために赤玉土に混ぜて使う。関 赤玉土

く

黒星病《くろほしびょう》
葉に黒い病斑ができる病気。バラ科に多い。病葉をすぐに取り除き、殺菌剤を散布するとよい。

け

下方鉢《げほうばち》
間口より深さのある深鉢。懸崖、半懸崖樹形に向く。関 懸崖、半懸崖、薄鉢、浅鉢、中深鉢、深鉢

懸崖《けんがい》
主幹を鉢底より下げた基本樹形。関 基本樹形

こ

高台《こうだい》
水はけをよくするための鉢底の基台。関 水切り

固形肥料《こけいひりょう》
土の上に置く固形の肥料。関 置き肥、液体肥料

コケ順《じゅん》
根張りから頭にかけて幹が細くなっていく様。盆栽の見どころの一つ。

腰高《こしだか》
文人樹形などで一の枝が高い位置にある様。関 文人、一の枝

ゴロ土《つち》
水はけをよくするために鉢底に敷く赤玉土小粒などの粒状の土。

根頭がん腫病《こんとうしゅびょう》
根にこぶができる病気。バラ科に多い。植え替え時に見つけたらこぶのある根を切り、新しい用土で植え替える。

さ

細幹《さいかん》
細い幹。ほそかん、ほそみき。関 太幹

挿し木《さき》
枝の一部を切り取って用土に挿して発根させる繁殖方法。親木

と同じ性質の素材を得ることができる。

挿《さ》し木《き》苗《なえ》
挿し木で繁殖した素材。立ち上がりが直線的なものが多い。関素材、接ぎ木

挿《さ》し穂《ほ》
挿し木に使う枝。

サバ幹《かん》
表皮の一部がはがれて木質部が露出した幹の模様。古木感を演出する。トショウでよく見られる。さばみき。

三《さん》の枝《えだ》
根張りから三番目の役枝。関一の枝、二の枝、役枝

三又枝《さんまたえだ》
枝元から3本に分かれた枝。盆栽では忌み枝なので1本切り取って二又にする。関忌み枝

し

地《じ》板《いた》
盆栽の下に敷く観賞用の敷板。

支《し》幹《かん》
多幹ものの主幹以外の幹。関主幹、多幹

自然樹形《しぜんじゅけい》
人が手を入れずに生長した本来の木姿。

時代《じだい》が乗《の》る
盆栽に古色がつき、時間の流れを感じさせる様。

仕《し》立《た》て鉢《ばち》
素材の育成や樹勢の落ちた盆栽の養生に使う通気性、排水性のよい素焼き鉢。関観賞鉢

枝垂《しだ》れ性《せい》
枝が枝垂れる性質。シダレザクラ、シダレウメなど。

斜幹《しゃかん》
幹を左右どちらかに傾けた基本樹形。自然界でも多い。関基本樹形

遮光《しゃこう》
日除けをして適切な光の強さに調節すること。関夏越し

シャリ
幹の芯が風化して白骨化した装飾。舎利。関ジン

シンパクのシャリ。

雌雄異株《しゆういしゅ》
雌木《めすぎ》と雄木《おすぎ》に分かれた植物。実をならせるには2本そろえる。

樹格《じゅかく》
盆栽の品格。

主幹《しゅかん》
多幹ものの親になる幹。関副幹、支幹、多幹

樹冠《じゅかん》
樹の頭の部分の輪郭。関頭

樹形《じゅけい》
樹全体の形。

樹高《じゅこう》
根張りから頭までの高さ。

樹種《じゅしゅ》
樹の種類。

樹芯《じゅしん》
同頭、芯

樹勢《じゅせい》
樹が生長する勢い。樹勢が強いと徒長枝が発生しやすい。

受粉樹《じゅふんじゅ》
人工授粉用の花粉を得るための樹。関人工授粉

主木《しゅぼく》
寄せ植えの一番背が高くて太い親木。関寄せ植え、副木

樹齢《じゅれい》
樹の年齢。定かでないものは幹肌の様子から推測する。

松柏類《しょうはくるい》
マツをはじめとした常緑針葉樹の盆栽の総称。関雑木類、花もの、実もの

小品盆栽《しょうひんぼんさい》
樹高20㎝以下程度の小型の盆栽。関中品盆栽

正面《しょうめん》
盆栽の表側。正面から観賞する。同表 関裏

常緑樹《じょうりょくじゅ》
周年緑の葉をつけている樹。関落葉樹

卓《しょく》
懸崖などの盆栽を飾る台。高卓、中卓、平卓、根卓などがある。

芯《しん》
同頭、樹芯

ジン
枯れ枝を利用した装飾。神。関シャリ

人工授粉《じんこうじゅふん》
実をならせるために花粉を柱頭につけて人工的に受粉をする作業。関受粉樹

す

すかし剪定《せんてい》
枝や葉の混み入った部分を間引いて日当たりや風通しを改善する剪定。関葉すかし、間引き剪定

せ

整姿剪定《せいしせんてい》
長い枝を切り戻したり、不要な枝を間引いたりして樹形を整える剪定。関切り戻し剪定、間引き剪定

生長期《せいちょうき》
植物が生長する期間。関休眠期

成木《せいぼく》
樹種本来の特徴の出た成熟した樹。関苗木、若木

節間《せっかん》
節と節の間。

そ

双幹《そうかん》
株元から複数の幹に分かれた多幹もののうち、親(主幹)と子(副幹)の2本に分かれた基本樹形。関立ち上がり双幹、子持ち双幹

雑木類《ぞうきるい》
美しい葉や繊細な枝ぶり、幹筋、幹肌を楽しむ落葉樹の盆栽の総称。関松柏類、花もの、実もの

素材《そざい》
盆栽に仕立てるための苗木、幼木、若木、半完成樹。関挿し木、接ぎ木、実生、取り木

た

多幹《たかん》
双幹や株立ちなど、一つの株元から複数の幹が立つ樹形。関双幹、株立ち

立《た》ち上《あ》がり
根張りから一の枝までの部分。盆栽の見どころの一つ。

立《た》ち上《あ》がり双幹《そうかん》
株元から少し上で親(主幹)と子(副幹)に分かれる樹形。関子持ち双幹、主幹、副幹

単幹《たんかん》
直幹や文人など1本の幹で仕立てる樹形。関多幹

短枝《たんし》
短い新梢。花もの、実ものでは短枝に花芽がつきやすい樹種が多い。関徒長枝

単植《たんしょく》
鉢に1種類の植物を植えつけたもの。関寄せ植え

短葉法《たんようほう》
マツの枝や葉を短くするために行う作業。関芽摘み、芽切り、芽かき、葉すかし

ち

中品盆栽《ちゅうひんぼんさい》
樹高20〜50㎝前後の盆栽。関小品盆栽

中深鉢《ちゅうぶかばち》
浅鉢と深鉢の中間の深さの鉢。最も汎用性がある。関薄鉢、浅鉢、深鉢、下方鉢

直幹《ちょっかん》
幹がまっすぐに伸びる1本立ちの基本樹形。関基本樹形、単幹

直根《ちょっこん》
まっすぐ下に伸びる長くて太い根。

つ

追肥《ついひ》
鉢に植えつけたあとに生育を後押しするために与える肥料。盆栽では有機質の固形肥料を置き肥する。関固形肥料、置き肥、元肥

突き枝《つえだ》
正面に向かって伸びる枝。忌み枝の一種。同向かい枝、正面枝、前枝 関忌み枝

て

泥《でい》もの
釉薬《ゆうやく》をかけずに高い温度で焼いた観賞鉢。松柏類に向く。色味によって烏泥(灰色)、紫泥、朱泥、白泥などがある。関色鉢、鑑賞鉢

摘果《てきか》
一定期間観賞したら、樹を休ませるために早めに実を摘み取ること。

と

胴吹《どうぶ》き
幹や枝の中間から吹く不定芽。早めにかき取る。関不定芽

徒長《とちょう》
日光不足や蒸れによって、茎や枝が弱々しく間伸びすること。

徒長枝《とちょうし》
勢いよく伸び出す新梢。樹形を乱す場合は切り戻すか間引く。

ドブ漬《づ》け
鉢ごと水に浸ける水やりの方法。夏の水切れ防止に効果的。

気泡が出なくなるまで鉢全体を水に浸け、中まで水を浸透させる。

取《と》り木《き》
幹の途中から発根させて親木から切り離す繁殖方法の一つ。間伸びした盆栽の改作にも活用できる。

な

夏越《なつご》し
遮光や葉水などで夏の強光や高温、乾燥から盆栽を守ること。関遮光、葉水

に

二重鉢《にじゅうばち》
大きな鉢に富士砂などを敷き、その上に盆栽を並べて水切れを防ぐ方法。保湿効果もある。

二《に》の枝《えだ》
一の枝の上、下から二番目の役枝。関一の枝、役枝

二番芽《にばんめ》
一番芽のあとに萌芽する新芽。関一番芽

ね

根上《ねあ》がり
地上に露出した根が木質化して幹のようになった樹形。

根腐《ねぐさ》れ
水のやりすぎによる過湿などで根が酸欠状態になり、弱ったり腐ったりすること。

根詰《ねづ》まり
鉢の中で根が詰まって酸欠状態になること。根詰まりを防ぐために植え替えをする。関植え替え

根留《ねど》め
樹を固定するために根を留めるアルミワイヤーなどのこと。

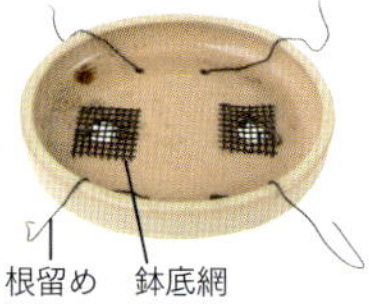

根鉢《ねばち》
根と土が鉢の形に固まったもの。

根張《ねば》り
株元の上根の張り具合。四方八方に広がり、大地をしっかりとつかんだ力強さ、安定感が好まれる。盆栽の見どころの一つ。関上根、八方張り

根伏《ねぶ》せ
切り取った根から苗をふやす繁殖方法。

捻転《ねんてん》
幹や枝のねじれ。シンパクでよく見られる。

は

灰色《はいいろ》かび病《びょう》
葉や花に灰色のカビが生える病気。花がらをこまめに摘み取り、病葉をすぐに取り除く。

葉刈《はが》り
雑木類で葉を切り取って脇芽を吹かせ、枝数をふやしたり、葉を小さくそろえるための作業。関芽摘み

葉芸《はげい》
葉の数や形や色、模様などの見どころ。

葉性《はしょう》
葉の色や形、大きさ、つき方、勢いなどの性質。

走《はし》り根《ね》
ほかの根に比べて長く強く暴れる根。走り根を残すと強い徒長枝が発生するので植えつけ、植え替え時に元から切り取る。

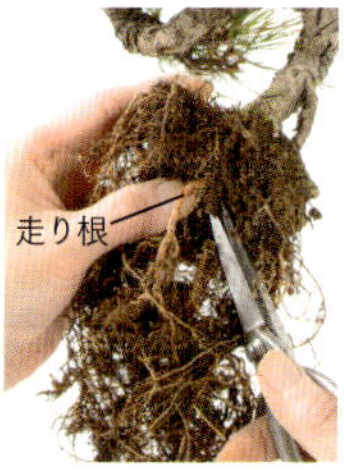

葉《は》すかし
葉が混み入ったところや古い葉を間引いて整姿したり、日当たり、風通しを改善したりする作業。関間引き剪定

ハス口《くち》
ジョウロの先端につける小さな穴の空いた部分。ハスの花托《かたく》に形が似ていることが名の由来。

鉢合《はちあ》わせ
樹と観賞鉢の取り合わせ。盆栽の見どころの一つ。関鉢映り

鉢映《はちうつ》り
樹と観賞鉢の調和。関鉢合わせ

鉢締《はちじ》め
一～二回り小さな鉢に植え替えて樹を引き締めること。

鉢底穴《はちぞこあな》
鉢底の排水用の穴。

鉢底網《はちぞこあみ》
鉢底穴をふさぐネット。関根留め

発根促進剤《はっこんそくしんざい》
挿し木や取り木で発根を促進するために切り口に処理する植物成長調整剤。

八方張《はっぽうば》り
根が八方にバランスよく張った様。盆栽の見どころの一つ。関根張り

花《はな》がら
咲き終わった花。

花芽《はなめ》
花や実になる芽。かが。関花芽分化、葉芽

花《はな》もの
主に花を観賞する盆栽の総称。関実もの

葉《は》ふるい病《びょう》
葉に褐色の斑点ができ、黄変して落葉するマツの病気。

葉水《はみず》
盆栽の頭の上から葉にシャワー状に水をかけること。盛夏の夕方に雑木類に行うと、葉の温度

低下と保湿効果で秋の紅葉が美しくなる。

葉芽《はめ》
葉になる芽。関花芽

葉焼け《はや》
夏の西日などの強光によって葉の一部が焼けて枯れること。関遮光

針金《はりがね》
根留めや針金成形に使う盆栽用のアルミワイヤーや銅線。

針金成形《はりがねせいけい》
幹や枝に針金をかけて模様や曲をつけたり、枝の角度や方向を矯正する施術。

半完成樹《はんかんせいじゅ》
完全ではないが、樹形の骨格がほぼできている盆栽。関完成樹

半懸崖《はんけんがい》
幹や枝を鉢縁より下げた基本樹形。関懸崖、基本樹形

盤根《ばんこん》
根が隆起して板状になった根張り。関根張り

トウカエデの盤根。

半日陰《はんひかげ》
木漏れ日程度の明るい日陰。または朝日や夕日が3～4時間程度当たる場所。

ひ

ひこばえ
株元から離れて出る細く若い枝。

ふ

深鉢《ふかばち》
間口と高さが同じか、間口より高い鉢。関薄鉢、浅鉢、中深鉢、下方鉢

吹き流し《ふ　なが》
強風に吹かれたように幹や枝を一方向に流した基本樹形。関基本樹形

副幹《ふくかん》
双幹の子。関主幹、双幹

副木《ふくぎ》
寄せ植えで主木に次ぐ二番手の木。関主木、寄せ植え

不定芽《ふていが》
幹や枝の途中から吹く芽。放任すると車枝になったり、フトコロが混み合うので早めにかき取る。関芽かき

太幹《ふとかん》
幹が太くどっしりとした樹。関細幹

フトコロ
幹に近い枝元の部分。

フトコロ枝《えだ》
幹に近い部分に発生した枝。

冬越し《ふゆご》
霜や寒風を避けて暖かい軒下や室内に鉢を移して越冬させること。関夏越し

文人《ぶんじん》
細幹で下⅔に枝や葉のない軽妙な基本樹形。関基本樹形

ほ

ほうき作り《づく》
ほうきを逆さにしたような半球状の樹形。直幹の一種。ケヤキが代表的。同ほうき仕立て

ま

間引き《まび》
忌み枝や、混み入った部分の枝葉を元から切ること。間引き剪定。関すかし剪定

み

幹肌《みきはだ》
幹の表面の風合い。古木感が好まれる。盆栽の見どころの一つ。

実生（苗）《みしょう　なえ》
タネから育てた素材。立ち上がりが柔らかい。関挿し木、接ぎ木、取り木

微塵《みじん》
土がつぶれてできる粉。微塵が多いと根詰まりの原因になるので、植えつけ後にたっぷり水やりをして洗い流す。

水切れ《みずぎ》
水分不足で根が弱ったり樹が枯れること。

水ゴケ《みず》
湿地帯のコケを乾燥させたもの。土の表面に敷くと保湿になる。

実もの《み》
実を観賞する盆栽の総称。関花もの。

め

芽起こし《めお》
枝先に針金をかけて上向きに起こす作業。関針金成形

芽かき《め》
不定芽をかきとる作業。またはマツの短葉法で芽をかきとって2芽ずつにする作業。関不定芽、短葉法

芽切り《めき》
マツの短葉法で一番芽を元から切り取って二番芽の萌芽を促す作業。関短葉法、一番芽、二番芽

芽摘み《めつ》
新芽を摘み取って小枝の分枝を促したり、マツの短葉法で新芽の長さや勢いをそろえる作業。

も

持ち崩す《も　くず》
手入れが行き届かないまま樹が生長して樹形が崩れること。

持ち込み《も　こ》
長年盆栽鉢で培養して味わいが出てきた様。盆栽の見どころの一つ。

元肥《もとごえ》
植えつけ、植え替え時に土に混ぜ込む肥料。盆栽は鉢が小さいので元肥は入れず、追肥のみで育てる。関追肥

模様《もよう》
幹や枝につけた曲線。関曲づけ

模様木《もようぎ》
幹が前後左右に曲線を描く造形的な基本樹形。関基本樹形

や

役枝《やくえだ》
樹形の骨格を作る上で重要な枝。関一の枝、二の枝、三の枝、裏枝、効き枝

ゆ

有機質肥料《ゆうきしつひりょう》
動植物などの有機質成分から作られる肥料。関化成肥料

癒合剤《ゆごうざい》
剪定後の切り口に塗布して菌の侵入を防ぐ薬剤。切り口がコブになるのを防ぐ効果もある。

よ

葉柄《ようへい》
葉と枝をつなぐ部分。

葉面散布《ようめんさんぷ》
液体肥料や活力剤、薬剤を葉に散布すること。

寄せ植え《よ　う》
一鉢に奇数本の同一の樹を植え込んで森や林の景色を描く基本樹形。関基本樹形

ら

落葉樹《らくようじゅ》
1年未満で落葉する葉を持つ樹木。関常緑樹

わ

矮性（種）《わいせい　しゅ》
大きくならない性質。品種。

若木《わかぎ》
その樹種ならではの特徴が出ていない生長過程の若い木。関成木

脇芽《わきめ》
葉のつけ根から出る芽。

植物名索引

用語索引

三《さん》の枝《えだ》……18、203
三又枝《さんまたえだ》……58、66、203
地板《じいた》……201、203
支幹《しかん》……203
自然樹形《しぜんじゅけい》……203
時代《じだい》……203
下草《したくさ》……201
仕立《した》て鉢《ばち》……42、46、203
枝垂《しだ》れ性《せい》……203
斜幹《しゃかん》……19、23、142、148、176、177、180、184、203
シャリ……7、99、203
雌雄異株《しゆういしゅ》……135、172、203
樹格《じゅかく》……203
主幹《しゅかん》……24、28、159、203
樹冠《じゅかん》……18、203
樹形《じゅけい》……192、203
樹高《じゅこう》……18、26、203
樹種《じゅしゅ》……203
樹芯《じゅしん》……203
樹勢《じゅせい》……93、203
受粉樹《じゅふんじゅ》……203
主木《しゅぼく》……29、30、52、203
樹齢《じゅれい》……203
松柏類《しょうはくるい》……6、36、203
小品盆栽《しょうひんぼんさい》……12、203
正面《しょうめん》……19、47、203
常緑樹《じょうりょくじゅ》……203
卓《しょく》……11、28、201、203
芯《しん》……203
ジン……7、99、203
人工授粉《じんこうじゅふん》……203
すかし剪定《せんてい》……203
整姿剪定《せいしせんてい》……54、203
生長期《せいちょうき》……61、65、78、107、203
成木《せいぼく》……64、90、203
節間《せっかん》……203
剪定《せんてい》……56、107、115、120、124、127、128、132、185
双幹《そうかん》……15、24、88、188、203
雑木類《ぞうきるい》……8、37、203
素材《そざい》……16、32、50、196、197、203

【た】
多幹《たかん》……24、29、203
立《た》ち上《あ》がり……18、32、203
立《た》ち上《あ》がり双幹《そうかん》……24、159、203
立《た》ち枝《えだ》……58
単幹《たんかん》……203
短枝《たんし》……203
単植《たんしょく》……203
短葉法《たんようほう》……68、82、88、203
中品盆栽《ちゅうひんぼんさい》……203
中深鉢《ちゅうぶかばち》……39、204
直幹《ちょっかん》……22、96、104、167、204
直根《ちょっこん》……204
追肥《ついひ》……90、106、204
突《つ》き枝《えだ》……58、66、204
泥《でい》もの……34、36、204
摘果《てきか》……165、170、172、178、204
添配《てんぱい》……201
胴吹《どうぶ》き……204
徒長《とちょう》……204
徒長枝《とちょうし》……66、204
ドブ漬《づ》け……204
取《と》り木《き》……192、204

【な】
流《なが》れ……19、23
二重鉢《にじゅうばち》……77、204
二度芽切《にどめき》り……83
二《に》の枝《えだ》……18、204
二番芽《にばんめ》……68、83、204
根上《ねあ》がり……172、204
根洗《ねあら》い……116
根腐《ねぐさ》れ……77、204
根詰《ねづ》まり……204
根留《ねど》め……38、43、45、204
根鉢《ねばち》……55、204
根張《ねば》り……18、45、51、108、182、191、204
根伏《ねぶ》せ……204
捻転《ねんてん》……7、98、204

【は】
葉刈《はが》り……57、63、67、106、115、117、129、145、204
葉芸《はげい》……204
葉性《はしょう》……21、204
走《はし》り根《ね》……51、57、87、204
葉《は》すかし……57、67、69、84、91、129、204
ハス口《くち》……40、204
鉢合《はちあ》わせ……36、37、38、204
鉢映《はちうつ》り……34、204
鉢締《はちじ》め……48、204
鉢底穴《はちぞこあな》……43、204
鉢底網《はちぞこあみ》……43、204
八方張《はっぽうば》り……204
花《はな》がら……204
花芽《はなめ》……204
花《はな》もの……10、38、204
葉《は》ふるい病《びょう》……204
葉水《はみず》……77、204
葉芽《はめ》……205
葉焼《はや》け……205
針金《はりがね》……70、205
針金成形《はりがねせいけい》……70、108、117、124、132、186、190、205
半完成樹《はんかんせいじゅ》……17、205
半懸崖《はんけんがい》……28、48、98、134、135、136、169、170、201、205
盤根《ばんこん》……182、205
ひこばえ……59、205
深鉢《ふかばち》……39、205
吹《ふ》き流《なが》し……26、178、205
副幹《ふくかん》……24、159、205
副木《ふくぎ》……30、52、205
不定芽《ふていが》……62、66、125、127、205
太幹《ふとかん》……205
フトコロ……18、205
フトコロ枝《えだ》……205
冬越《ふゆご》し……76、205
文人《ぶんじん》……6、27、36、68、82、152、154、192、205
ほうき作《づく》り……14、104、205

【ま】
間引《まび》き(剪定《せんてい》)……57、205
幹洗《みきあら》い……120、124
幹筋《みきすじ》……18
幹肌《みきはだ》……18、205
幹模様《みきもよう》……7、18
実生《みしょう》(苗《なえ》)……16、32、50、197、205
微塵《みじん》……205
水《みず》ゴケ……45、109、200、205
実《み》もの……10、38、205
芽起《めお》こし……21、94、100、205
芽《め》かき……69、84、91、93、205
芽切《めき》り……68、83、90、205
芽摘《めつ》み……57、63、67、69、83、89、93、105、205
持《も》ち崩《くず》す……205
持《も》ち込《こ》み……182、205
元肥《もとごえ》……205
模様《もよう》……205
模様木《もようぎ》……19、20、25、92、151、153、157、205

【や】
役枝《やくえだ》……205
有機質肥料《ゆうきしつひりょう》……78、205
癒合剤《ゆごうざい》……59、189、205
葉柄《ようへい》……205
寄《よ》せ植《う》え……30、50、55、112、114、116、199、205

【ら】
落葉樹《らくようじゅ》……8、205
矮性《わいせい》(種《しゅ》)……205
若木《わかぎ》……60、90、205
脇芽《わきめ》……61、205

◉著者略歴

山田香織（やまだ かおり）

1978年生まれ。盆栽家。さいたま市盆栽町にある盆栽園「清香園」五代目。四代目園主、山田登美男の一人娘として生まれ、幼い頃から盆栽教育を受ける。盆栽の伝統を守りながら、盆栽の新しい魅力を広めるために、盆栽教室の主宰、個展、テレビ、ラジオ、講演、執筆など多方面で活躍中。

主な著書・監修書

『はじめての盆栽 つくり方＆育て方』（ナツメ社）
『山田香織の盆栽づくり とっておきの“いろは”』（大泉書店）
『山田香織のはじめての盆栽樹形 10の景色を楽しむ』（NHK出版）
『山田香織の小さな盆栽づくり』（主婦の友社）
『BONSAI 感じる・造る・飾る 四季のミニ盆栽』（山と渓谷社）
『知識ゼロからの彩花盆栽入門』（幻冬舎）など多数。

◉撮影	田中雅也
◉撮影協力	清香園、彩花盆栽教室
◉写真提供	清香園、桜野良充、ピクスタ
◉イラスト	江口あけみ、なかじままり
◉本文デザイン	中野有希、水野哲也
◉英文校正	浅岡みどり
◉編集担当	柳沢裕子（ナツメ出版企画株式会社）
◉編集・執筆協力	矢嶋恵理

本書に関するお問い合わせは、書名・発行日・該当ページを明記の上、下記のいずれかの方法にてお送りください。電話でのお問い合わせはお受けしておりません。
・ナツメ社webサイトの問い合わせフォーム
https://www.natsume.co.jp/contact
・FAX（03-3291-1305）
・郵送（下記、ナツメ出版企画株式会社宛て）
なお、回答までに日にちをいただく場合があります。正誤のお問い合わせ以外の書籍内容に関する解説・個別の相談は行っておりません。あらかじめご了承ください。

よくわかる盆栽《ぼんさい》 基礎《きそ》から手《て》入《い》れまで

2016年 9月22日 初版発行
2025年 4月 1 日 第10刷発行

著　者　山田香織《やまだかおり》
発行者　田村正隆

発行所　株式会社ナツメ社
東京都千代田区神田神保町1-52 ナツメ社ビル1F（〒101-0051）
電話 03(3291)1257(代表)　FAX 03(3291)5761
振替 00130-1-58661
制　作　ナツメ出版企画株式会社
東京都千代田区神田神保町1-52 ナツメ社ビル3F（〒101-0051）
電話 03(3295)3921(代表)
印刷所　TOPPANクロレ株式会社

ISBN978-4-8163-6109-8　Printed in Japan